著作权侵权
惩罚性赔偿研究

袁杏桃 / 著

知识产权出版社
全国百佳图书出版单位

图书在版编目（CIP）数据

著作权侵权惩罚性赔偿研究／袁杏桃著 . —北京：知识产权出版社，2019. 6
（中国优秀博士论文）
ISBN 978-7-5130-6244-2

Ⅰ.①著… Ⅱ.①袁… Ⅲ.①著作权—侵权行为—赔偿—研究—
中国 Ⅳ.①D923. 414

中国版本图书馆 CIP 数据核字（2019）第 084059 号

责任编辑：刘 睿 刘 江		责任校对：王 岩	
封面设计：张 冀		责任印制：刘译文	

著作权侵权惩罚性赔偿研究
袁杏桃 著

出版发行：知识产权出版社 有限责任公司	网 址：http：//www. ipph. cn
社 址：北京市海淀区气象路 50 号院	邮 编：100081
责编电话：010-82000860 转 8344	责编邮箱：liujiang@cnipr.com
发行电话：010-82000860 转 8101/8102	发行传真：010-82000893/82005070/82000270
印 刷：保定市中画美凯印刷有限公司	经 销：各大网上书店、新华书店及相关专业书店
开 本：880mm×1230mm 1/32	印 张：10. 75
版 次：2019 年 6 月第一版	印 次：2019 年 6 月第一次印刷
字 数：252 千字	定 价：50. 00 元
ISBN 978-7-5130-6244-2	

总 序

改革开放以来，我国经济社会发展的水平日益提高，科学技术和文化创作日益进步，知识经济的特征日益凸显，知识产权制度对科技和经济发展的支撑作用日益加强。

经过多年发展，我国知识产权事业取得了巨大成就，符合社会主义市场经济发展要求的知识产权制度基本建立。以 2008 年《国家知识产权战略纲要》的颁布为标志，我国知识产权制度从"调整性适用"阶段进入"主动性安排"阶段，知识产权制度的发展进入了一个新的历史时期，知识产权事业正在揭开一个新的篇章。

中国知识产权制度的建构、知识产权事业的发展与进步，离不开知识产权人才的培养、知识产权教育水平的提高和知识产权学术研究的进步。中国知识产权事业的发展需要全社会的共同努力。为提高我国知识产权学术研究水平，培育优秀青年知识产权研究人才，中国法学会知识产权法研究会与知识产权出版社自2008 年始联合组织开展知识产权类优秀博士学位论文评选以及资助出版工作。该项工作具有丰富的内涵：

第一，以高层次、高质量的人才培养为目标。通过设立优秀博士论文奖项，鼓励更多优秀人才参与知识产权学术研究，不断增强我国知识产权制度的理论储备。

第二，以提高知识产权学术水平为导向。评选优秀博士论文，促使更多青年学人创作高质量学术著作，不断提高我国知识

1

产权学术研究水平。

第三，以我国知识产权事业的发展为宗旨。通过优秀博士论文的评选以及资助出版工作，鼓励青年学人关注现实，关注新兴发展需要，以优秀思想成果推动我国知识产权事业向着更快更好的方向发展。

第四，以科学公正、注重创新、严格筛选、宁缺毋滥为原则。在知识产权优秀博士论文的评选过程中，知识产权法研究会组织评审专家，本着公开、公平、公正的原则，严格按照评审标准，对申报人员的博士论文进行遴选。

第五，以选题新颖、研究创新、逻辑严密、表达规范为标准。优秀博士论文的选题应当具有理论意义和现实意义，在研究内容上应当有所创新，材料应当翔实，推理应当严密，表达应当准确。

中国法学会知识产权法研究会与知识产权出版社开展的这一活动在总结和传播知识产权教育与学术成果、鼓励青年学人学习和研究的进步、推动知识产权事业发展等方面具有重要意义。在双方的共同组织与安排之下，论文评选甫经两届，新著即将面世。该项工作还将继续进行下去，每年评选出一批优秀博士论文，并且由知识产权出版社资助出版，以期作为知识产权思想传播的媒介、学术交流的窗口、对话互动的平台。新书迭见，英才辈出，学术之树长青。

是为序。

2010 年 5 月

序

2018 年，对从事知识产权事业的各领域同仁而言具有非常特殊的意义。第一，2018 年是我国开启知识产权保护制度建设 40 年。与 1978 年开始的改革开放同步，1979 年由我国政府与美利坚合众国政府签订的《中美贸易关系协定》第一次写入给"自然人或法人专利权、商标权及版权的保护"的内容，标志着我国政府正式承诺为知识产权提供法律保护。第二，2018 年是我国《国家知识产权战略纲要》实施 10 周年。这个十年，我国知识产权事业取得了辉煌成就，尤其是 2013 年通过的《商标法》第三次修正案，正式引入了侵权损害惩罚性赔偿制度，受到的好评如潮。第三，2018 年 4 月 10 日，博鳌亚洲论坛开幕，中国国家主席习近平出席开幕式并发表重要讲话。其中，习近平主席特别强调"加强知识产权保护"，具体措施包括"完善执法力量，加大执法力度，把违法成本显著提上去，把法律威慑作用充分发挥出来"。乘此良机，袁杏桃博士将其博士毕业论文《著作权侵权惩罚性赔偿研究》整理出版，不仅从理论角度阐明了在著作权领域"把违法成本显著提上去，把法律威慑作用充分发挥出来"的哲学基础，而且对我国著作权法增设惩罚性赔偿制度提出了合理化建议。

作为袁杏桃博士的导师，我见证了这部著作从选题到写作直到最后高质量地通过答辩。该作品获得 2015 届全国知识产权优

1

秀博士论文第三名，得到评审专家的肯定，充分表现出了其扎实的理论功底、捕捉前沿问题的敏感度以及独立的科学研究能力。袁杏桃博士这部著作既是其博士阶段努力学习大胆探索积极钻研的成果结晶，更是她在知识产权领域长期辛勤耕耘的成果体现。早在硕士阶段，她就师从知识产权知名学者冯晓青教授学习知识产权基础知识，培养了她对知识产权法学的兴趣。硕士研究生毕业后，她选择了杭州师范大学从事知识产权法学的教研工作，正式进入知识产权法学领域。2011 年，她以优异成绩通过中南财经政法大学知识产权法学专业博士研究生考试，成为中南财经政法大学 2011 年级的知识产权法学博士研究生。在读期间，她能够克服多重困难，正确处理学习、工作以及其他方面的关系，将主要精力用于专业学习，并且公开发表了多篇学术论义，多次参加全国性的学术会议并发言，不断提升自己的研究能力。这部著作（博士毕业论文）就是她学术成果的集中体现。

著作权侵权惩罚性赔偿问题是当前知识产权法学界颇为关注的热点问题之一，在我国《著作权法》第三次修改过程中，要不要在著作权侵权领域引入惩罚性赔偿以及如何引入，学者们分歧很大。袁杏桃博士选择该热点问题作为研究对象并对其进行了较系统、较全面的研究。

针对著作权侵权领域要不要引入惩罚性赔偿，该书从理论、实践、正面、反面等多角度论证了引入该制度的正当性和必要性，回应了质疑者的种种顾虑。首先，本书采取比较研究法，通过比较著作权侵权惩罚性赔偿与补偿性赔偿、刑事罚金、法定赔偿、违约金、精神损害赔偿和行政罚款等制度的不同，论证了著作权侵权惩罚性赔偿是一种介于一般民事责任和刑事责任之间、兼有公法和私法职能的特殊责任，它集传统的民事、刑事和行政救济措施功能于一体，具有传统救济制度无法取代的地位。其次，该书立足于中国现状，运用实证研究法，抽样选取 188 个中国不同地区的真实案例进行深层剖析，归纳出现行赔偿制度存在的不足，为引入惩罚性赔偿提供现实依据，实证研究力图使结论更有说服力。最后，该书着眼于著作权侵权的特殊性，借助法哲学、法经济学、民法学和心理学的基础理论对著作权侵权领域引入惩罚性赔偿的正当性进行深入论证，多角度的论证力图使结论更科学。

针对如何构建著作权侵权惩罚性赔偿，本书广泛吸收国内外的权威资料，借鉴国内外的相关立法经验，充分考虑其与补偿性赔偿、行政罚款、刑事罚金、调解制度、法官自由裁量权和过度诉讼的协调，融合多学科理论和制度价值，对著作权侵权惩罚性赔偿适用的原则、适用的条件、赔偿范围、赔偿数额的确定、计算惩罚性赔偿金应当考虑的因素和惩罚性赔偿金的归属等问题进行较详细的探讨，提出具体可行的建议。该研究成果对立法机关完善立法和司法机关适用法律具有较重要的参考价值。

学无止境，随着新技术的发展，知识产权领域的新问题将层出不穷，我希望袁杏桃博士以本书为起点，紧追科技发展的步伐，密切关注国内外最新的发展动态，在知识产权学术研究的道路上取得更优异的成绩。

是为序。

中南财经政法大学知识产权研究中心主任　教授　博士研究生导师

2018 年 8 月 18 日

前　言

　　惩罚性赔偿是损害赔偿制度的重要组成部分，它不仅能惩罚侵权人、弥补受害人，还能激励维权、有效威慑侵权行为的再次发生。该制度起源于英美法系国家，现已影响到大陆法系国家的立法和司法，并逐渐被大陆法系国家所接受。随着著作权在社会科学文化进步中地位的凸显，加强著作权保护已成为各国的共识，为了有效保护著作权，遏制著作权侵权行为的发生，当前已有相当一部分国家在著作权侵权领域引入了惩罚性赔偿。在我国《著作权法》第三次修改过程中，要不要在著作权侵权领域引入惩罚性赔偿、如何引入，学者们分歧很大。在此背景下，本书试图就引入著作权侵权惩罚性赔偿的正当性及我国如何构建一个科学可行的著作权侵权惩罚性赔偿制度展开系统深入的研究。

　　本书从著作权侵权惩罚性赔偿的内涵着手，综合运用比较研究法、历史研究法、实证研究法和文献研究法等多种研究方法，对著作权侵权惩罚性赔偿的性质、功能、历史演进展开深入探讨，同时借助法哲学、法经济学、民法学和心理学的基础理论对著作权侵权惩罚性赔偿制度的正当性进行论证，结合我国的立法、司法和侵权现状，进一步论证我国在著作权领域构建惩罚性赔偿制度的现实必要性，然后借鉴域外已有的经验，就构建著作权侵权惩罚性赔偿制度应考虑哪些因素以及具体如何构建我国的

1

著作权侵权惩罚性赔偿制度提出建设性意见。

全书分为绪论、正文和结论三部分。绪论部分主要介绍本书的研究背景和研究意义、研究现状及不足、研究思路和研究方法、研究的创新点与困惑。

正文部分共七章，总体框架与主要内容如下。

第一章"著作权侵权惩罚性赔偿概述"主要探讨著作权侵权惩罚性赔偿的内涵、性质和功能。本章首先从历史、学理和词源的角度对惩罚性赔偿和著作权侵权惩罚性赔偿的内涵进行界定，为后续章节的研究打基础；然后通过比较著作权侵权惩罚性赔偿与补偿性赔偿、刑事罚金、法定赔偿、违约金、精神损害赔偿和行政罚款等制度的不同，概括出著作权侵权惩罚性赔偿特有的性质，论证著作权侵权惩罚性赔偿具有无可替代性；最后介绍著作权侵权惩罚性赔偿的惩罚、补偿、威慑和激励功能，进一步回答著作权侵权惩罚性赔偿在功能上具有传统救济制度所没有的特殊性，为后面论证我国建构惩罚性赔偿制度的必要性作铺垫。

第二章"著作权侵权惩罚性赔偿的历史演进"简要介绍惩罚性赔偿的发展历程及我国对它的态度。惩罚性赔偿经历了一个漫长的孕育、产生、发展和完善的过程，本章通过对惩罚性赔偿的起源及其在英美法系国家和大陆法系国家的发展脉络的梳理，分析英美法系国家和大陆法系国家对该制度持不同态度的缘由，探寻该制度适用到著作权侵权领域的发展过程及我国学界和立法机关对著作权侵权领域适用惩罚性赔偿的态度。

第三章"著作权侵权惩罚性赔偿的理论基础"主要论证著作权侵权惩罚性赔偿存在的正当性理论依据。从法哲学的角度来说，著作权侵权惩罚性赔偿是法追求公平正义、实现秩序价值的体现，是发挥法的制裁作用、实现法治化的必然要求。从法经济学的角度，著作权侵权惩罚性赔偿是促进经济发展、形成最优威慑、实现足额补偿的有效手段。从民法学的角度，著作权侵权惩罚性赔偿是诚实信用原则的内在要求，是强化侵权责任法预防功能的体现。从心理学的角度，著作权侵权惩罚性赔偿是利用从众心理和认知理论，通过心理强制来达到遏制侵权目的的手段。

　　第四章"著作权侵权惩罚性赔偿的比较研究"主要介绍一些典型国家和地区对著作权侵权惩罚性赔偿的立法及司法状况。本章选取美国、德国、南非、俄罗斯和我国台湾地区作为考察对象，重点了解它们当前的做法，从中找出其存在的不足和值得借鉴的经验，为我国构建著作权惩罚性赔偿制度提供有益的经验。

　　第五章"我国著作权侵权惩罚性赔偿的现实依据"主要是从我国的著作权立法和司法现状的不足来论证构建著作权侵权惩罚性赔偿的现实依据。从立法现状来说，现行立法对著作权侵权规定的民事救济、行政救济和刑事救济均存在明显不足，民事救济不仅不能足额补偿受害人，而且对侵权人不能产生任何威慑；行政救济和刑事救济由于适用范围有限决定了其对侵权人只能产生有限的威慑，而且对受害人不能产生任何补偿作用，只有惩罚性赔偿既能对侵权人产生威慑，又能对受害人进行补偿。从司法现状来看，本书通过对188个案例的实证研究，发现在著作权侵权案件中受害人维权的成本高，获赔率低，审理周期长，由于举证难而适用法定赔偿的比例高，法定赔偿的最高限额使受害人难以获得足额补偿。为了足额补偿受害人、有效遏制侵权，有必要引入惩罚性赔偿。

　　第六章"构建著作权侵权惩罚性赔偿制度应考虑的因素"主要探讨在构建著作权侵权惩罚性赔偿制度时应考虑其如何与补偿性赔偿、行政罚款、刑事罚金、调解制度、法官自由裁量权和过

中国优秀博士论文
DOCTOR
法学

度诉讼进行协调。著作权被侵害后主要适用补偿性赔偿，而惩罚性赔偿通常只能在特殊情况下才能适用，是一项补充性的赔偿制度；惩罚性赔偿与行政处罚和刑事处罚都具有惩罚和威慑功能，惩罚性赔偿可以与它们同时适用，只是在确定赔偿金时应把它们作为一个考虑因素；高额的惩罚性赔偿金会激励权利人积极维权，同时也可能诱发权利人过度诉讼，为此可以通过提取惩罚性赔偿金的一定比例设立维权基金，使惩罚性赔偿的激励作用能恰到好处；惩罚性赔偿会使权利人对案件的结果产生较高的期待，从而影响当事人达成调解协议，为此法官应在调解过程中对案件可能的结果向当事人告知，使当事人对案件结果有一个合理和理性的预期；赔偿数额的确定给予法官较大的自由裁量权，为了避免法官滥用其自由裁量权，可以通过对惩罚性赔偿制度本身的合理设计如细化确定惩罚性赔偿金的考虑因素、制定科学严密的证据规则来对法官进行约束，并构建有效的监督程序加以防范。

第七章"我国著作权侵权惩罚性赔偿的制度构建"主要探讨著作权侵权惩罚性赔偿适用的原则、适用的条件、赔偿范围、赔偿数额的确定、计算惩罚性赔偿金应当考虑的因素和惩罚性赔偿金的归属等问题。就适用原则而言，应坚持利益平衡、适用条件法定、赔偿数额法庭酌定原则；从适用条件来说，著作权侵权惩罚性赔偿的适用应要求侵权人主观上具有故意或者重大过失，客观上造成了损害结果，侵权人有逃避责任的可能性，并且程序上受害人主动向法院提出申请；就赔偿范围来说，当受害人因为著作权侵权行为而遭受较为严重的精神损害、财产损害，包括现有利益和可期待利益的减少时，均视为给受害人造成了损失，只要侵权人的其他条件符合法律规定，就可以适用惩罚性赔偿；就惩罚性赔偿的数额而言，赔偿数额的标准不应规定上限和下限，也不应规定参照倍数，而是将惩罚性赔偿数额的最终确定权交给法官，由法官根据具体案情综合判断确定。但是法院在确定惩罚性赔偿数额时，应考虑侵权人的不法行为应受谴责的程度、侵权手段、事后态度、受害人通过补偿性赔偿所获得的补偿程度、侵权行为的潜在损害、受害人的合理维权成本、侵权人由于侵权所获利益大小、侵权人由于侵权受其他处罚的情况、侵权人被追责的概率。就惩罚性赔偿金的归属而言，应将惩罚性赔偿金中不少于60%的赔偿金给被侵权人，以补偿被侵权人的损失和激励其积极维权，将剩余的惩罚性赔偿金给著作权维权基金，以帮助所有著作权被侵犯而维权费用有困难的被侵权人去维权，使惩罚性赔偿既惩罚了侵权人，又避免了被侵权人获得不当得利。

DOCTOR
中国优秀博士论文
法学

目　　录

DOCTOR
法学
中国优秀博士论文

绪　　论

一、研究的背景和意义

（一）研究的背景

（1）作品在人类社会发展中发挥着特殊的作用。作品是作者付出创造性劳动创造的智力成果，它以文字、音符、数字、线条、色彩、造型、形体动作等各种不同的表现形式来表达作者的思想观点和情感。随着科学技术的发展，作品的表现形式越来越多样化，从著作权制度产生之初的文字、美术等作品，发展到现在的电影、电视、录像、计算机软件等作品，未来还将有更多的高科技作品问世。正因为作品表达的多样性，它才能大大丰富人类的精神生活，同时，与作品相关的产业涉及范围极广，包括出版业、广播影视业、软件业、数据处理业、戏剧创作业、广告业等核心类版权产业和版权关联产业，它们对于促进国家和社会经济的发展起着重要作用。与其他知识产品相比较，作品还有一个最重要的特殊功能，那就是它是人类传播科学文化的工具，是提高一个国家民族文化科学水平必不可少的，很多文化的传承都是通过作品的传播来实现的。因此，为了充分发挥作品丰富人类精神生活、促进国家经济发展和传播科学文化的作用，促进国家整体科学文化水平的提高，有必要对作品给予有效保护，从而调动作者的创作积极性，使其为人类创作更多更好的作品。

（2）科学技术的发展使著作权侵权变得容易和隐蔽。保护作品的著作权法律制度是随着科学技术的发展而产生和发展的，著作权法律制度是科学技术和商品经济相结合的产物，商品经济的发展，使作品成为商品，可以在市场上自由流通，而造纸术和印刷术的发明使作品的复制和传播变得更为容易和快速。在造纸术发明前，作品通常被刻在竹简上或写在锦帛上，要么太重不便搬运，要么太昂贵成本太高，而造纸术的发明正好吸收了两者的优点，成本低又便于携带，尤其是印刷术的发明，改变了原来手抄作品速度过慢的缺点，降低了作品复制的成本，作品在短时间内可以迅速被复制和传播，使作品成为商品有了可能，印刷出版业从而成了一个有利可图的行业。商人们为了获取经济利益，大肆投资设厂出版图书，产生了一大批印刷出版商，由于有些投机的商人擅自翻印他人已经印刷出版的图书，损害了原印刷出版商的利益，于是为了得到政府的保护，印刷出版商请求政府授予他们印刷出版的专有权，因此，以保护印刷出版商的翻印权为核心的特许权产生，这是著作权制度的最早萌芽。而现代意义上的著作权法律制度产生于 17 世纪，标志性的事件是 1709 年英国的《安娜女王法令》的颁布，该法明确规定了作者对其作品享有财产权，第一次确认了作者的主体地位。著作权法律制度自产生以来不断地受到科学技术的挑战，随着科学技术的发展，作品种类越来越多，权利内容越来越丰富，使用方式越来越多样，传播速度越来越迅速，这些变化不仅方便了人们对作品的使用，而且给他人侵害作品提供了方便，尤其在现代网络技术条件下，著作权侵权的成本很低，侵权获利却很高，一旦发生侵权，侵权结果很难控制，如未经权利人授权许可将他人的影视作品上传到互联网，瞬间会传遍世界各地，要想控制侵权结果不再扩大，根本不现实，而且现代侵权手段很隐蔽难以被发现，取证难度大，当事人维权成本高。因此，在现代高科技环境下，加大著作权的保护力度成为国际社会普遍关注的问题，有的国家提高了法定赔偿额的最高限额，有的国家降低了原告的举证责任，还有的国家直接规定了惩罚性赔偿制度。我国在 2008 年的《国家知识产权战略纲要》中就明确提出"修订惩处侵犯知识产权行为的法律法规，加大司法惩处力度，提高权利人自我维权的意识和能力，降低维权成本，提高侵权代价，有效遏制侵权行为"。❶ 因此，为了顺应高科技的发展，有效遏制著作权侵权行为，我国应在著作权侵权领域增加惩罚性赔偿制度。

（3）补偿性赔偿制度不能有效保护著作权人，需要寻找新的救济方式。我国长期以来在著作权侵权领域实行补偿性赔偿制度，由于损失难以计算而使得补偿性赔偿制度客观上不能足额补偿受害人的损失，使受害人的维权积极性受到极大打击，侵权人由于追责概率不是百分之百，每次赔偿完受害人损失后总是有利可图，从而补偿性赔偿不仅不能威慑侵权人再次从事类似侵权行为，反而使著作权侵权行为越来越猖獗，这不能不引发我国学术界对补偿性赔偿制度的反思。补偿性赔偿制度作为一种事后救济制度，不仅需要当事人支付维权成本，而且对侵权人和潜在侵权人不能产生威慑作用，因此，是否需要将具有威慑功能的惩罚性赔偿制度引入著作权侵权领域，成为当前我国理论界探讨的热点。但是从现有的研究成果来看，学者们大多还在探讨要不要将惩罚性赔偿引入著作权侵权领域，而且观点分歧比较大，在探讨过程中，大多数学者都是将知识产权作为一个整体来探讨惩罚性赔偿引入的必要性，单独研究在著作权领域有无必要引入惩罚性赔偿的人非常少，尤其是部分学者对著作权在人类社会发展中所起的作用认识不够，认为专利技术对人类的发展比著作权的作用要大，从而出现主张在专利领域适用惩罚性赔偿制度，而反对在著作权领域适用该制度，认为著作权侵权大多为小额诉讼，通过

---

❶　参见 2008 年 6 月 5 日国务院发布的《国家知识产权战略纲要》第（13）条的规定。

提高法定赔偿限额就可以解决。至于探讨如何在著作权侵权领域构建该制度的人就更少了，正因为如此，本书选择以著作权侵权惩罚性赔偿作为研究对象，有较大的探讨空间。

（二）研究的意义

由于著作权侵权与其他知识产权侵权相比较，其侵权涉及的面更广，可能影响整个人类的科学文化的发展，侵权门槛和侵权成本更低，普通老百姓都可以实施侵权，因此，加大著作权保护力度更具有紧迫性。正值我国着手对《著作权法》进行第三次修改之际，对惩罚性赔偿制度在著作权侵权领域适用的理论依据、现实依据及制度的具体构建展开系统深入的探讨，具有重要的理论和现实意义。

（1）本选题的研究，有利于著作权侵权损害赔偿理论的完善。我国长期以来对著作权侵权都采用以填平原则为基础的补偿性赔偿制度，而惩罚性赔偿制度一直被排斥，认为它是一种私人性的罚款，与私法的补偿性质是不相容的。事实上，惩罚性赔偿对尚未达到公法可制裁范围的严重违法行为可以进行有效的惩戒和威慑，它已成为民商事侵权责任承担方式中的一个新发展，它不仅能有效弥补受害人的损失，激励受害人积极维权，还能对侵权人和潜在侵权人起到威慑作用，有效预防类似侵权行为的发生，它集民事救济和刑事救济的优点于一体，是一种介于民事救济和刑事救济之间的新型侵权救济制度。因此，在著作权侵权领域引入惩罚性赔偿制度是对传统著作权侵权损害赔偿制度的重要补充和完善，也是对知识产权基础理论的深化。

（2）本选题的研究，有利于更好地打击著作权侵权，维护著作权人的权利。根据2018年4月26日最高人民法院发布的《中国法院知识产权司法保护状况（2017年）》（白皮书）披露，

2017 年，人民法院共新收一审、二审、申请再审等各类知识产权案件237 242件，审结225 678件（含旧存），比 2016 年分别上升33．50% 和 31．43%。白皮书显示，在知识产权民事一审案件中，著作权案件为 137 267件，同比上升 57．80%；商标案件为 37 946件，同比上升 39.58%；专利案件为 16 010 件，同比上升29.56%。从上述数据可以看出，著作权案件是最多的，也是增长速度最快的，它占 2017 年全国地方各级法院新收知识产权民事一审案件总数的 68.28%。❶ 我国近年来著作权侵权现象层出不穷、屡禁不止，其中一个重要的原因是权利人举证难、实际损失难以计算、维权成本太高，权利人最终获得的赔偿数额远远少于其损失，而侵权人要么是因为侥幸没被权利人起诉，要么是被起诉了但仅仅从侵权获利中拿出很少的一部分赔偿权利人，最终总是有利可图。传统的著作权侵权赔偿制度无法真正打击侵权行为，对侵权人起不到惩戒的作用，对潜在的侵权人也起不到威慑作用。据最高人民法院副院长陶凯元介绍，2017 年的知识产权司法保护力度全面加强，最高人民法院强调以市场价值为导向，着力解决"赔偿低"问题，加大对知识产权侵权行为的惩治力度，提升侵权人的违法成本。因此，要真正打击著作权侵权、预防和威慑著作权侵权行为的再次发生，在著作权侵权领域引入惩罚性赔偿制度是最好的选择。

（3）本选题的研究，有利于更好地激发创造者的创新积极性，促进国家文化产业的发展。任何一项文化产品的生产都需要耗费著作权人一定的财力、物力和人力，要激发创造者的创新积

---

❶ 《中国法院知识产权司法保护状况（2017 年）》，载 http：//www．chinaiprlaw. cn/index. php？ id=5227，最后访问日期：2018 年 4 月 30 日。

极性，必须使著作权人的付出能得到相应的回报，这要求著作权人的权利能得到较好的保护。但是由于作品本身的无形性、公开性和共享性等特征，作者的著作权极易被侵犯，而侵权人不需要投入任何成本就可以利用他人的作品获取高额利润，这让很多受利益驱动的不法行为人都愿意铤而走险。高科技的发展，使得侵权人对权利人的侵害变得更加容易和隐蔽。著作权人维护自己的权利需要更高的成本，而补偿性赔偿制度压根儿就无法足额补偿著作权人的损失，只有惩罚性赔偿通过对侵权人处以高额的赔偿金，才能使权利人难以计算的侵权损失和高额的维权成本获得救济，使著作权人的创新积极性得到提高，最终使国家的文化产业得到快速发展。

（4）本选题的研究，有利于对外开放、促进国际贸易的发展。随着《与贸易有关的知识产权协定》的签订，知识产权贸易与货物贸易、服务贸易成为国际贸易的三大支柱，著作权作为一项重要的知识产权，在国际贸易中具有非常重要的地位，版权贸易逐渐成为国际贸易的重要组成部分，因此，加强著作权的保护力度已成为一种国际发展趋势，在大多数英美法系国家，对故意侵犯著作权的行为适用惩罚性赔偿已经历史悠久并且比较常见，而大陆法系国家对惩罚性赔偿制度的态度也从最初的抵制到现在的逐渐接受，有些大陆法系国家和地区甚至已经开始在其著作权法中明确规定惩罚性赔偿制度，中国著作权侵权适用补偿性赔偿制度，该赔偿制度的缺陷成为中国与世界各国进行文化产品交流和著作权国际贸易的严重障碍，在著作权领域引入惩罚性赔偿能有效维护权利人的利益、有效制止侵权，是中国推进改革开放、促进知识产权国际贸易的重要举措。

（5）本选题的研究，有利于更好地促进版权产业发挥支柱产业的作用。近年来，著作权在国家经济发展中的地位越来越突出，版权相关产业已成为中国国民经济的支柱产业。2018 年 4 月 23 日，国家版权局举办的 2018 年版权宣传周新闻发布会透露，2016 年中国版权产业的行业增加值为 54 551.46 亿元人民币，同比增长 9.0%，占 GDP 比重为 7.33%。特别是版权产业中最具代表性的核心版权产业发展迅速，在版权产业中的比重显著提高，其行业增加值在全部版权产业中的比重从 2006 年的 48% 提高至 2016 年的 62%，年均增长速度为 13.4%，成为推动中国版权产业发展的主要力量。此外，中国版权产业除了产业规模有所扩大，还在推动社会就业、促进外贸出口方面发挥了积极作用。2006~2016 年，中国版权产业的城镇单位就业人数从 762.92 万人增长至 1 672.45 万人，占全国城镇单位就业总人数的比重也从 6.52% 增长到 9.35%；商品出口额也从 1 492.62 亿美元增长至 2 416.74 亿美元。❶ 从上述数据可以发现，版权产业在促进我国的经济增长、解决国家就业问题和发展对外贸易等方面正在发挥着越来越重要的作用。因此，为了更好地发挥版权产业的支柱作用，我们有必要加强著作权的保护水平，激励著作权人创作数量更多、层次更高的文化作品，推进版权产业的健康有效发展，使其更好地为国家经济的发展和就业难题的解决等作出贡献。

　　(6) 本选题的研究，有利于为著作权立法、司法提供理论指导。当前我国正在进行《著作权法》第三次修改，如何加强著作权的保护力度是本次修改的重要议题，是通过增加法定赔偿的最高额度来完善原有的补偿性赔偿制度，还是增加一项新的赔偿制

---

　　❶ 赖名芳："中国版权产业占 GDP 比重达 7.33%"，载 http://data.chinaxwcb.com/epaper2018/epaper/d6736/d1b/201804/86968.html，最后访问日期：2018 年 5 月 1 日。

度即惩罚性赔偿制度，是学者们争议的焦点，而本选题从惩罚性赔偿在著作权侵权领域确立的理论依据和现实依据展开深入探讨，论证我国著作权侵权领域引入惩罚性赔偿制度的必要性和可行性，并就如何构建该制度提出具体的建议，研究成果可以为立法机关在修改著作权法时提供参考，也可以为司法机关在司法实践中适用该制度提供指导。

二、研究的现状及不足

（一）国外研究现状及不足

惩罚性赔偿最早是在英美法系国家的判例中产生的，经过200多年的发展已经成为一项比较成熟的赔偿制度，但是惩罚性赔偿从产生开始就成为法官、律师、立法者以及学者之间极具争议的话题，从而出现了一批讨论惩罚性赔偿的论文，如美国的纽约叶史瓦大学法学院安东尼·J. 塞博克教授写了《美国的惩罚性赔偿》一文，对美国惩罚性赔偿的发展历史、美国侵权法中惩罚性赔偿金的目的、陪审团的规则、惩罚性赔偿的宪法性基础进行了探讨。奥地利科学院欧洲侵权法研究所瓦内萨·威尔克萨斯撰写的《英国的惩罚性赔偿金》一文对惩罚性赔偿金的种类、被废弃的诉因检验、与惩罚性赔偿金评估相关的因素、反对惩罚性赔偿金的情况、替代的救济方法等问题进行了研究。荷兰伊拉兹马斯法学院鹿特丹法律与经济研究所路易斯·菲斯海尔副教授写了《对惩罚性赔偿金的经济分析》一文，对惩罚性赔偿金的经济目标、惩罚性赔偿金的经济理由进行了深入论证。维也纳大学退休教授赫尔穆特·考茨欧撰写的《惩罚性赔偿金：入天堂还是下地狱?》一文论述了普通法和大陆法国家对惩罚性赔偿的不同做法，归纳了赞同或反对惩罚性赔偿的理由，并分析了两大法系对惩罚性赔偿不同态度的原因，提出侵权法并不是嵌入惩罚或预防工具的合适领域，如惩罚性赔偿金，达到预防效果的唯一出路是考虑发展其他法律救济体系的可能性。

经过一系列讨论后，英美法系国家在司法实践中已将惩罚性赔偿普遍运用于侵权领域，包括著作权侵权领域，当前不少英美法系国家还采用成文法的形式对其进行明确规定。大陆法系国家由于较为严格地实行公法和私法的划分，认为惩罚性是公法的职能，而著作权法属于私法，如果把惩罚性赔偿引入著作权领域会与著作权法的私法性质不符，因此在著作权侵权领域要不要适用惩罚性赔偿长期以来遭到大陆法系学者们的质疑。如 D. B. 多布斯（D. B. Dobbs）在《结束惩罚性赔偿的惩罚——威慑措施的修订》一文中就明确提出要结束惩罚性赔偿的威慑惩罚，学者杰弗里斯（Jeffries）对惩罚性赔偿的合宪性展开了讨论。❶ 但在两大法系相互融合的趋势下，一些大陆法系的国家和地区的学者也开始接受该制度并建议通过立法确立该制度。德国作为大陆法系国家的典型代表，其民法学界普遍认为制订损害赔偿法的唯一目的是补偿受害人的损失。但是在其司法实践中，德国法院并没有将补偿作为损害赔偿法的唯一目的予以遵守和贯彻，而是常常将惩罚性赔偿作为一种例外适用于具体的案件判决中，并且这种例外涉及的范围已经非常广，根据德国学者彼得·米勒（Peter Mueller）对德国法院判决的损害赔偿判决书的研究结果表明，德国法院在 19 种情况下将惩罚性赔偿作为例外加以适用，著作权侵权损害赔偿也包含在这 19 种情况之中。德国不仅在司法实践

❶ Jeffries, A Comment on the Constitutionality of Punitive Damages, *Va. L. Rev.* 139. (1986).

中有将惩罚性赔偿作为例外的做法，而且在理论界，根据德国学者沃尔克·贝尔（Volker Behr）的研究结果，完全反对惩罚性赔偿的声音也正在消失。当前不管是英美法系国家还是大陆法系国家，在著作权侵权领域要不要引入惩罚性赔偿制度已不再是学者们讨论的重点，学者们把研究的重心放在了惩罚性赔偿制度的构建方面。如维克多·E. 施瓦兹（Victor E. Schwartz）等探讨了惩罚性赔偿适用的条件以及对惩罚性赔偿的限制。❶ 有学者对惩罚性赔偿金额的确定进行了探讨，美国迈克尔·鲁斯特德（Michael Rustad）和托马斯·科尼格（Thomas Koenig）认为不应该对惩罚性赔偿的金额进行限制，否则会影响惩罚性赔偿实现其威慑功能，最终使惩罚性赔偿与补偿性赔偿没有实质区别而使得惩罚性赔偿失去设立的意义。国外学者有关惩罚性赔偿的相关研究成果对本书的研究具有重要的参考价值，尽管国外对惩罚性赔偿研究比我国早，但是系统性的成果并不多，而且国情不同，我们只能批判性地借鉴。

（二）我国的研究现状及不足

我国对惩罚性赔偿的研究始于 20 世纪 90 年代，市场经济的发展使商品的生产和交换变得异常活跃，市场主体往往为了获得利益最大化而在提供商品或服务过程中常使用欺诈手段损害广大消费者的利益，消费者作为弱势群体无法为了很少的损害去诉讼，但是由于商品涉及广大消费者的利益，因此，为了有效遏制经营者侵害消费者的利益，立法界、学术界开始探讨在消费者权

❶ Victor E. Schwartz, Mark A. Behrens & Joseph P. Mastrosimone Reining in Punitive Damages "Run Wild": Proposals for Reform by Court and Legislature, *65 Brooklyn L. Rev.* 1003, 1013-1014（1999）.

益保护法中引入惩罚性赔偿是否必要和可行，从而在理论界出现一大批关于惩罚性赔偿的研究成果，包括论文和专著。就专著而言，金福海的专著《惩罚性赔偿制度研究》和关淑芳的专著《惩罚性赔偿制度研究》是具有代表性的研究成果。就论文而言，通过中国知网检索到100多篇与惩罚性赔偿有关的论文，如王利明教授的《惩罚性赔偿研究》、李进的《惩罚性赔偿制度在侵权领域中的适用基础》、于冠魁的《论惩罚性赔偿的性质》、王立峰的《惩罚性赔偿的道德基础》、杜甲华的《我国建立惩罚性赔偿制度之理论障碍批判》、西南政法大学周伟中的硕士论文《惩罚性赔偿制度研究》、西南财经大学贾天保的硕士论文《惩罚性赔偿在我国立法中的确立与完善》等，学者们从不同的角度对惩罚性赔偿的性质、道德基础、功能、适用的正当性等进行了深入探讨，就惩罚性赔偿的性质而言，提出了惩罚性赔偿是经济法责任或民法责任或公法责任等多种学说；就惩罚性赔偿的道德基础而言，提出了惩罚性赔偿的工具理性、存在的价值依据；就惩罚性赔偿的功能而言，学者们的观点各异，惩罚和补偿功能是大多数学者比较认同的。学者们对惩罚性赔偿的一般理论的研究成果为本书的研究提供了研究基础。

　　而在著作权侵权领域要不要引入惩罚性赔偿则是近几年的问题，相关的研究成果并不多，大多数学者通常是把著作权跟专利权、商标权等其他知识产权放在一起来探讨知识产权惩罚性赔偿，很少有单独研究著作权侵权惩罚性赔偿的文章，事实上，由于知识产权的种类不同，各类知识产权侵权特征各异、侵权涉及面大小不一、侵权危害性程度不同，对惩罚性赔偿需求的迫切性也不同，如专利侵权，由于我国同世界发达国家相比，先进技术的研发水平相对比较落后，过高的保护水平可能会使我国企业陷入被动，不利于我国技术的进步，而著作权侵权则不存在类似的问题，而且著作权侵权涉及面极广，侵权成本相对其他知识产权侵权要低，侵权人用非常简单的方式轻而易举就可以实现侵权，因此，其对惩罚性赔偿的需求迫切性更强。根据已收集到的资料发现，最近几年学者们讨论的重心是要不要在知识产权侵权领域引入惩罚性赔偿，出现了一批探讨知识产权侵权惩罚性赔偿必要性和可行性的文章，如郑谦的《论惩罚性赔偿在我国知识产权领域实行的可行性》、陈红英和唐芳的《论知识产权领域惩罚性赔偿责任的必要性》等，但探讨知识产权惩罚性赔偿制度具体如何构建的学者并不多，相关的研究成果也比较少，制度建构比较有代表性的成果是华东政法大学朱丹的博士论文《知识产权惩罚性赔偿制度研究》，该论文对知识产权惩罚性赔偿制度的历史和现状、性质与功能、正当性、必要性、可行性和制度设计进行了系统研究，为本书的写作提供了重要参考，但是该论文探讨的是对全部知识产权适用的惩罚性赔偿制度，并没有考虑著作权的特殊性，因而与本书研究的侧重点不同。当前单独研究著作权侵权惩罚性赔偿的论文屈指可数，通过中国知网能搜到的相关文章有徐聪颖的《论侵害著作权的惩罚性赔偿》、莫旻丹的《我国著作权惩罚性赔偿理论的反思与建议》、杨丛瑜和王坤的《惩罚性赔偿在著作权侵权领域的引入》、湖南师范大学周婷婷的硕士论文《著作权侵权惩罚性赔偿研究》和唐伟的《论侵犯著作权的惩罚性赔偿》等，其中《论侵害著作权的惩罚性赔偿》对著作权领域适用惩罚性赔偿的理论基础和适用条件进行了探讨，《我国著作权惩罚性赔偿理论的反思与建议》提出了我国不宜在著作权领域引入惩罚性赔偿的观点，《惩罚性赔偿在著作权侵权领域的引入》对国外的著作权侵权惩罚性赔偿进行了介绍，分析了加强著作权保护的重要性，提出在我国著作权法中规定适用惩罚性赔偿的条件和确定惩罚性赔偿金应考虑的因素。《著作权侵权惩罚性赔偿研究》对著作权侵权惩罚性赔偿的目的、功能、合理性、必要性、可行性和制度构建等方面进行了探讨。《论侵犯著作权的惩罚性赔偿》对补偿性赔偿的缺陷进行了检讨，对引入惩罚性赔偿的正当性进行了分析，并对惩罚性赔偿的适用范围和适用条件等进行了探讨。上述成果无疑对本书的研究具有重要价值，但是从上述成果的表现形式来看，当前我国学术界对著作权侵权惩罚性赔偿的研究并不多，不系统不全面，并且缺乏深度。对著作权侵权惩罚性赔偿的发展历史没有涉及，缺少横向和纵向比较研究的成果，缺少多角度多学科的研究成果，缺少制度构建的系统性研究，缺少著作权侵权惩罚性赔偿在适用过程中与传统制度衔接的研究成果。因此，选择著作权侵权惩罚性赔偿作为研究对象仍有较大的探讨空间。

三、研究思路与研究方法

（一）研究思路

简单地说，本书研究的思路可以概括为：惩罚性赔偿是什么，为何要在著作权侵权领域建立这个制度即建立该制度的理论依据和现实依据，如何在我国构建该制度，构建该制度时应考虑如何与我国已有的相关制度进行协调。

具体来说，本书首先从阐述惩罚性赔偿的基础理论入手，对惩罚性赔偿的内涵进行历史、学理、词源等多角度考察，并对本书所研究的惩罚性赔偿的内涵进行明确界定；通过比较惩罚性赔偿与行政罚款、刑事罚金、违约金、法定赔偿、精神损害赔偿、补偿性赔偿的区别，归纳出惩罚性赔偿的基本性质和功能。

其次，从法哲学、法经济学、民法学和心理学等多学科角度对构建惩罚性赔偿制度的理论依据进行论述，并梳理惩罚性赔偿制度的产生背景和发展轨迹，介绍各国各地区对该制度的态度和具体做法，为我国构建该制度提供借鉴。

再次，对我国现行的著作权侵权损害赔偿制度的立法规定进行评析，并通过实证研究法对现行著作权侵权损害赔偿的司法状况进行深入分析，以便论证将惩罚性赔偿引入我国著作权侵权领域的现实必要性。

最后，就构建该制度应如何与我国现有的补偿性赔偿、行政罚款、刑事罚金、过度诉讼、调解、自由裁量权等的衔接展开论述，为制度的具体构建打下基础；在上述基础上，开始着手我国著作权侵权惩罚性赔偿制度的具体构建，从适用原则、适用条件、适用范围、赔偿数额的确定和惩罚性赔偿金的归属等方面进行全方位的探讨。

（二）研究方法

著作权侵权惩罚性赔偿是一个理论性和实践性都很强的问题，在研究过程中，为了论证的科学性和论证结果的准确性，本书采取了如下多种研究方法。

（1）实证研究法。为了切实了解我国现有著作权侵权赔偿制度的运行状况，本书以北大法意网的中国裁判文书库作为案例来源的数据库，本着随机及全覆盖的原则，分别按地域在北京、上海、浙江、江苏、广东五个省市各选取了 2011～2013 年的 30 份关于著作权权属及侵权的判决书，除了从这五个省市选取了 150 个案例以外，还从 2008～2013 年最高人民法院每年公布的全国 50 大典型知识产权案例中选取 38 个著作权侵权典型案例。因此，本书总共选取了 188 份著作权权属和侵权案例的判决书作为研究样本，对权利人被侵权后的维权成本以及法院对维权成本与损失赔偿请求的支持状况进行分析，试图得出一个反映现有著作权侵权赔偿制度运行状况的结论，通过数据分析得出结论，使论证更有说服力。

（2）文献研究法。在研究本课题的过程中，笔者充分利用杭州师范大学图书馆、浙江省图书馆、浙江大学图书馆和中南财经政法大学图书馆的馆藏纸质资料以及中外文献资源数据库查阅了与本课题相关的国内外资料，并借助现代高科技手段，通过网络查阅相关的电子文献，辅之以必要的文献采购，全面收集与本课题相关的资料，从中了解本课题研究的现状和发展动态，分析已有研究的成果，找出已有成果的不足，明确本课题研究的切入点和重点。

（3）比较研究法。为了使构建的著作权侵权惩罚性赔偿制度更科学，本书拟通过横向对比和纵向对比进行研究，首先，将著作权侵权惩罚性赔偿与行政罚款、刑事罚金、违约金、精神损害赔偿金、补偿性赔偿进行比较，找出著作权侵权惩罚性赔偿的特点和优势，为论证在著作权侵权领域建构惩罚性赔偿制度的正当性做铺垫。其次，著作权侵权惩罚性赔偿制度在国外已有较长历史，为了使我国少走弯路，减少建设时间，本书通过研究英美法系和大陆法系典型国家的著作权侵权惩罚性赔偿制度来为我国惩罚性赔偿制度的建构提供较好的借鉴。

（4）历史研究法。明史可以鉴今，为了深入了解惩罚性赔偿制度的孕育、产生、发展和完善的过程，把握惩罚性赔偿制度如何扩大到著作权侵权领域的发展轨迹，探寻其生存的客观环境，本书特意安排一章对惩罚性赔偿制度的发展历程进行梳理，分析英美法系国家和大陆法系国家对惩罚性赔偿持有不同态度的原因，为我国在著作权侵权领域引入惩罚性赔偿制度创造有利的环境提供经验。

（5）多学科研究法。著作权侵权惩罚性赔偿制度是一个涉及面比较广的问题，是否设立该制度可以从多个角度去寻找依据，本书在论证过程中，利用哲学、经济学、民法学、心理学等多个学科的知识、理论和方法，对著作权侵权惩罚性赔偿制度建立的正当性进行多角度的论证。

四、研究的创新点

（1）观点的创新。本书提出了惩罚性赔偿是集传统民事救济、行政救济、刑事救济措施功能于一体的特殊民事赔偿制度，具有传统救济制度无法替代的地位；在惩罚性赔偿的制度构建部分提出适用惩罚性赔偿应遵循利益平衡、适用条件法定、赔偿数额法庭酌定原则，提出适用惩罚性赔偿的四个条件，界定了适用惩罚性赔偿的范围，探讨确定惩罚性赔偿数额的方式、确定惩罚性赔偿数额的参考因素以及惩罚性赔偿金的归属等问题。

（2）研究视角的创新。本书从理论和现实、正面和反面以及多学科角度对惩罚性赔偿的正当性和必要性展开论证。首先，本书从法哲学、法经济学、民法学和心理学等多角度对惩罚性赔偿在著作权领域适用的正当性进行了论证，多角度论证使结论更有可信度，这也是从理论的角度正面论证惩罚性赔偿在著作权侵权领域适用的正当性。其中从心理学角度对惩罚性赔偿正当性的论证，在笔者目前所能找到的资料中尚未发现有学者从该角度展开过论述。其次，从我国的立法、司法现状存在的问题对著作权侵权惩罚性赔偿的必要性进行论证，这是从现实的角度正面展开的论证。此外，本书还梳理和回应了反对者的观点，消除了质疑者的顾虑，从反面论证了著作权侵权惩罚性赔偿的正当性、必要性和可行性。

（3）论证方法的创新。本书采用实证研究法对权利人被侵权后的维权成本以及法院对维权成本与损失赔偿请求的支持状况进行分析，从中得出现行立法和司法存在不合理的结论，通过此方法分析得出的结论相对客观和科学。

（4）论证资料具有新颖性。本书选取法院的 188 份著作权侵权判决书进行实证研究，在这 188 份判决书中，有 38 份是从 2008～2013 年最高人民法院每年公布的全国 50 大典型知识产权案例中的著作权侵权案例选取的，其他 150 份判决书是从北大法意网的中国裁判文书库按北京、上海、浙江、江苏、广东等地域随机选取的，从这五个省市各选取了 2011～2013 年的 30 个著作权侵权案例，组成本书研究的 188 个样本，这些样本作为法院的第一手资料，具有真实性，从采集上来说非常具有代表性，为分析结论的准确性提供了保障。

第一章

著作权侵权惩罚性赔偿概述

著作权侵权惩罚性赔偿存在的正当性以及如何在我国构建该制度是本书研究的重点，但是学术界对惩罚性赔偿的含义、性质和功能等有不同的理解，只有预先对其加以界定，后文的论述才有逻辑前提。因此，本章将从著作权侵权惩罚性赔偿的内涵、性质和功能等基础问题入手进行研究，以便为后文的研究做必要的铺垫。

第一节　著作权侵权惩罚性赔偿的内涵

惩罚性赔偿是著作权侵权惩罚性赔偿的上位概念，探讨著作权侵权惩罚性赔偿其实就是将惩罚性赔偿制度引入著作权侵权领域。因此，在探讨著作权侵权惩罚性赔偿的内涵之前，应先了解惩罚性赔偿的内涵。

一、惩罚性赔偿内涵的历史考察

惩罚性赔偿最初始于 1763 年英国卡姆登勋爵（Lord Camden）法官对 Huckle v. Money 一案的判决，后来被英美法系国家法院普遍采纳，当前已发展成为英美法系国家在侵权行为法领域普遍设立的一项制度。但是在该制度的发展过程中，惩罚性赔偿在不同时期的称谓和内涵是不一样的，曾经有痛苦金（Smart Money）、报复性赔偿（Vindictive Damages）、惩戒性赔偿（Exemplary Damages）、加重的损害赔偿（Aggravated Damages）、刑罚的损害赔偿（Punitory Damages）、额外的损害赔偿（Added Damages）、推定的损害赔偿（Presumptive Damages）和惩罚性赔偿（Punitive Damages）等多种称谓。作为惩罚性赔偿早期表述的痛苦金是 1872 年福斯特

（Foster）法官在 Fay v. Parker 一案的判决中创造的，其含义为违法行为人因其行为付出的代价而感到痛苦。报复性赔偿是对违法行为人的行为予以报复为目的的，以便起到惩罚加害人、抚慰被害人、吓阻类似行为发生的作用。加重的损害赔偿、刑罚的损害赔偿、额外的损害赔偿和推定的损害赔偿等作为惩罚性赔偿的称谓曾长期被英国法院交替性地使用，主要是赔偿受害人实际损害之外的不能确定或不能合理证明的损害。但是在 1964 年的 Rookes v. Barnard 案中，德夫林（Devlin）对上述用法提出了质疑，他认为惩罚性赔偿和加重的损害赔偿是有明显区别的，惩罚性赔偿突出的是惩罚性，是为了惩罚和遏制侵权人的违法行为，而加重的损害赔偿突出的是补偿性，是为了补偿受害人的损失；而惩戒性赔偿在 Huckle v. Money 一案中第一次被使用，它侧重于遏制功能，当时使用这一词是为了用它来遏制当事人的财富优势地位，防止权力的滥用。惩罚性赔偿当前在英文中通常使用 Punitive Damages 来表达，就其具体内涵来说，不同的词典、不同的学者有不同的阐释，但其根本目的都是为了惩罚和遏制主观上有恶意的不法行为人的行为。从上述各个时期对惩罚性赔偿的不同称谓可以看出惩罚性赔偿在不同时期的侧重点是不一样的，惩罚性赔偿经历了一个从最初的补偿受害人的精神损害到报复加害人，到最后惩罚加害人的过程。在现代的法律词典中，为了方便理解，如《布莱克词典》和《元照英美法词典》都明确规定 Punitive Damages 与 Exemplary Damages、Vindictive Damages 和 Smart Money 具有相同的含义。❶

---

❶ 薛波：《元照英美法词典》，法律出版社 2003 年版，第 1120 页。

二、惩罚性赔偿内涵的学理考察

惩罚性赔偿制度自其产生以来就一直备受争议，对于何谓惩罚性赔偿国内外学者有不同的看法。他们各自从不同的角度对惩罚性赔偿进行了描述。大体有广义说和狭义说之分。广义说的典型代表是王利明教授，他认为惩罚性损害赔偿，也称报复性的赔偿或惩戒性的赔偿，一般是指由法庭所做出的赔偿数额超出了实际损害数额的赔偿。它具有补偿受害人遭受的损失、制裁和遏制不法行为等多重功能。❶ 狭义说的代表是我国台湾地区的学者林德瑞教授，其认为惩罚性赔偿是指被告人因其恶意、鲁莽、轻率或漫不经心的行为，法院因而给予被害人超过其实际所受损害之赔偿，其为非补偿性的赔偿，目的在于惩罚不法行为人与吓阻该行为人及他人在将来从事该类似之不法行为。❷ 根据上述学者给惩罚性赔偿所下的定义可以看出，不管是广义说还是狭义说，在给惩罚性赔偿下定义时都是从受害人的角度，以受害人获得的赔偿数额是否超过其实际损失作为判断是否属于惩罚性赔偿的依据，这种方法是否科学是值得商榷的。第一，受害人的实际损失有时并不能具体计算或量化，这是著作权领域很常见的现象，此时惩罚性赔偿的计算就缺少参照依据。第二，既然学者们都认可惩罚性赔偿的首要目的是惩罚侵害人，如果侵害人因为其侵害行为获得了比法院判决给受害人的赔偿更多的利益，

---

❶ 王利明："惩罚性赔偿研究"，载《中国社会科学》2000 年第 4 期，第 115～116 页。

❷ 转引自关淑芳：《惩罚性赔偿制度研究》，中国人民公安大学出版社 2008 年版，第 2～3 页。

侵害人赔偿给受害人后依然可以获得一定好处，即使受害人获得的赔偿多于其实际损失，法院的判决也起不到惩罚加害人的目的，此时的赔偿对于加害人来说已经失去惩罚性了。第三，当受害人有多个，而起诉的受害人只有一个时，如果加害人赔偿给起诉者的总额少于全部受害人的实际损失，加害人仍然有利可图，尽管受害人获得的赔偿可能比自己的实际损失要多，但是对于加害人来说根本就无惩罚性可言。因此，以受害人获得的赔偿是否多于其实际损失作为判断惩罚性赔偿的依据是不科学的。

三、惩罚性赔偿内涵的词源考察

《布莱克词典》对惩罚性赔偿进行了明确的解释，认为惩罚性赔偿是指当被告的行为具有鲁莽、欺诈或恶意情形时，在实际损害赔偿之外对原告给予的赔偿。赔偿金的确定意在惩罚违法者或给其他人做示范，惩罚性赔偿一般是为了惩罚和遏制可归责的行为，而不是对违反合同的追究。❶这个概念主要是从惩罚性赔偿的功能、侵害人的主观状态与惩罚性赔偿的关系等方面来对惩罚性赔偿的内涵进行界定的。

《牛津法律辞典》对惩罚性赔偿的解释是：惩罚性赔偿系一个术语，有时用来指判定的损害赔偿金，它不仅是对原告的补偿，而且是对故意加害人的惩罚。它用以表明法院或陪审团对被

---

❶ Garner, Bryan A., *Black's Law Dictionary*, West Thomson, 2004, p. 418. (Damages awarded in addition to actual damages when the defendant acted with recklessness, malice, or deceit; specific, damages assessed by way of penalizing the wrongdoer or making an example to others. Punitive damages, which are intended to punish and thereby deter blameworthy conduct, are generally not recoverable for breach of contract.)

告恶意的、加重的或野蛮的侵权行为之否定评断。❶ 这个概念是一个广义的惩罚性赔偿，它认为惩罚性赔偿包括补偿性赔偿和惩罚性赔偿两个部分，它是综合考虑受害人和加害人两个角度，说明惩罚性赔偿具有补偿和惩罚功能。

《元照英美法词典》认为惩罚性赔偿金是损害赔偿金的一种，与补偿性损害赔偿金相对应，是指当被告以恶意、故意、欺诈或者放任之方式实施行为而致原告受损时，原告可以获得的除实际损害赔偿金外的损害赔偿金。因其目的在于对被告施以惩罚，以阻止其重复实施恶意行为，并给他人提供警戒或保护公共和平，故惩罚性损害赔偿通常不适用于违约行为，而多适用于侵权行为，而且单纯的过失亦不能导致惩罚性损害赔偿。❷

从上述三大法律词典对惩罚性赔偿的解释可以看出，三大法律词典都强调将加害人的主观状态作为适用惩罚性赔偿的构成要件之一，只有当加害人主观具有恶意、欺诈、故意等情形时才可能适用惩罚性赔偿，并且都对惩罚性赔偿的功能或目的进行了描述，惩罚性赔偿是为了惩罚加害人、遏制类似行为的发生，不同的是，《牛津法律辞典》认为惩罚性赔偿除了惩罚和遏制功能之外，还有补偿受害人的功能。这是由三大法律词典对惩罚性赔偿的构成不同决定的，《布莱克词典》和《元照英美法词典》认为惩罚性赔偿是实际损害赔偿金之外的赔偿，而《牛津法律辞典》认为惩罚性赔偿是实际损害赔偿金和惩罚性赔偿金之和。

---

❶ 戴维·M. 沃克：《牛津法律大辞典》（中文版），光明日报出版社1988年版，第322页。

❷ 薛波：《元照英美法词典》，法律出版社2003年版，第1120页。

27

四、本书所探讨的惩罚性赔偿的内涵

综上所述，惩罚性赔偿不管是在其发展历程中还是在专业的法律词典或者学者们的观点中，对其内涵的理解都是有差异的，但是内涵直接决定该制度的功能、性质、适用范围和具体的适用条件等，正如博登海默所说："法律概念乃是解决法律问题所必需的和必不可少的工具。没有限定严格的专门概念，我们就不能清楚地和理性地思考法律问题。"❶

为了下文研究的方便，本书将在如下意义上使用"惩罚性赔偿"一词，即惩罚性赔偿是法院根据受害人的请求，在侵权人主观上存在故意或重大过失实施侵权行为给被害人造成损害时，判决其支付给受害人补偿性赔偿金之外的赔偿金。这样界定的优点在于：第一，该概念采取抽象概括的方式来描述加害人的主观状态，避免了在概念中因无法穷尽加害人所有的可责难情形而使应当适用惩罚性赔偿的情形被排除在外。第二，该概念回避了以受害人获得的赔偿是否多于其实际损失作为判断惩罚性赔偿的依据。正如上文所述，以受害人获得赔偿的数额是否多于其实际损失来判断赔偿是否属于惩罚性赔偿在有些情况下具有不可操作性，有时甚至无法实现惩罚性赔偿的惩罚目的，当实际损失无法计算时，可以用加害人的非法获利来作为确定惩罚性赔偿的依据，为了实现惩罚性赔偿的设立目的，法院在判决惩罚性赔偿金时，应当考虑受害人的损失和加害人的获利两个方面，以数额更大的作为参照标准。第三，该概念强调法院依加害人请求进行判

---

❶ ［美］E. 博登海默著，邓正来译：《法理学：法律哲学与法律方法》，中国政法大学出版社 1999 年版，第 486 页。

决，直接体现了惩罚性赔偿的民事性质，不是国家机关依职权作出的处罚。

　　著作权侵权作为民事侵权的一种，当侵权人主观上存在故意或重大过失侵犯他人著作权时，法院根据受害人的请求判决侵权人支付给受害人补偿性赔偿金之外的赔偿金就是著作权侵权惩罚性赔偿。

第二节　著作权侵权惩罚性赔偿的性质

　　关于惩罚性赔偿的性质，不管在大陆法系国家还是英美法系国家都是一个备受争议的话题。主要形成两种具有代表性的观点，一种观点认为惩罚性赔偿属于公法责任，另一种观点认为惩罚性赔偿属于私法责任，这两种观点都得到了不少学者的支持。我国自 1994 年实施的《消费者权益保护法》确立惩罚性赔偿制度以来，学者们对惩罚性赔偿的性质展开过激烈的探讨，但是分歧也很大。学者们除了在公法责任和私法责任之间进行争议之外，还形成第三种比较有代表性的观点，即认为惩罚性赔偿属于公私法兼顾的责任即经济法责任。惩罚性赔偿的性质直接影响惩罚性赔偿制度的建构，因此有必要对其进行深入探讨。下文拟从惩罚性赔偿与相关概念的比较中分析其性质。

一、著作权侵权惩罚性赔偿与相关概念的区别

（一）著作权侵权惩罚性赔偿与刑事罚金的区别

　　所谓刑事罚金（以下简称为罚金）即指刑事责任中的罚金

刑，是人民法院判处犯罪分子向国家缴纳一定数额金钱的刑罚方法。❶ 它是刑法规定的一种财产刑，在我国是作为附加刑规定的，它所剥夺的是犯罪人的财产权益，其本质是使犯罪人承受剥夺金钱的痛苦。❷ 我国刑法分则对罚金的适用规定了四种情况：单处罚金、选处罚金、并处罚金、并处或单处罚金。它主要适用于侵害财产权益的犯罪和贪利性犯罪，因为罚金刑与侵害财产权益的犯罪和贪利犯罪有较强的相配性——刑罚剥夺的权益与犯罪所侵害的权益在性质上、价值上具有等同性或相似性。❸ 它和著作权侵权惩罚性赔偿一样，均是为了谴责不法行为人的行为而让其支付一定的金钱，都具有预防不法行为再次发生和惩罚行为人的功能。尽管两者在功能和形式上有相似之处，但是两者的区别也是十分明显的。

（1）适用的前提不同。罚金适用的前提是不法行为人的行为已经构成犯罪，根据刑罚的报应性理论，其行为理应被追究刑事责任，只有行为人的行为构成犯罪才有可能适用罚金刑。而著作权侵权惩罚性赔偿适用的前提是不法行为人的行为侵害了另一民事主体的著作权，其行为性质并没有达到犯罪的严重程度。

（2）追责的主体不同。著作权侵权惩罚性赔偿由受害人主动向法院提起，法院采取不告不理的原则，在受害人提出惩罚性赔偿请求后，法院根据具体情况判决是否适用惩罚性赔偿，受害人有权提起也有权放弃惩罚性赔偿；而罚金是在刑事案件中，由法院依职权根据法律的规定来适用，不需要由当事人提起，当事人

---

❶ 张明楷：《刑法学》，法律出版社 2004 年第 2 版，第 426 页。

❷ 邵维国：《罚金刑论》，吉林人民出版社 2004 年版，第 9~10 页。

❸ 同上书，第 136 页。

无法影响罚金刑的适用。

（3）金钱的归属不同。著作权侵权惩罚性赔偿和罚金的最终结果都体现为不法行为人支付一定的金钱，但是金钱的归属完全不同，著作权侵权惩罚性赔偿的金钱是受害人向法院请求侵权人支付给自己的，所以最终归受害人所有；而罚金所得金钱由不法行为人交给法院，最终归国家所有。

（4）适用的程序不同。著作权侵权惩罚性赔偿是在著作权侵权行为发生后，受害人根据民事诉讼程序向侵权人行使赔偿请求权，由法院根据受害人的请求判决侵权人承担的民事赔偿责任；而罚金是在刑事案件中，由法院根据刑事诉讼程序判决犯罪人承担的财产附加刑。

（5）功能不完全相同。如前所述，罚金和著作权侵权惩罚性赔偿都具有预防和惩罚功能，表现形式都是通过要求不法行为人支付一定数量的金钱来体现，因为金钱对于侵权人和犯罪人来说都是其生存的重要的物质基础，通过让不法行为人支付金钱使其明白不法行为会让自己不仅无利可图，甚至付出惨重的代价，从而使不法行为人和潜在的不法行为人打消以后继续进行类似不法行为的念头，从而起到预防不法行为再次发生的功能。同时，给付的金钱是不法行为人的合法利益，而不是非法获利，体现了对不法行为人的惩罚功能。但是著作权侵权惩罚性赔偿除了预防和惩罚功能之外，客观上还起到了补偿受害人损害赔偿的作用，受害人的损害往往因为客观原因无法全部查清楚，最终无法全额得到赔付，而惩罚性赔偿通过支付给受害人补偿性赔偿金之外的赔偿，使其在补偿性赔偿中未能得到全额赔偿的部分得到了赔偿。此外，著作权侵权惩罚性赔偿还有激励受害人积极维权的作用，民间常说"赢了官司亏了钱"，使得很多受害人怠于维护自己的权利，惩罚性赔偿使受害人最终可能获得比实际损害多的金钱，改变了受害人消极应对不法行为的局面。

（二）著作权侵权惩罚性赔偿与违约金的区别

违约金制度最早起源于罗马法，为一种债的担保制度，它是指由合同当事人约定的，一方违反合同时应向对方支付的一定数额的金钱和财物。❶ 长期以来它被当作违反合同的责任而被视为对合同履行的担保，尽管它作为一种合同之债的担保制度被《法国民法典》及其他多个大陆法系国家所继受，但是，从违约金的本义来看，它与其他物的担保的不同，就在于它不是使债权人于合同订立时便掌握一定财产作为满足自己债权的保证，而是在违约后才向债权人清偿，因此，违约金只有在债务人具有清偿能力时才有意义。❷ 这说明它与严格意义上的担保有着本质的不同，如果债务人没有清偿能力，即使约定了违约金，债权人的债权照样无法实现，违约金根本就起不到担保的作用。正因为如此，我国担保法并没有把违约金作为一种担保形式加以规定，而是把它作为违约人违约后承担的违约责任。它与惩罚性赔偿一样都以金钱的形式来体现对行为人的谴责，都由当事人通过民事诉讼程序提请法院来判决，客观上都有补偿另一方当事人的作用，但是两者的区别非常明显。

（1）适用的领域不同。违约金通常适用于合同领域，只有在一方当事人违反约定时才适用违约金条款，当事人违反的是合同约定的义务。而著作权侵权惩罚性赔偿适用于著作权侵权领域，当事人违反的是法律规定的义务，合同领域一般不适用惩罚性赔

---

❶ 崔建远：《合同责任研究》，吉林大学出版社 1992 年版，第 227 页。

❷ 李永军：《合同法》，法律出版社 2005 年版，第 750 页。

偿，这在理论界和实务界都存在争论，如美国将惩罚性赔偿不仅适用于侵权领域，而且适用于合同领域，但是世界上有惩罚性赔偿制度的国家大多主张惩罚性赔偿只适用于侵权领域而不适用于合同领域，这主要是由合同自由理论决定的。在合同自由原则下，当事人有权自由地约定双方的权利和义务，包括约定违约金作为不履行或者未完全履行合同的处理方式，公权力不宜过度干预私人之间的这种约定，应当尊重当事人之间的意思自治，而且违约的行为容易被发现也容易被对方证明，将惩罚性赔偿适用于合同领域将会导致额外的、高成本的履约行为，最终损害缔约当事人的利益。

（2）设立的目的不同。当事人在合同签订时约定违约金是为了弥补一方不履行和不完全履行合同给另一方可能造成的损失，这种损失是可以预见的，通常双方当事人约定的违约金与不履行合同可能造成的损失相当，如果约定的违约金和基于违约给对方造成的损失相差较大，无论是低于还是过分高于造成的损失均被视为不合理的，一方当事人可以请求仲裁机构或法院来改变这种不合理的约定。如我国《合同法》第 114 条对此做出了明确规定。❶ 因此，设立违约金的主要目的是补偿违约给对方造成的损失。而设立著作权侵权惩罚性赔偿的主要目的是惩罚侵权人，通过让不法侵权人支付比其通过侵权所获的利益更多的金钱，使不法侵权人因为侵权遭受惩罚的痛苦而主动停止侵权，以后不再从事类似的侵权活动，同时对潜在的侵权人也起到威慑作用。

---

❶ 《合同法》第114条规定："当事人可以约定一方违约时应当根据违约情况向对方支付一定数额的违约金。约定的违约金低于造成的损失的，当事人可以请求人民法院或者仲裁机构予以增加；约定的违约金过分高于造成的损失的，当事人可以请求人民法院或者仲裁机构予以适当减少。"

（3）金钱数额的确定性程度不同。不管是违约金还是惩罚性赔偿金，最终都以金钱的形式来体现，但是其数额的确定性程度是不同的，违约金是双方当事人在合同签订时约定的，确定违约金数额的根据是违约可能给对方当事人造成的损失，而且违约金的数额在合同签订后就是确定的；而惩罚性赔偿是在侵权行为发生后，由受害人向法院提出，由法院根据具体案情最后确定，在法院确定之前，对双方当事人来说惩罚性赔偿金的数额都具有不确定性，也正是这种不确定性，才更有利于发挥惩罚性赔偿的威慑力，不至于侵权人将其惩罚性赔偿数额事先转嫁到经营成本中，最终转嫁给消费者。

（4）对主观因素的要求不同。违约金的适用对当事人没有主观要素的特定要求，不管对方是因为主观故意违约还是客观不能造成违约，只要出现当时约定的违约结果都可以要求对方承担违约金责任。但是惩罚性赔偿是为了惩罚主观上应受谴责的行为，在适用惩罚性赔偿时，要求侵权人主观上是故意的或具有重大过失的，对于一般过失造成的侵权不适用惩罚性赔偿。

（三）著作权侵权惩罚性赔偿与精神损害赔偿的区别

精神损害赔偿是民事主体因其人身权利受到不法侵害，使其人格利益和身份利益受到损害或遭受精神痛苦，要求侵权人通过财产赔偿等方法进行救济和保护的法律制度。❶ 精神损害赔偿制度的起源最早可以追溯到罗马法时期的"赎罪金"，首次以成文法形式规定精神损害赔偿制度的是 1804 年《法国民法典》，后来在德国、瑞士等国家的民法典中加以完善，成为大陆法系国家的一项民事制度。它在不同的国家和地区有不同的称谓，日本将其

---

❶ 王利明：《民法》，中国人民大学出版社 2005 年版，第 875 页。

称为"慰谢料"，德国将其称为"痛苦金"，我国台湾地区将其称为"慰问金"或"慰藉金"，我国大陆首次规定精神损害赔偿相关内容的是 1986 年《民法通则》，但是《民法通则》并没有使用"精神损害赔偿"的概念，直到 1993 年《最高人民法院关于审理名誉权案件若干问题的解答》才第一次使用"精神损害赔偿"的概念，而在《关于确定民事侵权精神损害赔偿责任若干问题的解释》中使用了"抚慰金"的概念。精神损害赔偿在理论界有广义说和狭义说两种不同的学说，广义说认为精神损害赔偿是指对精神痛苦、肉体疼痛和其他严重精神反常等损害后果的赔偿，包括对死亡、残疾等后果的赔偿；狭义说认为精神损害赔偿仅包括对精神痛苦、肉体疼痛和其他严重精神反常后果的赔偿。❶ 我国立法采取的是狭义说。

精神损害赔偿和著作权侵权惩罚性赔偿都是在侵权行为发生后，要求侵权人通过向受害人支付金钱的形式对其侵权行为承担责任，在制止侵权、保护受害人的合法权益方面具有相通性，而且不管是精神损害赔偿还是著作权侵权惩罚性赔偿，其赔偿数额都具有不确定性，精神损害本身就具有无形性，其损害额度也很难评估，无法准确用金钱来衡量；而著作权的客体也具有无形性，在实践中对其损害也很难准确评估，因此，立法对精神损害赔偿和著作权侵权惩罚性赔偿都没有规定具体明确的标准，而是规定了一些参照因素，由法官根据自由裁量权来确定。因此，两者在责任形式和赔偿数额的确定方面具有相似性，但是在主要功能、适用对象等方面明显不同。

（1）两者的主要功能不同。对受害人给予经济补偿是精神损

---

❶ 张新宝：《侵权责任法》，中国人民大学出版社 2010 年版，第 123 页。

害赔偿的主要功能，它主要补偿受害人基于侵权人的侵权行为所遭受的人格利益和身份利益的损害或遭受的精神痛苦，由于这些损害是无法用金钱来衡量的，侵权人给受害人支付一定的金钱，严格来说是对受害人一种精神上的慰藉和补偿，而不是对实际损失的赔偿，通过它尽可能地减少受害人的精神创伤。至于有学者认为精神损害赔偿具有惩罚性功能的说法，不管制度设计者的初衷是否包含惩罚性功能，从各国对精神损害赔偿的司法判例来看，赔偿的数额都相对较低，如中国法院判决的精神损害赔偿金数额一般在 5 万元以下，最高也不超过 10 万元，其惩罚性功能并不明显。因此，如果一定要说精神损害赔偿有惩罚侵权人的功能，那最多也只能算它的一个附属功能。而著作权侵权惩罚性赔偿的主要功能是惩罚功能，惩罚主观上具有故意或重大过失的侵权行为人的侵权行为，通过让其支付比被害人实际损失或侵权人的侵权所得更高的赔偿金来达到制裁不法行为的目的，这是著作权侵权惩罚性赔偿的主要功能，至于补偿受害人、预防侵权行为再次发生、激励受害人积极维权等功能都是惩罚性赔偿的次要功能。

（2）适用的范围不同。精神损害赔偿适用的范围主要在自然人人身权包括人格权和身份权受侵害的领域，对于一般财产利益受损害通常不能提起精神损害赔偿，除非遭受损害的是具有人格利益的特定物品，如遗物、结婚照等因侵权人的行为遭受毁损或永久性灭失，这种情况下受害人可以提起精神损害赔偿。如我国《关于确定民事侵权精神损害赔偿责任若干问题的解释》和《侵权责任法》都明确将精神损害赔偿的适用范围限定于人身权受侵害导致人格利益和身份利益受损害或遭受精神痛苦的情形。而著作权侵权惩罚性赔偿可以适用于著作人身权受侵害的领域，也适用于著作财产权受侵害的领域，只要侵权行为人主观上具有故意或重大过失，给受害人造成损害，其行为具有不法性和应受谴责性，就可以适用惩罚性赔偿。

（3）对主观因素的要求不同。精神损害赔偿侧重客观结果，对侵权人的主观过错没有明确要求，只要行为最终给受害人造成精神损害，不管行为人的主观过错程度如何，均可以要求承担精神损害赔偿责任。主观过错程度仅仅是确定精神损害赔偿金数额时的一个参考因素。而惩罚性赔偿正好相反，它侧重侵权人的主观恶性，只有侵权人主观上有故意或重大过失才有可能适用，因为惩罚性赔偿的功能重在惩罚和威慑，而只有主观上具有故意或重大过失的人才具有可谴责性，才能对其起到惩罚和威慑的作用。因此，不管行为的结果有多严重，只要有证据证明行为人主观上确实没有故意或重大过失，那么就不应该适用惩罚性赔偿。

（四）著作权侵权惩罚性赔偿与法定赔偿的区别

法定赔偿，又称定额赔偿，它是补偿性赔偿制度的重要组成部分，是针对知识产权客体的无形性、知识产权损害结果的难确定性等特征而设立的一项切实保护权利人利益的赔偿制度，其具体的含义在立法中无明确界定，在理论界存在不一致的看法。根据当前各国立法的具体规定，通常认为法定赔偿是在侵权人的行为确实给受害人造成损害，而损害结果包括受害人的实际损失和侵权人的非法获利均无法查清的情况下，由法院根据案件的具体情况、综合考虑多种因素来确定赔偿的数额。这项制度在《与贸易有关的知识产权协定》（TRIPS）、《美国版权法》、《新加坡著作权法》和《韩国著作权法》中均有明确规定，只是有的国家规定了法定赔偿的额度，如美国规定法定赔偿的幅度一般为750～30 000美元，通常法官在适用法定赔偿确定赔偿数额时不能超过这个幅度；而有的国家没有规定法定赔偿的具体额度，如《韩国著作权法》第 126 条规定："如果认定发生损害，但无法评估损害金额的，法院可以考虑争议焦点和证据调查的结果，认定合理的损害赔偿金。"❶ 很显然，韩国对法定赔偿的额度并没有做出规定，在损害金额无法评估时由法官根据自由裁量来确定赔偿的数额。

我国现行的著作权法也规定了法定赔偿制度，并且有不超过 50 万元的最高限额的规定，在我国司法实践中得到较为广泛的适用。它既有利于权利人在无法举证证明自己的实际损失同时无法查清侵权人的侵权所得时能获得有效保护，又有利于法官节约诉讼成本、提高办案效率及时结案。它的适用前提与惩罚性赔偿一样，均是以发生实际损害为前提的，如果权利人不能证明确实发生了损害，那么就不能获得法定赔偿和惩罚性赔偿。此外，两者的赔偿数额都是不确定的，最终都由法官根据案件的具体情况充分运用自由裁量权来确定，由于法定赔偿额并不是已经确定的实际损失或侵权所得，而是由法官充分考虑案件的多种因素推定出的一个结果，结果并不一定和实际损失完全一致，因而被一些学者认为法定赔偿具有一定的惩罚性，这成为部分学者反对在著作权侵权领域增加惩罚性赔偿制度的重要理由，认为有法定赔偿制度就足以解决权利人维权成本高、损失难以计算的问题。事实上，法定赔偿和惩罚性赔偿是两种无法相互替代的制度。

（1）两者的主要功能不同。法定赔偿是补偿性赔偿制度的一部分，它奉行全面补偿原则，理想状态的法定赔偿数额是不多于

---

❶ 《十二国著作权法》翻译组译：《十二国著作权法》，清华大学出版社 2011 年版，第 540 页。

也不少于权利人的损失，侵权人通过支付法定赔偿金，使权利人的损失得以填平。尽管现实中法官所判决的法定赔偿额有时与权利人的损失并不完全一致，但这是由法官综合考虑各种因素时的主观差异造成的，并不是法定赔偿制度的本义。而惩罚性赔偿制度设置的本义就是要让侵权人支付比权利人的实际损失或侵权人的侵权获利更多的金钱，以此来惩罚侵权人，使其意识到侵权风险太大而放弃侵权，并且以后不再从事类似的侵权行为。

（2）两者适用的归责原则不同。法定赔偿的适用不考虑行为人主观是否有过错，只要客观上造成损失就可以适用，以公平和等价有偿作为衡量尺度。《与贸易有关的知识产权协定》第45条第2款规定："在适当情况下，各成员国可授权司法机关责令其退还利润和/或支付法定的赔偿，即使侵权人非故意或无充分理由知道自己从事侵权活动。"❶ 由此可以看出，《与贸易有关的知识产权协定》并未要求行为人主观具有故意或明知作为适用法定赔偿的条件，它是《与贸易有关的知识产权协定》的成员方在赔偿问题上的最低保护标准，我国现行著作权法没有明确规定侵权人主观应具有故意或明知才能适用法定赔偿，我国作为《与贸易有关的知识产权协定》成员，只要达到其最低保护标准就可以，无须规定过高的条件，因此，我国著作权法定赔偿的适用对主观并无特别要求。而惩罚性赔偿主要是谴责主观上有严重过错的侵权人，自然适用的是过错责任原则，而且是主观过错很严重才会适用，对于一般过错或没有过错的情况不适用惩罚性赔偿。

（3）适用前提不同。法定赔偿以权利人的实际损失和侵权人

---

❶ 中国人民大学知识产权教学与研究中心、中国人民大学知识产权学院编：《知识产权国际条约集成》，清华大学出版社2011年版，第385页。

的侵权所得无法确定为前提，只有在上述两者都无法确定时才能适用，它与权利人的实际损失、侵权人的非法所得存在一个适用的先后顺序，它始终处在一个补充适用的位置。而惩罚性赔偿的适用则无须考虑权利人的实际损失和侵权人的非法所得能否确定的问题，也无须考虑与权利人的实际损失和侵权人的侵权所得的适用顺序问题，其适用的重要前提是侵权人主观上具有可谴责性。

（4）适用的程序性条件不同。法定赔偿的适用是依当事人的申请还是由法官依职权来适用，这在《与贸易有关的知识产权协定》和很多国家的知识产权法中都没有明确规定，但是根据现行立法的规定和相关理论可以推断法定赔偿的适用既可以依当事人的申请，也可以由法院依职权来适用。首先，根据知识产权的私权属性可以推断出法定赔偿的适用可以依当事人的申请，因为意思自治原则是私法的一项基本原则，根据意思自治原则，在侵权行为发生后，权利人应有权利选择以什么方式去维护自己的权利、追究侵权人的责任。其次，根据现行各国的立法，几乎无一例外地规定：权利人的实际损失或侵权人的侵权所得无法确定时，由法院根据具体案情来确定法定赔偿金，这说明法院不采信当事人提供的证明其实际损失或侵权所得的证据时，可以直接根据案情决定是否适用法定赔偿。我国著作权法和商标法都没有明确规定当事人可以依申请提起法定赔偿，但是在 2002 年公布的《最高人民法院关于审理著作权民事纠纷案件适用法律若干问题的解释》和《最高人民法院关于审理商标民事纠纷案件适用法律若干问题的解释》中都规定：人民法院可以根据当事人的请求或者依职权适用法定赔偿。而惩罚性赔偿由于其具有惩罚性，决定了它一般只能在当事人向法院申请的情况下才能适用，法官不能依职权主动适用，法院作为公权力的行使机关如果主动帮助一方去惩罚另一方，会对另一方不公平。

（5）赔偿数额的限制不同。法定赔偿大多都规定了赔偿幅度，有最高额的限制，有些还有最低额的限制，法官在确定法定赔偿金时应在法律规定的幅度范围内作出，不能超过这个限额。如我国现行《著作权法》规定法定赔偿的幅度是 50 万元以下，《商标法》规定的法定赔偿幅度是 300 万元以下，都只有最高额的限制，而没有最低额的规定，而我国现行《专利法》规定的法定赔偿的幅度是 1 万~100 万元，既有最高额的限制，也有最低额的规定。当然也有极少数国家对法定赔偿没有规定赔偿幅度，如《韩国著作权法》规定法定赔偿完全由法官以合理为标准来确定。但是，惩罚性赔偿则正好相反，通常没有最高和最低额的限制，大多规定参照实际损失、侵权所得或使用费所确定的数额的合理倍数来确定赔偿数额，这使得不同案件判决的惩罚性赔偿金可能相差特别大，仅有极个别的国家对惩罚性赔偿规定了最高额的限制。

（五）著作权侵权惩罚性赔偿与补偿性赔偿的区别

在传统的大陆法系国家的民事赔偿制度中，通常说的损害赔偿就是指补偿性赔偿，是指当事人一方因侵权行为或不履行债务而对他方造成损害时应承担赔偿对方损失的民事责任。[1] 赔偿损失是民事侵权责任中最基本、最重要的责任形式，也是使用频率最高的一种责任形式，通常以填平受害人的损失为原则，受害人损失了多少，最终获得的赔偿应该与其相当，否则就构成不当得利。补偿性赔偿制度与惩罚性赔偿制度既有联系又有区别，两者

---

[1] 王利明：《民法》，中国人民大学出版社 2004 年版，第 861 页。

都是对受害人所遭受的损害给予救济的制度，同属于民事责任体系，都通过受害人启动民事诉讼程序来实现这种救济。但是两者在制度价值、功能、考量的侧重点、独立性以及赔偿方式等多个方面都存在明显区别。

（1）制度价值不同。补偿性赔偿的制度价值主要是补偿受害人的损失，使受害人恢复到损害之前的状况，有损失才有赔偿，而且理想的状态是赔偿的数额与受害人遭受的损失相当，如果赔偿的数额少于受害人遭受的损失，那么对受害人来说就是救济不力，如果赔偿数额多于受害人遭受的损失，那么受害人就会获得不当得利，甚至会导致"钓鱼式"维权，对侵权人不公平。而惩罚性赔偿的制度价值主要是惩罚侵权人，通过对侵权人的惩罚以便形成对侵权人和潜在侵权人的威慑，从而使类似的侵权行为不会再次发生。因此，在确定惩罚性赔偿的数额时，要考虑侵权人的侵权所得，使侵权人支付的赔偿金不能少于其侵权获利，否则惩罚性赔偿的制度价值就无法实现。

（2）考量的侧重点不同。如上所述，补偿性赔偿和惩罚性赔偿的制度价值不同，而制度价值的不同决定了两者考虑的因素不同，补偿性赔偿是要让受害人所遭受的损害得到完全恢复，有损害才有补偿，因此补偿性赔偿考量的重点是受害人到底遭受了多少损失，至于损失是由侵权人故意还是过失造成的不影响补偿性赔偿的适用。而惩罚性赔偿是要惩罚具有可谴责性的行为，因此其考量的重点是侵权人的主观状态，只有侵权人主观上有故意或重大过失造成他人损害的，才可以适用惩罚性赔偿，如果侵权人主观上不值得谴责，不管客观后果多严重，都不能适用惩罚性赔偿。

（3）赔偿方式不同。补偿性赔偿的方式包括金钱赔偿和其他非金钱赔偿，对于何谓赔偿，理论界存在不同的观点，有学者认为用金钱填补受害人的损失才是赔偿，而有学者主张赔偿不能仅仅理解为金钱赔偿，金钱赔偿并不是对每个受害人都有益，在很多情况下，非金钱赔偿的方式比金钱赔偿的方式更重要。[1] 笔者更赞同后一种观点，毕竟补偿性赔偿的目的就是要填补损害，使其恢复原状，而且在民法的传统民事责任中，恢复原状是首选，只有在无法恢复原状的情况下才会适用金钱赔偿。而惩罚性赔偿，从当前各国的立法规定来看，都无一例外地采用了金钱赔偿方式。

（4）赔偿请求权的独立性不同。在通常情况下，受害人对补偿性赔偿有独立的赔偿请求权，当侵权行为发生后，受害人只要有证据证明该行为给自己造成损害就可以独立向法院提起补偿性赔偿的诉求。但是惩罚性赔偿则通常不能由受害人独立提起，在侵权行为发生后，即使受害人有证据证明侵权人是故意侵权给自己造成损失，受害人也只能在向法院提起补偿性赔偿请求之后或同时向法院提出惩罚性赔偿请求，法院是否支持受害人的惩罚性赔偿请求，通常以补偿性赔偿是否能够成立为前提。因此，从这个意义上说，惩罚性赔偿不能单独适用，它对补偿性赔偿具有依附性，是一项不可以独立适用的赔偿制度。

（六）著作权侵权惩罚性赔偿与行政罚款的区别

行政处罚是行政主体对违反行政法律规范的行政相对人所给予的制裁。[2] 其性质是一种以惩戒违法为目的具有制裁性的具体

---

[1]　江平：《民法学》，中国政法大学出版社 2007 年版，第 594 页。

[2]　杨海坤、章志远：《中国行政法原论》，中国人民大学出版社 2007 年版，第 212 页。

行政行为，这种制裁性体现在：对违法相对方权益的限制、剥夺，或对其科以新的义务。❶ 而行政罚款是行政处罚的一个具体处罚种类，是行政机关或其授权组织或受委托的组织在行为人违反行政法律法规规定的情形下，要求行为人支付一定的金钱作为对其行为的惩罚，它与惩罚性赔偿一样对行为人都具有惩罚性，而且这种惩罚都是通过要求行为人支付一定的金钱来体现的，但是行政罚款和惩罚性赔偿是两种性质完全不同的责任，具体区别如下。

（1）决定行为人承担责任的机构不同。违反行政法规范的公民、法人或其他组织是否被处以行政罚款，由行政主体依第三人的申请或依职权决定，通常有权作出行政罚款的行政主体包括行政机关、法律法规授权的组织以及行政机关委托的组织，其他个人和组织不能对他人进行行政罚款。而著作权侵权惩罚性赔偿是由受害人向法院提出，最终由法院判决侵权人是否承担。

（2）金钱的归属不同。行为人向行政主体所交付的行政罚款最终归国家所有，并不归属于任何收缴罚款的行政主体或其他个人。而著作权侵权惩罚性赔偿金一般最终归属于提起惩罚性赔偿的受害人。当然，惩罚性赔偿金归属于受害人在理论界有争议，让受害人享有多于其损害的赔偿金有不当得利的嫌疑，对侵权人不公平，而且容易引发恶意诉讼，这被一些学者作为反对在著作权侵权领域适用惩罚性赔偿制度的理由。针对惩罚性赔偿金全部归受害人所有可能带来的弊端，各国的立法和司法实践对惩罚性赔偿金的归属有不同的做法，如美国多个州将惩罚性赔偿金的一部分归州政府。笔者认为惩罚性赔偿金应该归受害人，如果将其

---

❶ 章剑生：《现代行政法基本理论》，法律出版社 2008 年版，第 228 页。

归属于政府不符合设立惩罚性赔偿制度的目的，也无法发挥其应有的作用。在我国，现行的《商标法》《消费者权益保护法》等都明确规定惩罚性赔偿金归受害人所有。

（3）适用的程序不同。行政罚款适用的是行政程序，由行政主体严格依法律规定的行政程序进行。而惩罚性赔偿适用的是民事诉讼程序，是在侵权行为发生后，由受害人提起补偿性赔偿的前提下才能提起惩罚性赔偿。

（4）主观要件不同。依照大陆法系国家传统的行政法理论，对一个行为是否进行行政处罚，取决于该行为是否影响行政管理秩序达到了应当处罚的程度，"行政犯乃是纯粹国家行政法律的产物，为了行政目的所给予的制裁，本身并无伦理性及道德性之可非难性"。[1] 因此，决定对行为人进行行政罚款，通常不要求行为人主观必须有过错，不强调其不法意志的谴责和道德非难，而主要考虑其行为是否破坏了行政管理秩序。而对于惩罚性赔偿来说，行为人主观是否具有可谴责性是适用惩罚性赔偿的重要条件，只有主观上具有故意或重大过失的行为人才适用惩罚性赔偿。

（5）两者功能不同。行政处罚的目的是维护社会正常发展所需要的行政管理秩序，因此，行政罚款的功能就是惩罚行为人，制止违法行为的发生，防止类似行为再次发生。而惩罚性赔偿除了惩罚行为人之外，对受害人具有补偿和激励功能，受害人通过获得惩罚性赔偿金，一方面使其在补偿性赔偿诉讼中由于举证不能或无法计算而未能获得赔偿的损失得以足额赔偿，另一方面可以激励受害人积极维权，不用担心赢了官司输了钱，这是行政罚

---

[1] 陈新民：《中国行政法学原理》，中国政法大学出版社2002年版，第214页。

款不可能有的功能。

二、著作权侵权惩罚性赔偿的性质

通过上述的比较可以看出，我们不能将惩罚性赔偿进行简单归类，它与刑事罚金、行政罚款等公法责任具有明显的不同，与补偿性赔偿、违约金、精神损害赔偿等私法责任也存在诸多不同，因此，对其性质有待进一步深入探讨。

（一）学术界关于著作权侵权惩罚性赔偿性质的不同观点

在当前，学术界关于惩罚性赔偿的性质形成公法责任说、私法责任说和经济法责任说三种主要的观点，这三种观点到底谁更为科学，下面将对其逐一进行简单的评述。

（1）公法责任说。主张惩罚性赔偿的性质属于公法责任的大多是大陆法系国家的学者，英美法系国家也有部分学者支持此观点。该学说根据公私法职能的不同对惩罚性赔偿进行归类，认为惩罚和制裁不法行为、维护公共利益和社会秩序是公法的职能，协调平等主体之间的利益纷争、对受害人遭受的损失给予补偿和救济是私法的职能。而惩罚性赔偿通过要求侵权人在补偿性赔偿之外支付赔偿金作为对侵权人的惩罚，对侵权人和潜在的侵权人都有威慑作用，使类似侵权行为不会再次发生。根据公私法职能划分的标准，惩罚性赔偿显然属于公法责任，这也是很多大陆法系国家反对在民事侵权领域确立惩罚性赔偿制度的主要原因，认为在民事侵权领域确立惩罚性赔偿制度会混淆公法和私法的界限。19世纪中期，美国的领军性学者哈佛大学教授西蒙·格林利夫认为惩罚性赔偿是一种错误，因为它们混淆了公私法的功能，在他极具影响力的《论证据法》论文中，西蒙·格林利夫教授明

确地拒绝了惩罚性赔偿。❶

　　认为惩罚性赔偿属于公法责任的观点过分强调了公法和私法的职能分工，其实公法和私法仅仅是一种学理上的分类，划分的标准不是唯一的，职能仅仅是其中一个标准，而且职能的划分也不具有绝对性，两者之间并没有一个清楚和明确的界限。在传统的民法法律中也有民事制裁的措施，民事制裁体现的就是一个惩罚的功能，英美法系国家存在大量公私法合一的现象。即使严格区分民法和刑法的中国，在《民法通则》中也规定了一些具有惩罚因素的责任形式，如其第 134 条规定的训诫、责令具结悔过、收缴进行非法活动的财物和非法所得等责任形式都是典型的民事制裁措施。在古罗马时期，民法和刑法并没有进行严格区分，公法和私法合二为一，民事责任通常兼具救济与制裁功能。因此，惩罚功能并非刑法、行政法等公法所独有，在民法等私法中同样可以体现。仅仅因为惩罚性赔偿具有惩罚功能就认为其是一个公法上的责任的观点是站不住脚的。

　　（2）私法责任说。主张惩罚性赔偿属于私法责任的学者认为惩罚性赔偿由受害人通过民事诉讼程序提出，赔偿金最终归提起诉讼的受害人所有，是平等的民事主体之间一方要求另一方承担的一种赔偿责任，符合民事责任的要件，应该属于民事责任。但是惩罚性赔偿主要是针对主观上存在故意或重大过失的侵权人进行惩处，同刑法、行政法等公法一样主要具有惩罚性功能，与传统的民事责任主要具有补偿性功能完全不同，正因为这样，有学者将其解释为是一种特殊的民事责任，是一种私人执法，它往往

---

　　❶　转引自：［奥］赫尔穆特·考茨欧、瓦内萨·威尔科克斯著，窦海阳译：《惩罚性赔偿金：普通法与大陆法的视角》，中国法制出版社 2012 年版，第 199 页。

比国家执法效率更高，国家执法通常由于信息不对称、缺乏动力和运行成本高等原因使得侵害行为无法得到及时赔偿和有效救济。因此，将惩罚性赔偿作为民事责任，有利于发挥私人执法的作用，可以弥补国家执法的不足。❶

认为惩罚性赔偿属于民事责任的观点是采用形式程序说得出的结论，形式程序说认为，对于罚款的性质，应当从历史的角度进行解读，如果强制行为人缴纳罚款的程序是民事程序，其就是民事责任；相反，如果适用的是刑事程序，就是刑事责任，即实体依附于程序。❷ 形式程序说起源于英国法，其根据是法律实证主义，即应当尊重立法者的本意。对于以判例法为主的英美法国家而言，它给予了法官司法的主动性，法官可以根据推理、解释来领悟立法者的本意，最终对责任性质做出一个判断；而对于以制定法为主的大陆法系国家，则直接由司法者根据法律设置的程序来确定行为的责任形式，因为责任性质从立法时就非常明确。但是形式程序说适用的前提是立法者是万能的，否则尊重立法者的本意就可能适用恶法，结果将不堪设想。而在现实中，立法者不可能是万能的。因此，以惩罚性赔偿适用民事诉讼程序来论证惩罚性赔偿属于民事责任是不科学的。真正决定惩罚性赔偿责任性质的应该是其行为的社会危害性的严重程度，危害性小的一般适用民事责任，危害性大通过追究其民事责任无法达到制止不法行为的才适用刑事责任。

（3）经济法责任说。主张该学说的学者认为惩罚性赔偿不完

---

❶ 赵海萍："惩罚性赔偿责任的性质探讨"，载《湖南财经高等专科学校学报》2006 年第 3 期，第 3~4 页。

❷ 于冠然、杨春然："论惩罚性赔偿的性质"，载《河北法学》2012 年第 11 期，第 20~21 页。

全属于公法责任，因为它归属于受害人，而且使用民事诉讼程序获得；也不完全属于私法责任，因为它具有惩罚性，与私法的等价赔偿原则不符，因此认为惩罚性赔偿是兼有公法责任和私法责任双重属性的特殊责任形式，这种责任形式不仅与经济法兼有公法和私法双重属性的性质相一致，而且与经济法以社会为本位、维护社会经济活动中的社会公共利益的根本目的相符，同时还与经济法的制裁和奖励功能吻合，因此认为惩罚性赔偿属于经济法责任。❶ 还有学者认为，惩罚性赔偿就是经济法中的奖励制度，惩罚性赔偿是为了弥补政府监管之不足，通过物质奖励的方式，鼓励受害人和其他社会公众同不法行为进行斗争。❷

　　视惩罚性赔偿为经济法责任的观点从某种意义上克服了公法责任说和私法责任说的不足，是对惩罚性赔偿性质进行探讨的一种新的思路，但是经济法作为一个独立的法律部门在理论界还存在较大争议，反对经济法作为一个独立的法律部门的学者认为经济法所调整的社会关系不具有同类性，因为凡是属于隶属性质的社会关系，就由行政法调整，凡是属于平等性的社会关系就由民法调整，所以没有必要再出现一个既能调整隶属性又能调整平等性这两类不同性质的社会关系的经济法部门。❸ 经济法独立部门法的地位还未得到普遍认同的情况下，经济法责任作为一种独立的责任形式更是不可能得到认可，即使得到了认可，惩罚性赔偿

---

❶ 金福海："论惩罚性赔偿的性质"，载《法学论坛》2004 年第 3 期，第 61～63 页。

❷ 刘镇："论惩罚性赔偿制度的属性"，载《平顶山学院学报》2012 年第 3 期，第 31 页。

❸ 李昌麒：《经济法——国家干预经济的基本法律形式》，四川人民出版社 1995年版，第 247 页。

也不应该划入经济法责任。因为从两者的规制对象来看，惩罚性赔偿规制的范围更广，它不仅对侵害公共利益的不法行为可以适用，对侵害个人利益的不法行为也可以适用，更多地适用于个人利益被侵害的情形，但是经济法以社会为本位，以维护社会公共利益为根本目的，从而其规制的对象主要是侵害公共利益的不法行为；惩罚性赔偿只能针对自己的侵害事实提起，不能针对他人受损害的事实提出赔偿请求，而经济法责任的追究作为一种公益诉讼，往往是针对集体利益的损害提出赔偿，赔偿金归集体所有，而不归提起诉讼的个人所有。

（二）本书关于著作权侵权惩罚性赔偿性质的观点

通过上文对三种学说的分析，笔者并不赞同将著作权侵权惩罚性赔偿视为私法责任、公法责任或经济法责任，认为它是一种介于一般民事责任和刑事责任之间、兼有公法和私法职能的特殊责任，是在适用一般民事责任无法达到规制目的，而适用刑事责任又过于严厉时采用的一种责任形式。

（1）它属于民事责任。它是平等的一方民事主体因为违反著作权法律规范而向另一方主体所承担的法律后果，该法律后果以受害人通过民事诉讼程序向法院提起诉讼来实现，赔偿金最终归提起诉讼的受害人所有。因此，它违反的法律规范、适用的诉讼程序和适用的主体等均符合一般民事责任的要求。

（2）它属于特殊民事责任。其特殊性体现在以下多个方面。

第一，严厉程度介于一般民事责任和刑事责任之间。著作权侵权惩罚性赔偿比一般民事责任要严厉，它要求侵权人赔偿给受害人的数额比其实际给受害人造成的损失或其侵权获利要多，而不是与一般民事责任一样仅填平受害人的损失，但比刑事责任要轻，刑事责任大多涉及人身自由，同时可能兼有罚金，人身自由是无法用金钱来衡量的比较严厉的责任形式。而惩罚性赔偿仅仅涉及金钱赔偿，它比限制人身自由的刑事责任要轻得多。

第二，适用的范围有限。著作权侵权惩罚性赔偿仅适用于严重侵权行为，而且是行为人主观上具有故意或重大过错的情形。反对在著作权侵权领域适用惩罚性赔偿的学者往往认为对于一般的著作权侵权适用补偿性赔偿就可以填平受害人的损失，对于严重的著作权侵权有严厉的刑事责任做后盾，足以威慑侵权人。事实上，我国刑法实行罪刑法定原则，刑法没有规定的就不能定为犯罪，而立法往往滞后于现实，刑法规定侵犯著作权构成犯罪的罪名仅有两个，即侵犯著作权罪和销售侵权复制品罪，很多严重的著作权侵权无法得到有效规制，即使刑法的规定能与时俱进，全面规制严重侵犯著作权的行为，但是刑事责任大多会限制当事人的人身自由，过度适用刑事责任往往容易侵害基本人权。因此，惩罚性赔偿作为规制严重侵犯著作权行为的手段有了适用的空间，当惩罚性赔偿金能对行为人产生足够的威慑力时，刑事责任就可以作为一种备用手段而没有必要适用，以免对行为人的基本人权造成过度侵犯。

第三，兼具多种功能。著作权侵权惩罚性赔偿同时具有惩罚、预防、补偿和鼓励等多种功能。其中惩罚侵权人是著作权侵权惩罚性赔偿的主要功能，其通过要求侵权人支付高额的赔偿金来达到惩罚侵权人的目的，使侵权人和潜在的侵权人不敢从事类似的侵权行为，从而起到预防和遏制侵权的作用。同时其支付给受害人的赔偿金客观上起到了弥补受害人损失的作用，受害人的损失虽然通常由起填平作用的补偿性赔偿来完成，但是因为著作权客体的非物质性，其损失往往无法查清或无法准确计算，受害人的损失总是得不到充分赔偿，而惩罚性赔偿正好使受害人的该部分损失得到足额赔偿。此外，惩罚性赔偿金超过受害人实际损失的那部分归属于受害人，使受害人得到了一种鼓励，从而积极维权，使侵权行为得到及时制止。因此，著作权侵权惩罚性赔偿既具有刑事责任的主要功能即惩罚和预防功能，又具有一般民事责任的主要功能即补偿受害人损失的功能。

第四，具有依附性。著作权侵权惩罚性赔偿请求权不具有独立性，在著作权侵权行为发生以后，受害人可以自愿向法院提起补偿性赔偿请求，但是在受害人没有向法院提起补偿性赔偿请求的情况下，即使侵权人的主观、客观条件均符合适用惩罚性赔偿的条件，受害人依然不能独立向法院提起惩罚性赔偿请求，因为惩罚性赔偿对补偿性赔偿具有依附性，惩罚性赔偿的适用以补偿性赔偿的成立为前提，受害人通常只有在提起补偿性赔偿请求的同时或者在提起补偿性赔偿请求之后判决作出之前才能提起惩罚性赔偿请求，而不能单独提起惩罚赔偿请求。

第三节 著作权侵权惩罚性赔偿的功能

在著作权侵权损害赔偿责任中，一直以填平损害为原则，让受害人恢复到未被侵害之前的状态，使侵权人退出不该属于自己的利益，以体现平等主体之间的利益平衡。这一普适性的传统做法似乎让受害人获得比实际损失更多赔偿的惩罚性赔偿制度的存在受到质疑，而明确著作权侵权惩罚性赔偿的各种功能不仅能有效消除反对者们对该制度的各种质疑，而且能有力地证明确立该制度的必要性。

一、当前国内外学者对惩罚性赔偿功能的看法

对于惩罚性赔偿的功能，当前学术界可谓众说纷纭，看法各异，比较具有代表性的观点有：美国学者布鲁斯·查普曼（Bruce Chapman）与迈克尔·特雷比科克（Michael Trebilcock）认为惩罚性赔偿的功能有补偿、报应与吓阻三种；美国另一学者戴维·G.欧文（David G. Owen）认为惩罚性赔偿的功能有惩罚、吓阻、执行法律和补偿四种。[1] 美国学者多尔西·D.埃利斯（Dorsey D. Ellis）将惩罚性赔偿的功能归纳为七个方面，即惩罚被告、吓阻被告再犯、吓阻他人从事相同行为、维护和平、诱导私人追诉不法、补偿被告依照其他法律不能获得填补的损害、支付原告的律师费用。[2]

我国台湾地区学者陈聪富教授认为，惩罚性赔偿具有损害填补功能、吓阻功能、报复惩罚功能和私人执行法律功能。[3] 我国大陆学者王利明教授认为惩罚性赔偿具有赔偿、遏制和制裁三种功能；张新宝教授认为，惩罚性赔偿的主要功能是惩罚和威慑；方明研究员认为惩罚性赔偿具有补偿、惩罚和遏制三种功能;[4] 关淑芳博士认为惩罚性赔偿具有报应（惩罚）功能和预防（吓

---

[1] David G. Owen，"Punitive Damages in Products Liability Litigation"，*74 Michigan Law Review*，1257，1287（1976）.

[2] 关淑芳：《惩罚性赔偿制度研究》，中国人民公安大学出版社 2008 年版，第58 页。

[3] 陈聪富：《侵权归责原则与损害赔偿》，北京大学出版社 2005 年版，第 203 页。

[4] 方明："论惩罚性赔偿制度与现代侵权法功能的嬗变"，载《学海》2012 年第 2 期，第 190~191 页。

阻）功能。❶ 金福海教授按照惩罚性赔偿作用的对象不同，将惩罚性赔偿的功能分为对受害人的功能、对被告人的功能和对社会一般大众的功能，认为惩罚性赔偿对受害人的功能包括补偿、安抚、奖励功能，对被告人的功能包括惩罚和特殊遏制功能，对社会一般大众的功能包括一般预防、保护、补偿和激励功能。❷ 各位学者从不同角度对惩罚性赔偿的功能进行了阐述，不仅表述上有差异，而且功能的种类也有较大差异，当然也有共性，几乎每个学者都认可了惩罚性赔偿的惩罚功能，只是有的学者用报应来表述，有的学者用惩罚来表述。

二、本书对著作权侵权惩罚性赔偿功能的看法

（一）惩罚功能

惩罚功能即制裁功能，是指通过让主观上有可责难性的侵权人支付比受害人实际损失或侵权人侵权获利更多的赔偿金作为对其不法行为的惩罚。正如上文所述，著作权侵权惩罚性赔偿的惩罚功能是学界普遍认可的观点，也是该制度的最主要的功能，在著作权侵权领域设立该制度的主要目的是惩罚侵权人，这主要是由著作权客体的性质决定的。作为著作权客体的作品是人类精神生活的必需品，它的创作要耗费作者诸多的时间和精力，但是由于作品本身具有非物质性，在同一时间可以为无数人所使用，尤其是现代网络技术的发展，使作品不但很容易被侵权，而且侵权具有隐蔽性，侵权人往往很难被找到，如作品一旦被他人上传到

---

❶ 关淑芳：《惩罚性赔偿制度研究》，中国人民公安大学出版社 2008 年版，第61 页、第76 页。

❷ 金福海：《惩罚性赔偿制度研究》，法律出版社 2008 年版，第 158 页。

网上，作品就被公开，加上其传播速度之快，复制之容易，侵权后果很难被消除，使权利人的损失具有无法弥补性，权利人维护自己权利的成本高，证明自己的损失难。在现实中，很多的权利人遇到侵权时往往选择沉默，这使得侵权行为日益猖獗，大大打击了作者的创作积极性，会影响人类科学文化的发展，不利于人类精神文化生活的延续。因此，通过设立惩罚性赔偿，让侵权人支付高昂的赔偿金，加重侵权人的违法成本，从而达到惩罚侵权人的目的。惩罚功能的理论基础是报复论，报复论的基本思想是：作恶者该受惩罚，或者说，因为他们伤害过别人，反过来也应当受到伤害，即有恶必报；只有那些作恶者才应受到惩罚，惩罚的轻重应同罪责的大小相适应，惩罚的目的在于恢复被犯罪人破坏的道德秩序和法律秩序。❶ 黑格尔极力主张报复理论，认为对罪犯的惩罚就是一种合理的、对等的报复。❷ 根据报复理论可以得知，著作权侵权惩罚性赔偿主要适用于主观恶性比较大的侵权人，侵权人的主观过错是惩罚的重要依据。

（二）预防功能

预防功能又名吓阻功能、遏制功能或者威慑功能，是指通过惩罚性赔偿使行为人和其他社会公众担心支付高额的赔偿金而不再从事同样或类似的侵权行为，最终达到预防侵权行为发生的目的。在理论上，预防通常分为一般预防和特殊预防，一般预防是指预防尚未侵权的人实施侵权，费尔巴哈的心理强制说代表了这种预防论。通过法律规定惩罚性赔偿和在具体案件中对侵权行为

---

❶ 张文显：《二十世纪西方法哲学思潮研究》，法律出版社 1996 年版，第481 页。

❷ 黑格尔著，范扬、张企泰译：《法哲学原理》，商务印书馆 1995 年版，第104 页。

人适用惩罚性赔偿而使一般人明白：谁恶意侵犯了他人的著作权，谁就会受到惩罚，从而对一般人产生威慑，使其不敢恶意侵犯他人的著作权。一般预防的对象不是侵权人，而是侵权人以外的人，具体包括：（1）潜在的侵权人，即具有侵权危险的人，这部分人往往法制观念淡薄，想走捷径致富，这部分人无疑是预防的重点。（2）被害人，即受侵权人侵害的人，这些人尽管曾经是侵权行为的受害人，但很容易产生报复倾向，通过侵权去达到报复的目的，以求达到心理平衡。（3）其他社会成员，即上述成员外的一般公民。一般预防的途径，一是通过对侵权人给予惩罚性赔偿，向社会公开判决书，使社会成员了解任何人恶意侵犯他人著作权都将受到支付惩罚性赔偿金的惩罚，对社会其他成员起到威慑作用，使他们的守法意识增强，使其不敢侵权甚至不愿去侵权。二是通过法制宣传，使社会成员了解任何恶意侵犯他人著作权都是法律禁止的行为，恶意侵犯他人著作权将会遭受惩罚性赔偿的惩罚，达到预防可能侵权的人实施侵权行为。

特殊预防是指预防侵权人再次侵权。与一般预防不同，特殊预防的对象是已经实施了侵权行为的人，通过侵权他们往往获得了某种物质上或精神上的满足，由于人有贪婪的本性，为了获得更多的满足，他们有可能再次侵权，因此有必要对侵权人进行特殊预防。特殊预防的实现主要有两个途径，一是通过对严重侵权行为人判处非常严厉的惩罚性赔偿金，巨额的赔偿金可能导致其破产而使其永远没有再次侵权的能力，这种方式虽然有效，但是对社会经济的发展是不利的，因此这种方式不宜成为特殊预防的主要途径。二是通过对恶意侵权人适用惩罚性赔偿，让其支付高额的赔偿金，使侵权人不敢再次侵权乃至不愿再次侵权，从而实现特殊预防的目的。

预防功能是惩罚性赔偿的一项重要的社会功能，惩罚性赔偿的最终目的不是惩罚侵权人，而是通过惩罚来达到遏制、预防侵权行为再次发生的目的，可以说惩罚是一种手段，预防侵权行为再次发生才是最终的目的，由于一般预防的对象比特殊预防的对象更广，因此一般预防比特殊预防具有更大的社会意义，它可以通过惩罚性赔偿设立一个样板，使他人从该样板中吸取教训而不敢从事类似行为。因为任何一个理性的人在从事某种行为时，一般会考虑成本与收益的关系，当其从事某种行为不仅无利可图，甚至还会被要求支付超额赔偿金时，理性人就会主动放弃从事此类行为。

（三）补偿功能

补偿功能是指补偿受害人损失的功能。补偿性是传统侵权法的首要功能，但它是否是惩罚性赔偿制度的功能，理论界学者们的观点并不一致。以关淑芳博士为代表的少数学者认为惩罚性赔偿不具有补偿功能，而以王利明教授为代表的大部分学者认为惩罚性赔偿具有补偿功能。笔者赞同后者，尽管惩罚性赔偿的主要功能是惩罚而不是补偿，但是客观上它确实起到了补偿的效果。从理论上来说，在著作权侵权领域，对于受害人的损失本来应该由补偿性赔偿制度对其进行全额赔偿，但是在现实中，著作权侵权损失很难准确计算，不仅是因为著作权侵权取证很困难，而且作品本身的价值评估对市场有很强的依赖性，无法有统一的定价标准，这使得作品被侵权后，对其损失的评估结果无法准确和客观，尤其涉及侵犯著作权人的人身权部分更是很难用钱来量化，从而使受害人的损失没有得到真正的全面赔偿。此外，著作权侵权诉讼专业性很强，证据很容易灭失，大多数受害人都不得不请专业的律师为其维权，请律师和进行调查取证都需要支付必要的成本，这些花费尽管不是侵权行为造成的实际损失，但是无法否认其确实是由于侵权人的侵权导致的，没有侵权人的侵权，受害人就不需要付律师费、调查取证费及诉讼费等费用。受害人的这些损失通过补偿性赔偿没有获得全面救济，而惩罚性赔偿客观上正好可以补偿受害人在补偿性赔偿制度中没有获得赔偿的这部分损失，尽管惩罚性赔偿让受害人除了获得在补偿性赔偿中没有获得赔偿的那部分之外还可能获得超额赔偿，但这并不影响惩罚性赔偿发挥其补偿功能。

事实上，从惩罚性赔偿的发展历史来看，该制度自产生之日起，损害填补就被视为其一项基本功能，美国侵权法始终将补偿损害作为惩罚性赔偿的本源。19 世纪的美国法院认为精神损害不具有可救济性，而惩罚性赔偿正是为了填补侵权法没有给予精神损害以司法救济而产生的。20 世纪随着美国侵权法的发展，惩罚性赔偿由填补私人损害向填补社会损害转变。

当前，学界大多数学者对惩罚性赔偿的补偿功能持肯定态度，但是受害人获得的超额赔偿成为质疑的焦点，认为受害人不能因为被侵权而不当得利。对于受害人获得超额赔偿是否属于不当得利，与惩罚性赔偿填补的损害是私人损害、社会性损害还是两者兼有有关。美国学者凯瑟琳·夏克（Catherine M. Sharkey）提出了社会性损害填补理论，认为惩罚性赔偿填补的是社会性损害，原告只是作为社会成员的代表享受对于社会性损害的补偿，这些补偿可能远远地超过原告蒙受的损害，原告获得这些补偿后可以通过后续辅助性的技术手段将其所获补偿在所有社会成员中进行分割，使所有受害者得到共享❶。该理论很好地解决了惩罚性赔偿让受害人过分获益或不当得利的问题。正是基于此理论，美国有 8 个州采取将惩罚性赔偿金中的一部分上交给州政府的做法，其中俄勒冈州将惩罚性赔偿金的 60% 交给州政府，犹他州、阿拉斯加州和密苏里州则将惩罚性赔偿金的 50% 上交给州政府，乔治亚州、爱荷华州和印第安纳州上交给州政府的惩罚性赔偿金比例为 75%，而伊利诺伊州则跟其他州不同，它规定将惩罚性赔偿金在州政府、原告和律师之间进行分配。❷ 尽管凯瑟琳·夏克的社会性损害填补理论很好地解释了受害人不当得利的问题，具有非常重要的积极意义，但是不可否认的是，该理论具有非常明显的缺陷，它忽略了著作权的私权属性。著作权首先是著作权人的一项私权，相应地，著作权侵权所侵害的理所当然首先是著作权人的私人利益，毫无疑问惩罚性赔偿所要填补的也首先是著作权人的私人利益。当然，一个侵权行为除了侵害著作权人的私权之外，也可能损害广大社会公众的利益，如抄袭行为，不仅侵害了权利人的著作权，也使广大读者被欺骗，此时，惩罚性赔偿填补的损害包括私人损害和社会性损害。由于作为著作权客体的作品本身具有较强的社会属性，它不仅仅是作者个人劳动的成果，同时也是社会劳动和个人劳动的结合，它承担着传播科学文化的社会职能。在现实中，一个著作权侵权行为同时侵害著作权人个人利益和广大公众利益并不是个案，而是具有普遍性，因此，惩罚性赔偿填补的损害通常应包括私人损害和社会性损害两个部分。

---

❶ Catherine M. Sharkey：" Punitive Damages as Societal Damages ", *Yale Law Journal*, 2003, （2）.

❷ Anthony J. Sebok：*Punitive Damages in the United States in the Book of Punitive Damages：Common Law and Civil Law Perspectives*, Springer-Verlag/Wien, 2009.

（四）激励功能

激励功能是指惩罚性赔偿通过让受害人获得超额赔偿金而产生的对受害人积极维权的激励和人们守法的激励。激励功能是惩罚性赔偿制度的一项重要功能，当前学者们在探讨惩罚性赔偿的功能时更多地关注其惩罚功能，并把它作为与传统补偿性赔偿的本质区别来加以阐述，对其激励功能却常常忽视。是否重视激励功能，直接影响惩罚性赔偿制度的具体建构，甚至影响该制度作用的发挥，正如波斯纳所言，法律制度的功能不仅在于解决纠纷，它还有另外一个功能就是建立一套旨在影响现存案件当事人和其他人的未来行为的行为规则。❶ 惩罚性赔偿制度通过对侵权行为作出否定性评价并施加给侵权人承担高额赔偿金的后果，理性的行为人通过对该后果的衡量来决定其自身的行为，行为人认为该后果达到了让其无法承受的程度，那么他就会避免从事该类行为，如果该后果让行为人在付出一定代价之后仍然有一定收益，那么他就有足够的动力去从事该类行为。惩罚性赔偿就是通过这种成本与收益的计算来实现其激励功能，直接影响案件的侵权人、受害人以及其他人未来的行为。

（1）惩罚性赔偿对受害人维权积极性的激励。在著作权侵权发生后，权利人是否会去积极维权，取决于维权成本与维权收益的关系，当维权成本高于或等于维权收益时，权利人往往会放弃维权，只有当维权成本低于维权收益时，权利人才会积极去维权，而传统的补偿性赔偿的劣势就是使受害人的损失得不到全面赔偿，最终使权利人的维权成本明显高于维权收益，从而使很多

---

❶ ［美］理查德·A. 波斯纳著，蒋兆康译：《法律的经济分析》，中国大百科全书出版社 1997 年版，第 521 页。

权利人在自己的权利被侵害后采取了沉默的态度，这使得侵权人更加肆无忌惮地侵权，著作权法律制度就成为摆设。而惩罚性赔偿通过给予受害人超过实际损失的高额赔偿金，为受害人积极维权提供了制度保障，解除了受害人担心赢了诉讼输了钱的后顾之忧，这对于有效制止著作权侵权是非常有利的，而且受害人积极维权比国家机关主动执法更有利于打击侵权行为、维护权利人的利益，因为受害人比国家机关更了解自己的权利被侵害的状况，受害人作为维权所得利益的最终获得者有天然的维权动力。

（2）惩罚性赔偿对人们守法的激励。正如受害人维权时需要考虑维权成本与维权收益一样，行为人在作出侵权决策前也会考虑侵权成本与侵权收益，当侵权成本高于侵权收益时，行为人会理智地放弃从事这种损人不利己的行为。因此，惩罚性赔偿通过制度设计让侵权人支付比侵权所得更高的赔偿金，使侵权人、潜在的侵权人和其他人觉得实施侵权行为不合算，从而主动放弃侵权，当行为人确实需要使用某个作品时，会更多地考虑合法交易，合法交易比侵权更划算。因此，激励功能是惩罚性赔偿的一项重要功能，它激励人们去守法，客观上促进了著作权的合法交易。而且激励功能的强弱直接影响惩罚性赔偿制度发挥作用的大小，因为惩罚性赔偿只能由受害人向法院主动提起，法院不能依职权主动适用，如果激励功能不够，不足以让受害人在遇到侵权后有动力积极去向法院起诉，那么惩罚性赔偿的其他功能都无法实现。

总之，著作权侵权惩罚性赔偿具有惩罚侵权人、补偿受害人、预防侵权行为的发生、激励受害人和其他权利人积极维权等多重功能，其中惩罚功能是著作权侵权惩罚性赔偿最直接、最基本、最主要的功能，同时也是惩罚性赔偿区别于补偿性赔偿最本质的功能。补偿功能不是设立惩罚性赔偿的直接目的，受害人通过惩罚性赔偿获得超额赔偿金后，只是客观上对受害人起到了补偿作用，补偿是一种事后救济措施，只能在侵权行为发生后才能采取，不能对侵权人和其他潜在的侵权人起到威慑和预防作用。而预防功能可以说是惩罚功能派生的一项功能，通过惩罚性赔偿金对侵权人的惩罚，使侵权人和潜在的侵权人产生畏惧，从而达到预防和遏制侵权行为发生的目的。激励功能可以说是惩罚功能和补偿功能共同派生的一项功能，它通过填补受害人在补偿性赔偿中未获得补偿的损失，并且可能使受害人获得比其实际损失更多的利益，从而使受害人具有了积极维权的动力；同时它通过高额的惩罚性赔偿金的规定，使侵权人和潜在的侵权人由于害怕侵权成本高于侵权收益，激励其主动放弃侵权，选择合法交易获得他人的著作权。激励功能与预防功能是紧密结合的，激励功能客观上有利于预防功能的实现，如何激励权利人积极维权、激励人们守法是惩罚性赔偿在进行制度设计时应当考虑的问题。

第二章

著作权侵权惩罚性赔偿的历史演进

明史可以鉴今，这是研究历史的意义所在，为了能从惩罚性赔偿的发展历史中了解其产生的原因和发展的规律，以便为我国构建著作权侵权惩罚性赔偿制度提供有益的经验，本章将梳理和分析惩罚性赔偿制度的发展过程，探寻其孕育、产生、发展和完善的过程，把握惩罚性赔偿制度扩大到著作权侵权领域的发展轨迹。

第一节　惩罚性赔偿的起源

一、西方古代社会惩罚性赔偿的萌芽

从起源上来说，惩罚性赔偿在古代就早已有之，其最早可追溯到古巴比伦王国的《汉穆拉比法典》，该法典第8条规定："自由人窃取神庙或大户之牛羊或驴或猪或船舶者，处三十倍之罚金。为平民者，处十倍之罚金。窃贼无物以为赔偿者，处死刑。"❶ 在后来的古罗马《十二表法》中也有惩罚性赔偿的规定，如《十二表法》第六表中规定，凡以他人的木料建筑房屋或支搭葡萄架的，木料所有人不得擅自拆毁而取回木料，但在上述情况下，可对取用他人木料的人，提起赔偿加倍于木料价金之诉。在第八表中规定了下述五种情形下适用惩罚性赔偿，利息不得超过一分（uncia），超过的，处高利贷者四倍于超过额的罚金；受寄

---

❶ ［英］爱德华滋著，沈大銈译，曾尔恕勘校：《汉穆拉比法典》，中国政法大学出版社2005年版，第28页。

人不忠实的，处以加倍于寄托物的罚金；监护人不忠实的，任何人都有权诉请撤换，其侵吞被监护人财产的，处以加倍于被吞财产的罚金；土地出卖人虚报土地面积的，处以虚报额加倍的罚金；出卖人所出卖的物件被他人追夺的，处以价金加倍的罚金❶。根据该法的规定，木料所有人能获得加倍的赔偿，利息超过一分的高利贷者、不忠实的受寄人、侵吞被监护人财产的监护人、虚报土地面积的土地出卖人和无处分权的出卖人均可能被处以加倍罚金。从《汉穆拉比法典》和《十二表法》的规定可以看出，两者都是以多倍罚金来体现其惩罚性，由于在古巴比伦和古罗马时期，民刑不分，两个法规定的这种罚金到底是属于民事赔偿还是属于现代刑法中的罚金呢？从前面阐述的区别惩罚性赔偿和罚金的标准来看，判断惩罚性赔偿和罚金的一个重要区分点就是归属不同，罚金归国家所有，而惩罚性赔偿归受害人所有。不管是《汉穆拉比法典》还是《十二表法》的规定都没明确罚金的归属，因此仅从条文无法判断该罚金是刑事罚金还是民事赔偿，但是不管罚金的性质如何，加倍罚金的惩罚性功能是非常明显的，而且《十二表法》中规定的木料所有人获得加倍于木料价金的赔偿是非常典型的民事赔偿，因此，在古巴比伦王国和古罗马时期已经有了惩罚性赔偿制度的雏形。

二、中国古代惩罚性赔偿的萌芽

惩罚性赔偿不仅在国外的古代法中有规定，我国古代法中也有惩罚性赔偿的相关规定，在我国汉代有"加责入官"的制度，《周礼·秋官·司历注》云："杀伤人所用兵器，盗贼赃，加责没

---

❶ 周枬：《罗马法原论》，商务印书馆 1994 年版，第 1012 页、第 1014~1015 页。

入县官。"这里的"加责"就是在原有责任的基础上再加一倍。在唐朝立法中规定了"倍备"制度，即在原有基础上加倍赔偿的制度。"余皆征之。盗者，倍备。"该制度主要适用于盗窃赔赃。据《唐律疏议》记载："除非身死及已配流，其赃见在，并已费用，并在征限，故曰'余皆征之'。'盗者，倍备'，谓盗者以其贪财既重，故令倍备，谓盗一尺，征二尺之类。"❶ 根据该规定，偷盗者盗窃一尺，就得赔两尺来作为对盗窃者的惩罚，这与现代意义上的惩罚性赔偿制度极为相似。倍备制度后来被宋代的《宋刑统》所吸收，根据《宋刑统校证》记载，"准律：正贼见在，各还官、主。已费用者，死及配流勿征，余皆征之。注云：盗者倍备。疏云：盗者倍备，谓盗一尺，征二尺之类。臣等参详：近来盗贼，多不征倍，倍备之律，伏请不行。"❷ 由于宋代执法机关的执法不严，"倍备"制度在实践中并没有得到严格执行，使其成为一纸空文。在明代，设有"倍追钞贯"制度，《明会典·律例·仓库》规定："凡印造宝钞与洪武大中通宝，及历代铜钱相兼行使，其民间买卖诸物及茶盐商税，诸色课程并听收受违者，杖一百。若诸人将宝钞赴仓场库务，折纳诸色课程，中买盐货及各衙门起解赃罚，须要于背用使姓名私记，以凭稽考。若有不行心辨验，收受伪钞，及挑剜描揍钞贯在内者，经手之人，杖一百，倍追所纳钞贯，伪挑钞贯烧毁，其民间关市交易，亦须用使私记。若有不行仔细辨验，误相行使者，杖一百，倍追钞贯。只

---

❶ （唐）长孙无忌等撰，《唐律疏议》，中国政法大学出版社 2013 年版，第 55 页。

❷ （宋）窦仪等详定，岳纯之校证：《宋刑统校证》，北京大学出版社 2015 年版，第 63 页。

问见使之人，若知情行使者，并依本律。"❶ 根据该规定，对于收受和使用假币者，加倍追罚，这里的"倍追钞贯"带有惩罚的性质。

因此，我国古代就有了"加责入官"制度、"倍备"制度、"倍追钞贯"制度等对行为人带有惩罚性的制度，只是从规定中看不出惩罚金的归属是归受害人还是归国家，从而也很难确定它是刑事罚金还是行政罚款或是其他，它跟现代意义上的惩罚性赔偿制度明确规定惩罚性赔偿金归受害人有所不同。

三、古代法中的惩罚性赔偿与现代惩罚性赔偿的异同

从上述国内外古代法对惩罚性赔偿的规定可知，古代法中的惩罚性赔偿与现代意义上的惩罚性赔偿具有相同点，也有区别。相同点主要表现在两个方面：一方面，均体现了对行为人的惩罚性，不管是《汉谟拉比法典》《十二表法》中的加倍罚金还是汉代的"加责入官"、《唐律疏议》和《宋刑统》中的倍备制度、明代的"倍追钞贯"都是对行为人的惩罚，这与现代惩罚性赔偿制度的惩罚功能是一致的。另一方面，均规定了罚金或赔偿金与损害之间的合理倍数，这与现代实行惩罚性赔偿制度的大多数国家对惩罚性赔偿金的规定是一致的。

但是古代法中的惩罚性赔偿与现代意义上的惩罚性赔偿区别也是明显的：第一，古代法中的惩罚性赔偿并没有明确规定赔偿金的归属，这与现代惩罚性赔偿明确规定赔偿金给受害人不同。其实，赔偿金的归属不同，会直接决定惩罚性赔偿制度

---

❶ 杨立新主编：《疑难民事纠纷司法对策》（第一集），吉林人民出版社 1997 年版，第 507~508 页。

的功能也不同，如果古代法中惩罚性赔偿的赔偿金最终归属于国家，那么从功能上来讲它跟现代意义上的惩罚性赔偿制度就有很大差别。它主要突出了对行为人的惩罚功能和威慑功能，对受害人的足额补偿功能和激励功能没有任何体现，而惩罚和威慑功能是通过刑事责任也可以达到的功能，这不足以将惩罚性赔偿与刑事责任进行区分。第二，古代法中的惩罚性赔偿没有明确规定适用的范围是民事行为还是刑事犯罪行为。根据法条分析，古代法中的惩罚性赔偿既有适用于民事侵权行为和民事违约行为的情况，也有适用于刑事犯罪行为的情况。古代法中尤其没有对加倍罚金的归属进行明确规定，在刑事犯罪行为中适用时更像现代刑法中的罚金刑，这与现代惩罚性赔偿只适用于民事行为有较大差异，现代惩罚性赔偿往往是在行为人的行为还没有构成犯罪的情况下，为了遏制类似行为的再次发生而使行为人向对方支付比实际损失更多的赔偿金。第三，古代法中的惩罚性赔偿不考虑行为人的主观过错程度。不管行为人主观上是故意还是仅有过失，只要行为造成了法律规定的损害结果均可以适用惩罚性赔偿，这与古代法采取结果责任原则是一致的，而现代意义上的惩罚性赔偿主要是以行为人主观上存在故意或者重大过失为条件的，一般过失不适用惩罚性赔偿制度。因此，古代法中关于惩罚性赔偿的规定与现代意义上的惩罚性赔偿差异比较大，古代法中关于惩罚性赔偿的规定最多可以称为现代惩罚性赔偿制度的雏形。

第二节　现代惩罚性赔偿的产生和发展

一、英美法系国家惩罚性赔偿的产生和发展现状

（一）英美法系国家惩罚性赔偿的产生

现代意义上的惩罚性赔偿制度通常被认为产生于英国，在1763 年的 Huckle v. Money 案中得到首次承认，当然也有学者认为1763 年的 Wikes v. Wood 案才是最早记载惩罚性赔偿的判例。但是从相关资料考证，这两个判例起因是同一个事件，都是由于威克斯（Wikes）在其创办的刊物上抨击英国政府，认为英国政府于 1763 年与法国签署的放弃对加勒比海岛屿的统治权以及在加拿大东海岸的渔业权的和约是一种无能的表现。这一抨击引起了英王的不满，英王下令起诉该杂志及撰写该文的作者，同时，英国政府签署了 45 份没有载明逮捕者姓名的逮捕搜查令，并强行进入私人住宅搜查取证。在这次搜查中，威克斯被非法逮捕并讯问，赫克尔（Huckle）作为威克斯的印刷工人也被逮捕并被非法监禁了 6 个小时，后来两人都被释放。释放后，威克斯和赫克尔两人先后分别对这种非法逮捕和搜查行为提起诉讼，要求惩罚性赔偿，最终都获得了陪审团的支持，威克斯得到了 1 000 英镑的惩罚性赔偿金和 20 英镑的人身损害赔偿，而赫克尔得到了 300 英镑的惩罚性赔偿金和 20 英镑的实际损害赔偿。这两个案例发生在同一年，而且是基于同一次搜查行为，都是公权力侵害私权的案件。这两个判例使惩罚性赔偿制度在英国正式得以确立。自英国

确立惩罚性赔偿制度后，美国也开始在判例中适用惩罚性赔偿制度，在 1784 年的 Genay v. Norris 案中美国首次适用惩罚性赔偿。在该案中，被告是一位医生，原告和被告发生纠纷准备以枪战解决争议，后被告提议以饮酒和解，在饮酒过程中，被告给原告的酒中加入一种药物，使原告饮后异常痛苦，后起诉到法院，最终法院以被告作为一名医生，应该知道药物会对人体造成损害而依然让原告喝，主观上存在故意或重大过失，因而判处被告承担惩罚性赔偿责任。

惩罚性赔偿制度发源于英美法国家的根源主要包括以下几个方面。一方面，当时的英美普通法不承认精神损害赔偿，认为不法行为导致的精神痛苦和情绪受挫等精神损害无法用金钱衡量，不得请求损害赔偿，但是故意使人精神遭受痛苦确实是一种应受谴责的行为，而惩罚性赔偿正好可以通过对侵权人给予一定金钱惩罚来弥补受害人的痛苦，较好地弥补了精神损害无法用金钱衡量的不足。因此，在 17～18 世纪，惩罚性赔偿制度产生之初主要适用于诽谤、诱奸、恶意攻击、诬告、不法侵占住宅、占有私人文件、非法拘禁等使受害人遭受名誉损失和精神痛苦的案件❶。另一方面，惩罚性赔偿制度最早产生于英美法国家，与英美法国家实行陪审团制度密切相关，通常陪审团不仅对案件的事实都非常了解，而且它有调查和审判的权力，陪审团成员有权根据自己对侵权行为的厌恶程度作出赔偿数额高于实际损失的认定。加上当时法律并没有明确的赔偿标准，英国法院传统上对陪审团的决定相当尊重，通常根据陪审团的认定来作出判决，很少由于陪审

---

❶ 王利明："美国惩罚性赔偿制度研究"，载《比较法研究》2003 年第 5 期，第 3 页。

团确定的赔偿金过高而取消陪审团的决定。另外，英美法系国家
没有严格地划分公法和私法，这为他们从理论上接受惩罚性赔偿
制度提供了条件，使既有惩罚侵权人的功能，又有补偿受害人损
失功能的惩罚性赔偿制度受到民众和统治阶级的认可，并在法院
处理纠纷中得到有效的适用。而不像大陆法系国家那样，严格区
分公法和私法，使惩罚性赔偿制度被人为地予以排斥。

（二）英美法系国家惩罚性赔偿的发展现状

惩罚性赔偿制度在英国以判例形式确立以来，在美国、新西
兰、澳大利亚、加拿大等英美法系国家获得了长足发展，在 19
世纪已经成为英美法国家的法院在侵权领域普遍适用的制度，其
功能从弥补受害人的精神痛苦转向制裁和遏制不法行为，适用范
围包括民事赔偿和国家赔偿。但是该制度从产生以来一直备受争
议，其发展并非一帆风顺，其间受到不少学者的多种质疑，政府
也相应地做出了一些调整。以英国和美国为例，在惩罚性赔偿制
度发源地的英国，有不少学者和法官对惩罚性赔偿制度提出质
疑，英国一位法官认为惩罚性赔偿是"一种面目可憎的异端……
一个丑陋和致命的毒瘤，它扭曲了法律本身的对称性……不恰当
的、不规范的、不协调的、奇异的、不公正的、不科学的，甚至
可以说将它归入民事救济之中是荒谬且可笑的"。❶ 在英国的司法
实践中，对惩罚性赔偿的适用一直比较谨慎，1964 年，英国上议
院在 Rookes v. Barnard 案中将惩罚性赔偿的适用范围限制在以下
三种案件中：（1）政府雇员压制行为的诉讼；（2）行为带来的利
润超过应该给原告的赔偿的行为的诉讼；（3）成文法明确规定适

---

❶ ［奥］赫尔穆特·考茨欧、瓦内萨·威尔科克斯著，窦海阳译：《惩罚性赔偿
金：普通法与大陆法的视角》，中国法制出版社 2012 年版，第 35 页。

用惩罚性赔偿的诉讼。❶ 关于惩罚性赔偿金的确定问题，英国法院在 1997 年之前没有具体的可操作措施，只有一些一般的指导，但是 1997 年在审理 Thompson v.Commissioner of Police of the Metropolis 案时，法官为惩罚性赔偿金设定了最低 5 000 英镑、最高不超过 5 万英镑的限制。而且在 1990 年的"法院和法律服务法案"中，上诉法院被赋予了一项撤销陪审团决定的赔偿数额的权力，当发现陪审团决定的赔偿数额过分大时，上诉法院可以撤销陪审团的决定，并另行确定一个赔偿数额。总之，惩罚性赔偿制度在英国处在一个有序发展状态，一方面通过限制防止其被滥用，另一方面不断扩大其适用范围，使更多种类的案件可以适用该制度。

美国尽管在判例中确立惩罚性赔偿制度比英国晚，但是惩罚性赔偿制度在美国发展得更为全面，被视为世界范围内惩罚性赔偿制度最发达的国家。美国不仅在判例中创制了一些惩罚性赔偿的适用规则，而且通过成文法的形式进行了规定，当前美国只有华盛顿州、马萨诸塞州、新罕布什尔州、路易斯安那州、内布拉斯加州等 5 个州明确规定不适用惩罚性赔偿，其他州均适用惩罚性赔偿，适用范围还非常广泛，几乎涵盖任何故意的、恶意的、鲁莽的、轻率的侵犯他人权利的行为。但是，该制度在美国也是一项很有争议的制度，关于惩罚性赔偿的作用、惩罚性赔偿的功能、高额惩罚性赔偿的违宪问题等都是争论的热点。就惩罚性赔偿制度的作用而言，很多学者认为惩罚性赔偿存在较大的负面作用，如哈佛大学的学者基普·伟斯库诗（Kip Viscusi）博士将惩罚性赔偿形象地比喻为偶尔光顾的龙卷风，认为惩罚性赔偿在美

---

❶ 董春华："各国有关惩罚性赔偿制度的比较研究"，载《东方论坛》2008 年第 1 期，第 121 页。

国的应用反复无常，用它来威慑企业不从事风险活动是不可能的。❶ 由于美国最初并没有对惩罚性赔偿数额规定固定的上限，美国法院在判定惩罚性赔偿金时通常采用合理原则，使得经常有被告以惩罚性赔偿数额过高不符合宪法规定的正当程序原则而提出上诉，直到 1996 年，美国联邦最高法院才在 BMW of North A-merica, Inc. v. Gore 案中第一次采用比例原则，认为惩罚性赔偿和补偿性赔偿应有一定的比例关系，并提出三个确定惩罚性赔偿金的判断标准，但是并没有在补偿性赔偿金和惩罚性赔偿金之间确定一个固定的比值，因此比例原则并没有被大多数地方法院和上诉法院在确定惩罚性赔偿金时所适用。2003 年，美国联邦最高法院在审理 State Farm Mutual Automobile Ins. Co. v. Campbell 案中进一步完善了比例原则，明确了比例的标准，认为一般情况下惩罚性赔偿金不能超过补偿性赔偿金的 10 倍，特殊情况下，可以超过这个比例，并希望各州通过成文法来规定惩罚性赔偿金的限额。当前美国各州确实采取成文法的形式对惩罚性赔偿金的额度进行规定，解决了很多学者担心的滥用问题。

因此，尽管惩罚性赔偿制度在英国、美国等英美法系国家的发展遇到一些反对和质疑，但是当前惩罚性赔偿成了它们在侵权领域不可缺少的组成部分，很多英美法系国家还通过成文法的形式明确规定惩罚性赔偿制度，将其适用于侵权领域和合同领域。

---

❶ W. Kip Viscusi: "The Social Costs of Punitive Damages Against Corporations", *Georgetown Law Journal*, 1998.

二、大陆法系国家和地区惩罚性赔偿的产生和发展现状

（一）大陆法系国家和地区惩罚性赔偿的产生

惩罚性赔偿的思想渊源在罗马法中早已有之，在古罗马时期，没有区分民事责任和刑事责任，两者合二为一，民事责任具有补偿和制裁双重功能，民事责任的制裁功能就具有惩罚性。在罗马法复兴时期，大陆法系国家严格区分公法和私法，将具有惩罚性功能的责任形式都纳入公法中，被行政罚款和刑事罚金制度所吸收，使惩罚性赔偿制度从私法中剔除出去。以德国和法国为例，1900 年《德国民法典》明确规定损害赔偿法的唯一功能是补偿受害人的损失，惩罚性赔偿被视为与损害赔偿法的基本理念相违背而被坚决排除在民法概念的范畴之外，但是德国并不禁止惩罚性违约金，如《德国民法典》第 339 条明确规定了惩罚性违约金❶，惩罚性违约金其实类似于惩罚性赔偿金，只是它不由法院来判决，而是由当事人事先约定。而且德国的法院在司法实践中常常在判决中加入惩罚性因素，以便使判决对行为人产生威慑作用。这说明德国在司法实践中并没有完全排斥惩罚性赔偿制度。法国作为又一典型的大陆法系国家，对惩罚性赔偿的态度也非常明确，在《法国民法典》中明确规定赔偿仅限于使受侵害的对象恢复到没有被侵害的状态，即恢复原状，不允许受害人获得比被侵害前更多的赔偿。法国的惩罚性赔偿金主要存在于保险法，其《保险法》第 L211-13 条规定："当赔偿没有在第 L211-9 条所规

---

❶ 1998 年《德国民法典》第 339 条规定："如果债务人与债权人约定，在债务人不能履行或者不能以适当方式履行债务时，须支付一定金额作为违约金，那么在债务人迟延时，罚其支付违约金。以不作为为给付标的的，在有违反行为时，罚付违约金。"

定的时间内支付的话，保险人所提供的赔偿数额或者法院对受害人所判付的赔偿数额应当从赔偿期限截止或者最终判决之日起算双倍法定利息。"法国承认精神损害赔偿和惩罚性违约金，但认为精神损害赔偿和惩罚性违约金都是基于补偿而不是基于惩罚目的。此外，西班牙、意大利、瑞士、日本等大陆法系国家也不仅在国内立法中明确排斥惩罚性赔偿，对外国包含惩罚性赔偿的判决也拒绝承认和执行。

（二）大陆法系国家和地区惩罚性赔偿的发展现状

正如上文所述，大陆法系国家和地区最初都非常排斥惩罚性赔偿制度的适用，但是近年来各国各地区对惩罚性赔偿制度的态度发生了很大变化。法国在 2005 年《法国民法典》修改草案中明确规定对于行为人主观存在明显故意或重大过错的案件，可以适用惩罚性赔偿，并对惩罚性赔偿的适用设立了严格的条件。德国从最初完全反对到现在逐渐接受，并且理论界反对惩罚性赔偿的呼声正在消失，尽管从《德国民法典》制定以来，其学界的观点认为损害赔偿法具有纯粹的补偿性，但是在司法实践中，法院常常将惩罚性因素体现在一些判决中，并没有完全贯彻纯粹的补偿性，而且德国垄断委员会也呼吁在特定的垄断案件中适用惩罚性赔偿以威慑行为人不敢再从事类似行为。我国台湾地区尽管属于大陆法系，但它在立法上借鉴美国经验，在公平交易、消费者保护、专利、商标、著作权等多个法规中明确规定了惩罚性赔偿制度。西班牙和瑞士分别在 2001 年和 1989 年承认和执行外国有惩罚性赔偿内容的案件。日本在立法界和司法界依然拒绝惩罚性赔偿制度，但是学者们在学理上开始有了不同的声音，如田中英夫、竹内昭夫两位教授认为，把侵权行为责任作为专门以损害赔偿为目的的制度来把握，而无视民事责任的制裁性功能的做法是错误的；三岛宗教授认为，刑事罚无法充分发挥对社会性非法行为的抑制、预防的功能，而过多地适用刑事罚会产生对基本人权的侵害，从而主张在非财产损害的赔偿时加入制裁性功能，以有效抑制灾害再发生。❶ 预计日本在不久的将来，惩罚性赔偿制度会从学理的探讨进入立法者的视野。

总之，大陆法系国家和地区对惩罚性赔偿制度的态度已经有了明显的变化，从最初的完全排斥，到目前的逐步接受，甚至有些国家和地区已通过立法的形式予以明确规定，这预示着惩罚性赔偿制度在大陆法系国家有望获得有效发展。

三、我国惩罚性赔偿的产生与发展现状

现代意义上的惩罚性赔偿制度对我国来说是一个舶来品，是 20 世纪末引入中国的，在当时决定要不要引入惩罚性赔偿制度时，我国学者们有较大争议，最终立法机关在 1993 年的《消费者权益保护法》中第一次规定了惩罚性赔偿制度，该法要求有欺诈行为的经营者应当对接受其服务或购买其商品的消费者承担比消费者实际损失更高的赔偿金，赔偿金的额度为消费者接受服务或购买商品价款的 1 倍。❷ 很显然，经营者承担的比消费者实际损失更高的赔偿金具有明显的惩罚性，经营者承担的是基于其欺诈行为而产生的惩罚性赔偿责任，尽管它规定的惩罚性赔偿金并不高，但是它为更好地保护我国消费者的权益提供了法律依据，也开创了我国适用惩罚性赔偿制度的先河。

---

❶ 于敏：《日本侵权行为法》，法律出版社 1998 年版，第 47 页。

❷ 参见《消费者权益保护法》第 49 条的规定，该条规定："经营者提供商品或者服务有欺诈行为的，应当按照消费者的要求增加赔偿其受到的损失，增加赔偿的金额为消费者购买商品的价款或者接受服务的费用的一倍。"

1999 年《合同法》第 113 条第 2 款进一步强调了经营者惩罚性赔偿的适用。❶ 2003 年最高人民法院《关于审理商品房买卖合同纠纷案件适用法律若干问题的解释》第 8 条和第 9 条规定了对房屋出卖人的惩罚性赔偿责任，要求出卖人在规定的条件下承担不超过买受人已付购房款 1 倍的赔偿金。2009 年实施的《食品安全法》规定了生产者和销售者的惩罚性赔偿责任，❷ 并提升了惩罚性赔偿金的额度，将惩罚性赔偿金的额度提高到消费者支付价款的 10 倍，但是由于大多数消费者购买的商品价款并不大，即使是 10 倍的惩罚性赔偿金对侵权人也起不到任何惩罚和威慑作用，而且大多数消费者考虑到维权成本太高，尤其是消费数额并不大的消费者通常没有提起诉讼，这也是多年来惩罚性赔偿在我国适用效果并不明显的重要原因之一。

2010 年实施的《侵权责任法》明确规定在产品责任领域引入惩罚性赔偿，其第 47 条规定："明知产品存在缺陷仍然生产、销售，造成他人死亡或者健康严重损害的，被侵权人有权请求相应的惩罚性赔偿。" 2013 年《商标法》第三次修改时明确将惩罚性赔偿引入商标侵权领域，其第 63 条规定，对恶意侵犯商标专用权，情节严重的，可以以权利人的损失或侵权人的侵权所得或者商标许可使用费的倍数确定的赔偿数额为基数，在 1~3 倍确定赔偿数额。正在修改的《专利法》和《著作权法》也在修订草案中

---

❶ 《中华人民共和国合同法》第 113 条第 2 款规定："经营者对消费者提供商品或者服务有欺诈行为的，依照《中华人民共和国消费者权益保护法》的规定承担损害赔偿责任。"

❷ 《中华人民共和国食品安全法》第 96 条第 2 款规定："生产不符合食品安全标准的食品或者销售明知是不符合食品安全标准的食品，消费者除要求赔偿损失外，还可以向生产者或者销售者要求支付价款十倍的赔偿金。"

明确规定了惩罚性赔偿制度。

从上述这些规定可知，我国当前已在消费者权益保护、商品房买卖、食品安全、产品责任和商标侵权等多个领域引入惩罚性赔偿制度，尽管这些规定是小范围的，但是从这些规定明显可以看出以下一些特点。

（1）适用范围越来越广。惩罚性赔偿适用的范围从规制严重危及广大社会公众利益的行为，逐渐转向规制侵害个人私权的行为，从最初的保护消费者权益、食品安全、产品责任等领域，扩大适用到商标侵权、专利侵权领域，适用范围有逐渐扩大的趋势。

（2）适用的主观要件表述各异。从我国现行法律规定的惩罚性赔偿制度来看，对主观要件的要求和描述各不相同，如《商标法》中使用了恶意侵权来作为承担惩罚性赔偿责任的主观要件，《消费者权益保护法》中使用了"欺诈"，《侵权责任法》和《食品安全法》使用了"明知"，在商品房买卖合同领域用了"故意"。到底使用什么样的词来描述惩罚性赔偿责任的主观要件比较合适，仍有待进一步探索和讨论。

（3）适用的客观要件也各不相同。《侵权责任法》要求行为造成他人死亡或者健康严重损害的后果才承担惩罚性赔偿责任，而《商标法》用了情节严重来表述客观要件，《食品安全法》和《消费者权益保护法》没有对行为后果进行明确的规定。

（4）惩罚性赔偿金的额度差异大。《消费者权益保护法》规定的惩罚性赔偿金为消费者所付价款的 1 倍，《食品安全法》规定的侵权人承担的惩罚性赔偿金是消费者支付价款的 10 倍，《商标法》规定的惩罚性赔偿金是补偿性赔偿金的 1~3 倍，《侵权责任法》没有对惩罚性赔偿的额度进行明确规定，商品房买卖合同领域规定的惩罚性赔偿金额度是已付购房款的 1 倍。

根据上述各法的规定可以看出，惩罚性赔偿在不同的法中其对主观要件、客观损害结果、惩罚性赔偿金的额度等的规定都不一样，这种不一样是由于各个法的特殊性还是我国的惩罚性赔偿制度还不成熟导致的，惩罚性赔偿制度如何规定才是科学有效的，这些问题还需要我们进行深入的理论探讨和相关实践的检验，应该说我国的惩罚性赔偿制度还处在一个摸索阶段，很多问题还需要深入研究。

第三节　著作权侵权惩罚性赔偿的产生与发展现状

一、英美法国家和地区的著作权侵权惩罚性赔偿

惩罚性赔偿制度在英美法系的国家和地区产生后，适用范围逐渐扩大，从仅适用于几种特殊的情形扩大到适用于一切存在故意或恶意动机的侵权领域，随着对著作权的重视，惩罚性赔偿制度也开始适用到著作权侵权领域。在判例法上，英国于 1960 年发生的 Williams v. Settle 案被视为英美法系国家将惩罚性赔偿适用于著作权侵权领域的比较典型的案例。在该案件中，一位专业的摄影师给他人的婚礼拍照片，照片的著作权归新郎和新娘所有，其中有些照片上有新娘父亲的头像，后来新娘的父亲被谋杀了，这个谋杀案在社会上的影响特别大，摄影师把在婚礼上拍摄的有新娘父亲头像的照片复制出售，并且在两家日报上登载了相关照

片，于是拥有照片著作权的新郎以摄影师公然侵犯其著作权为由将其告上法院，要求摄影师对自己造成的损害承担惩罚性赔偿金，法院最终支持了原告的请求，判决被告支付原告1 000英镑的惩罚性赔偿金。英国不仅在判例中将惩罚性赔偿适用于著作权侵权领域，而且在成文的版权法中也对惩罚性赔偿进行了明确规定，其在1988年的《版权法》第97条（2）中明确规定：法院在版权侵权诉讼中，应当考虑所有情形，尤其应注意——（a）侵权严重程度，以及（b）被告因侵权所获利益，可依据案件处理公正性之要求，判决附加损害赔偿金。该条中的附加损害赔偿金实质上就是本书所讨论的惩罚性赔偿金。在惩罚性赔偿制度最发达的美国，其第二巡回上诉法院在 TVT Music v. Island Jam Music 一案中明确指出：对于存在恶意或故意的侵权行为，适用惩罚性赔偿则是合理的。美国惩罚性赔偿制度不仅被法院在判例中适用，而且在其《版权法》第504条（c）（2）中有明确规定，对版权人有证据证明被告是故意侵犯版权的行为，法院可酌情决定判决被告承担不超过15万美元的法定赔偿金。这是非常典型的针对故意侵犯他人版权而给予的惩罚性赔偿。此外，其他英美法系国家如新西兰、加拿大等均以成文法的形式在著作权领域规定了惩罚性赔偿制度。1994年《新西兰版权法》的第121条第2项中规定了附加损害赔偿，赋予法官在判决著作权侵权案件中有适用附加损害赔偿的自由裁量权。《加拿大著作权法》规定，在著作权侵权案件中，法院可根据侵权人的侵权情节判令被告承担5 000~50 000加元的惩罚性赔偿金。因此，在英美法系国家，在著作权侵权领域适用惩罚性赔偿已经相当普遍，不仅有司法判例，而且有成文法的明确规定。

二、大陆法系国家和地区的著作权侵权惩罚性赔偿

正如前文所述，大陆法系国家和地区由于特殊原因，对惩罚性赔偿制度的适用比较排斥，近年来尽管对惩罚性赔偿制度的态度有所变化，但是依然非常谨慎，在著作权侵权领域中对惩罚性赔偿的适用自然也并没有普及。如《德国著作权法》对著作权侵权行为的救济中看不出有任何惩罚性的因素，连法定赔偿制度都没有规定，但是德国的司法实践中对著作权侵权损害赔偿采取适度承认惩罚性赔偿的做法，通常以"任何人不得从其错误行为中获利"的自然正义观念来确定被告的惩罚性赔偿金，使其具有抑制侵权的作用。而法国对于著作权侵权领域适用惩罚性赔偿制度的态度则非常明确，法国于 2009 年 10 月 28 日通过第 2009-1331 号法令进行修改，在《法国知识产权法典》中引入了新的内容，根据现行《法国知识产权法典》L331-1-4 条规定：假冒著作权、邻接权或数据库制作者权侵权成立的，法院可判令没收全部或部分因假冒著作权、邻接权或数据库制作者权侵权而获取的收入，并将该收入转交被害人或其权利继受人。该条尽管没有使用惩罚性赔偿这个词，但是法院将没收的侵权收入转交给被害人或其权利继受人，跟一般的处罚不一样，通常法院没收的财物会上缴国库，而不是给受害人，从归属上来看，该规定跟惩罚性赔偿的特征非常接近。而且法国在 2004 年应时任总统希拉克的要求开始修改《法国民法典》，其中一项重要的变化就是对于行为人存在明显故意和重大过错的情况考虑适用惩罚性赔偿，著作权作为一项特殊的民事权利，当《法国知识产权法典》没有规定时，可以适用《法国民法典》的一般规则。这些立法动向预示着法国对惩罚性赔偿制度的态度发生了重大转变。我国台湾地区直接在著作

权法规中明确规定了惩罚性赔偿制度，在证明损害行为属故意且情节重大者，赔偿额可以增加至 500 万元新台币。因此，在大陆法系国家和地区，著作权侵权领域也开始在立法或判例中体现出惩罚性赔偿。

三、我国对著作权侵权领域引入惩罚性赔偿的态度

当前我国正在对《著作权法》进行第三次修改，修改内容中有一项就涉及惩罚性赔偿制度，在著作权侵权领域是否应该引入惩罚性赔偿制度，学者之间存在非常大的争议，存在肯定说和否定说两派完全对立的观点。下面分别对两派观点进行介绍。

（一）否定说

在著作权法修改过程中，反对在著作权法中引入惩罚性赔偿的学者提出了诸多反对理由，归纳起来主要有以下几项具有代表性的反对理由。

第一，混淆了公法和私法的职能。我国是大陆法系国家，严格进行公法和私法的划分，惩罚和制裁是公法的职能，补偿是私法的职能，而惩罚性赔偿的重要功能之一就是惩罚性，惩罚功能应该是公法的职能，不能放在私法中进行规定，否则就混淆了公法和私法的界限，破坏了私法体系的和谐。

第二，对受害人来说会构成不当得利。反对在著作权侵权领域引入惩罚性赔偿制度的学者认为惩罚性赔偿会使受害人获得比实际损失更多的赔偿金，受害人由此而不当得利，在侵权人与受害人之间造成新的不公平。

第三，惩罚性赔偿使企业承担过重的负担，会影响经济发展。反对者认为惩罚性赔偿制度通过让侵权人承担高额的惩罚性赔偿金达到惩罚目的，但过重的经济负担会影响经济实体的发

展，尤其有些侵权人由于担心被惩罚而主动放弃一些行为，这些行为也包括对社会有益的行为，最终影响整个社会经济的发展。

第四，惩罚性赔偿与民法的填平原则不符，违反了民事主体法律地位平等的原则。著作权法属于民事法律范畴，在著作权受到侵害后应适用填平原则，侵权人给受害人造成多少损失就填平多少损失，而惩罚性赔偿使受害人可能获得比其实际损失更多的赔偿，违背了填平原则。而且侵权人和受害人都是平等的民事主体，受害人没有权利惩罚侵权人。

第五，著作权侵权诉讼大多属于小额诉讼，有法定赔偿就足够了。反对引入惩罚性赔偿的学者认为，补偿性赔偿的不足在于法定赔偿有上限，赔偿数额超过法定赔偿上限才会使受害人得不到有效赔偿，而现实中著作权侵权诉讼通常为小额诉讼，在实际损失和侵权所得无法计算的情况下，法定赔偿可以让受害人获得足额赔偿，根本就没有适用惩罚性赔偿的必要。

（二）肯定说

在著作权法修改过程中，主张引入惩罚性赔偿制度的学者比较多，他们支持的理由主要如下。

第一，有效打击著作权侵权的需要。著作权侵权由于具有侵权成本低、侵权手段隐蔽、获利高、举证难、实际损失很难计算等特点，使侵权人具有足够的动力去侵权，现实中，著作权侵权现象越来越严重，惩罚性赔偿制度使侵权人对支付高额的惩罚性赔偿金具有足够的威慑力，从而使侵权人主动放弃侵权，使潜在的侵权人也不敢从事类似的侵权行为。

第二，有效弥补补偿性损害赔偿的缺陷。由于补偿性损害赔偿的适用依赖于对受害人的实际损失和侵权人的违法所得的计算，而这两项客观上很难举证证明，使得受害人无法得到足额补偿，而惩罚性赔偿正好可以有效弥补补偿性赔偿的不足，通过惩罚性赔偿金使受害人获得足额赔偿。同时，传统的补偿性赔偿制度重视损害结果，不重视行为人的主观过错程度，恶意侵权和一般过失侵权造成损害都同等对待，这是非常不合理的，而惩罚性赔偿制度根据主观过错程度不同来确定赔偿金符合"报复论"的理念，能体现真正意义上的公平合理。此外，补偿性赔偿是一种事后救济制度，相比有预防功能的惩罚性赔偿制度而言，事后救济的成本比事前预防的成本要高。

第三，作品自身性质的需要。作品本身具有无形性、易复制性和易传播性，尤其网络技术的发展加速了作品传播的速度，降低了作品复制和传播的成本，增加了作品的使用方式，扩大了作品的需求，作品的潜在市场价值也随之扩大。从某种意义上说，作品本身就是一种信息的传播，其价值在于把知识、观点等通过语言文字或其他艺术形式表达出来，然后通过一定的途径传播给广大公众，但是由于作品的创作是作者付出了创造性劳动的结果，为了激励作者创作更多更好的作品，有必要对作者的智力劳动给予保护，不能未经权利人的许可随便将作者的作品进行传播，然而作品价值的实现需要将作品进行公开，作品的无形性导致公开的作品难以使权利人控制他人对作品的传播，因此，有必要对作者的著作权加强保护，尽管作者可以通过技术措施对自己的作品进行绝对的自我保护，防止他人复制和传播自己的作品，但这样做的结果会损害公众接近知识和信息的权利，从而对作品的强保护只能通过增加侵权人的侵权成本来实现，补偿性赔偿制度由于无百分之百的追责率和侵权损失的难计算，使侵权人的侵权成本总是低于侵权收益，惩罚性赔偿制度则能实现增加侵权人侵权成本的目的。

第四，激励作者积极创作和积极维权的需要。作者创作的积极性主要来源于作品能给作者带来收益，如果作品一经创作完成就被他人无偿使用，作者的辛勤付出没有得到任何回报，作者的劳动得不到基本的尊重，作者继续创作的积极性就大打折扣，而惩罚性赔偿制度使无偿使用其作品的人支付高额的赔偿金，使作者的智力劳动得到充分的肯定，给作者的创作带来一种动力。作品被侵权后，作者是否积极维权，关键在于其维权成本是否高于维权收益，如果作者花费大量时间、金钱和精力去维权，维权所获得的收益比其维权支付的成本还低，那么大部分作者就会主动放弃维权，这样做的结果会使侵权行为越来越猖獗，最终使著作权法律制度存在的意义丧失。而要从根本上改变作者维权成本低于维权收益，补偿性赔偿制度无法实现，只能借助惩罚性赔偿制度才能实现。

（三）本书的观点

笔者赞同在著作权法中引入惩罚性赔偿制度，赞同的理由除了上述赞同者的理由外，还包括在本书论述建立惩罚性赔偿制度的理论基础和对我国现有著作权保护的立法、司法现状的实证研究中阐述的观点，在此不再重复。在这里想重点回应的是反对者们的观点，笔者认为反对者们提出的惩罚性赔偿制度引入著作权法可能导致的种种问题都是可以避免和克服的。

第一，关于混淆公法和私法界限的问题。公法和私法的划分本身就是一种学理的分类，其划分标准具有多样性，瑞士人荷灵加（Hollinger）在其学位论文《公法和私法的区别标准》中就公法与私法的划分标准列出了 17 种不同的学说；马尔堡（Marburg）的华尔滋（Walz）在就职演讲《关于公法的本质》中举出 12 种不同的学说。❶ 这说明公法和私法的划分本身就是很复杂的，就一个具体的学说而言，其划分公法和私法的界限也不具有绝对性。以利益说为例，该学说认为调整个人利益的为私法，调整公共利益的为公法，而事实上，个人财产或人身利益受侵害时，刑法、行政法等公法照样给予保护；同样，合同法等私法也保护交易秩序和交易安全等公共利益，尤其是个人利益和公共利益本身有时无法截然分开，如保护作者的作品，一方面，保护作者的个人利益，另一方面，作者的作品直接关乎社会科学文化的发展，它对社会的公共利益有重大意义，从这个角度来说，著作权侵权可以由公法来救济，也可以由私法来救济。但有反对者从功能的角度反对将惩罚性赔偿制度纳入著作权法中，强调惩罚功能是公法的功能，而著作权法属于私法，不宜吸纳具有惩罚性的制度，这种说法是没道理的，私法从来都没有排除惩罚功能，民事制裁明显具有惩罚性，私法只是将补偿功能更突出一点而已，不能因为其突出补偿功能而完全否定它的其他功能。近年来，随着社会的快速发展，私法公法化和公法私法化的现象非常明显，公法和私法的界限逐渐模糊，这说明僵硬的公私法划分已经无法满足社会的需要，我们不能把理论当教条，而应让理论随着社会的需要而做出相应的调整。因此，以惩罚性赔偿混淆公法和私法界限作为拒绝适用的理由是不充分的。

第二，关于不当得利的问题。不当得利是指没有合法依据而取得利益，有学者反对将惩罚性赔偿制度纳入著作权法的重要理由是惩罚性赔偿会让权利人不当得利，在权利人和侵权人之间产

---

❶ ［日］美浓部达吉著，黄冯明译：《公法与私法》，中国政法大学出版社 2003 年版，第 23~24 页。

生新的不公平。笔者认为这不能成为一个反对的理由，首先，惩罚性赔偿并不必然会使权利人获得超额赔偿，权利人在维权过程中，除了可以计算的实际损失之外，还会产生时间、精力和精神上的折磨等多种无法计算也不能获得赔偿的损失，惩罚性赔偿金可以用来弥补权利人的这部分损失，如法院判决的惩罚性赔偿金不高，可能弥补了权利人的上述损失后就没有剩余，从而也就不存在不当得利。其次，即使权利人获得了超额赔偿金，如果数额不是特别巨大的话也是合理的，因为惩罚性赔偿可以激励更多的权利人去维权，客观上有利于抑制侵权、促进社会的发展，而且它可以防止权利人采取过度的预防措施，损害公众利益，浪费社会资源。再次，不当得利还可以通过其他途径来解决，一方面，法院在判决惩罚性赔偿金时可以把握合理的标准，不至于让权利人获得过高的惩罚性赔偿金。另一方面，可以从惩罚性赔偿金中提取一定的比例设立著作权维权基金，以便对维权费用有困难的维权者提供帮助，这样既解决了权利人获得过高的赔偿金的问题，又可以帮助更多的人去维权，使侵权人的追责率提高，有效抑制侵权行为的发生。

第三，关于影响经济发展的问题。惩罚性赔偿制度的最终目的不是为了惩罚侵权人，而是为了对侵权人和潜在的侵权人产生威慑，使其放弃侵权，而且惩罚的对象仅限于主观上有故意或重大过失的人。在现实中，由于侵权被惩罚的仅仅是极少数，即使某个企业被惩罚到破产，也不会对整个社会的经济造成不利影响，何况被罚到破产的可能性极小，相反，它会起到杀一儆百的作用，有效抑制侵权行为的发生，客观上促进社会经济的发展。至于反对者担心的惩罚性赔偿会影响行为人的行为自由，这似乎有点杞人忧天，毫无道理，惩罚性赔偿只是惩罚故意或重大过失的行为人，行为人为了不被惩罚，通过一般注意就完全可以避免，根本不会对行为人造成过重的心理负担。因此，从长远来看，惩罚性赔偿最终会促进经济的发展，而不是阻碍经济的发展。

第四，关于与填平原则和平等原则相违背的问题。著作权确实属于私权，私权受到侵害后一般应适用填平原则，但是著作权法保护的对象是无形的知识产品，正因为它的无形性使得它容易被侵害，而被侵害后实际损失又很难计算，所以客观上权利人的损失根本就没法填平，此时，只能通过惩罚性赔偿来实现实质意义上的填平。关于与平等原则相违背的问题，著作权侵权惩罚性赔偿并不是一种私人罚款，仅仅是由受害人向法院提出申请，适不适用惩罚性赔偿最终是由法院确定的，因此，它并不意味着是平等的一方去惩罚另一方，与民事主体地位平等的原则并不违背。

第五，关于法定赔偿可以解决著作权侵权赔偿的问题。著作权侵权诉讼中，法定赔偿是在权利人的实际损失和侵权人的侵权所得都无法计算时适用的一种计算赔偿额的方式。由于作品本身价值的难估量性和著作权侵权的难举证，法定赔偿当前已经成为计算著作权侵权赔偿额的一种常态，被法官们视为提高办案效率的一种重要手段。适用法定赔偿为法官省去了很多质证、查证具体损失的时间，办案效率确实提高了，公平是否得到保证却很难说，当权利人的损失高于法定赔偿的最高限额时，权利人就不能获得足额赔偿，尤其现实中，著作权侵权大多不是小额诉讼，法定赔偿不足以补偿权利人的损失。退一步来说，即使著作权侵权诉讼都是小额诉讼，法定赔偿能足额补偿权利人的损失，但它也无法像惩罚性赔偿那样对侵权人和潜在侵权人产生威慑。因此，法定赔偿无法取代惩罚性赔偿的地位。

第三章

著作权侵权惩罚性赔偿的理论基础

惩罚性赔偿制度从产生之日起就备受争议，尤其在大陆法系国家，传统的著作权侵权领域的损害赔偿一直以填平受害人的损失为原则，受害人无权提出比损失更多的赔偿，而惩罚性赔偿是侵权人赔偿受害人损失以外的赔偿，这种似乎让受害人有"不当得利"之嫌的赔偿方式如何能被人们广泛接受并得到理解和遵从，关键要弄清楚其合理性何在，其理论依据在哪。本章将从法哲学、经济学、民法学和心理学等不同角度来阐述该制度合理性的理论依据。

第一节 著作权侵权惩罚性赔偿的法哲学基础

何谓法哲学，不同时期、不同学者给出了不同的定义。19 世纪中后期之前，法哲学被视为哲学的一个部门，黑格尔在其《法哲学原理》一书中明确指出：法哲学这一门科学以法的理念，即法的概念及其现实化为对象，法学是哲学的一个部门。❶ 这主要是由于当时科学还不发达，哲学曾作为"科学的科学"而代替一切科学，特别是一些唯心主义哲学家力图建立一个包罗万象的体系，将包括法学在内的其他学科都作为这一体系中的一个环节。❷ 但是自 19 世纪中后期以来，法哲学被认为是法学而非哲学的一

❶ ［德］黑格尔著，范扬、张企泰译：《法哲学原理》，商务印书馆 1961 年版，第 1~2 页。

❷ 沈宗灵：《现代西方法理学》，北京大学出版社 1992 年版，第 7 页。

个分科，《苏联大百科全书》关于"法律哲学"的释义为：法哲学即法律哲学，是资产阶级法学的一个分科，它的任务是研究国家和法律的一般规律。尽管在现代，仍有少数具有哲理法学派倾向的人主张法哲学是哲学的一个分科，但是他们所说的法哲学的内涵已经不同于黑格尔的法哲学，如德国《布洛克豪斯百科全书》对法哲学的解释是：法哲学是哲学的一个分科，它以一定的方式，有系统地从事研究法律和哲学的一般原理（意义和目的、起源和效力）。从这个解释可以看出，此时法哲学的内涵与法理学的内涵一致。其实，在现在的英语国家中，法哲学与法理学常被用作同义词，都是指法律的基本理论。正如张文显教授在《二十一世纪西方法哲学思潮研究》一书中所说的："法哲学是法学的一般理论、基础理论和方法论。法哲学属于法学知识体系的最高层次，担负着探讨法的普遍或最高原理，为各个部门法学和法史学提供理论根据和思想指导的任务。"❶ 因此，著作权侵权惩罚性赔偿的法哲学基础就是从法的基础理论去探讨其存在的合理性。

一、著作权侵权惩罚性赔偿是法实现正义价值的手段

法追求的正义价值是著作权侵权惩罚性赔偿制度存在的法理基础，至于何谓正义，学界没有给出一个准确的定义，不同的学者可能有不同的理解，但是一般都认为正义与公正、公平、平等所表达的意思相当，是人类普遍认为的崇高价值，是人类所追求的一种理想状态，而且这种理想状态在不同的年代、不同的人心

---

❶ 张文显：《二十一世纪西方法哲学思潮研究》，法律出版社 1996 年版，"导论"第 2~3 页。

中其具体内涵会不同，正如博登海默所言："正义具有一张普洛休斯似的脸，变幻无常，随时可呈不同形状，并具有极不相同的面貌。"❶ 正义是社会制度的首要价值，正像真理是思想体系的首要价值一样。一种理论，无论它是多么精致和简洁，只要它是不真实的，就必须加以拒绝或修正；同样，某些法律和制度，不管它们如何有效率和有条理，只要它们不正义，就必须加以改造或废除。❷ 法作为一项重要的社会制度，正义显然也是其追求的重要价值之一，而惩罚性赔偿正是法实现实质正义的重要手段。

在著作权侵权过程中，侵权人给著作权人造成物质损害和商誉、尊严等方面的非物质损害，按照补偿性赔偿原则，侵权人给著作权人造成多大损失，侵害人就赔偿多少损失。表面看起来已经实现两者之间的正义，但这只是形式上的正义，著作权人在维权过程中的时间成本、诉讼成本以及遭受的精神方面的非物质损害都是无法得到赔偿的，而且侵权行为给著作权人造成的可期待利益的损失也无法获得赔偿。如侵权人使用著作权人的正版光盘制作盗版光盘，即使最终权利人赢了官司，但是著作权人潜在的客户会担心买到盗版光盘而放弃购买，这种潜在市场的丧失对著作权人来说是非常大的损失，而这些损失由于具有不确定性无法通过补偿性赔偿来填平，这在著作权人和侵权人之间形成实质上的不正义，此时，只能借助惩罚性赔偿来矫正两者之间的这种不正义，惩罚性赔偿通过支付补偿性赔偿之外的赔偿金来实现受害人与侵权人之间的实质正义。

---

❶　［美］E. 博登海默：《法理学—法哲学及其方法》，华夏出版社 1987 年版，第 240 页。

❷　［美］约翰·罗尔斯著，何怀宏等译：《正义论》，中国社会科学出版社 2001 年版，第 3 页。

二、著作权侵权惩罚性赔偿是法实现秩序价值的体现

秩序也作秩叙，犹言次序，指人或事物所在的位置，含有整齐守规则之意。❶ 秩序对于人类的意义在于，它是人类生存与发展必不可少的，作为群体的人类无时无刻不需要秩序，没有秩序，人类就没有安全，可能出现弱肉强食的局面，没有秩序，人类就会处于一种非常混乱的无序状态，就不会有良好的发展。但是秩序时常会遭到破坏，这就需要人类去维护，而法在某种意义上说，就是为建立和维护一定的秩序才建立起来的，法为秩序的维护设立一定的规则，并借助统治阶级的力量使这些规则得以贯彻，为秩序提供强制性的保证，因此，法与秩序存在天然的联系，亚里士多德曾说："今夫法者，秩序之谓也；良好法，即良好之秩序也。"❷ 尽管亚里士多德把法和秩序等同的说法并不科学，但是至少说明法和秩序之间的密切程度。"所有秩序，无论是我们在生命伊始的混沌状态中所发现的，或是我们所要致力于存成的，都可以从法律引申出它们的名称。"❸ 可见，任何法都是为一定秩序服务的，秩序是法追求的价值，而且是基础价值，法的其他价值如正义、平等、自由、民主、效益等都以秩序为基础，没有良好的秩序，法的其他价值都无法得到实现。因此，我们首先应保证法的秩序价值的实现，而法的秩序价值主要通过规定人们的权利义务以及违反规定应承担的责任来实现，但是在现实中，未必每个人都会遵守规定，违反规定走捷径去获取自己想

---

❶ 卓泽渊：《法的价值论》，法律出版社 2006 年版，第 386 页。

❷ ［古希腊］亚里士多德：《政治论》，商务印书馆 1935 年版，第 328 页。

❸ ［德］拉德布鲁赫著，米健、朱林译：《法学导论》，中国大百科全书出版社 1997 年版，第 1 页。

要的利益是非常常见的现象，这必然导致秩序被破坏，而且违法行为越多意味着秩序破坏越严重，这就要求法对违法行为进行有力的惩治，否则会导致社会的无序状态。

在著作权领域，通过著作权法对著作权人、作品的传播者和作品的使用者的相关权利义务进行规定，维持了作品创作、传播和使用的有序状态，使国家的文化建设得以顺利进行。可总有一些人想不劳而获，无偿使用别人的作品，这导致对他人著作权的侵犯。由于高科技的发展，有些侵权行为相当隐蔽而不易被权利人发现，而有些侵权行为被著作权人发现后，权利人基于取证困难、需要耗费大量时间和精力，同时还要支付诉讼费和律师费，最终获得的赔偿可能还不足以支付相关费用，因此很多权利人面对侵权而最终选择放弃维权。按照现有的补偿性赔偿制度，权利人因为他人的侵害遭受多大损失就可以获得多少赔偿，从理论上来讲，这是非常合理的，表面上看起来对侵权人和权利人都很公平。但事实上，作品作为无形财产，其价值的估算本身就很难，加上作品的价值依赖于市场的实际需求，这更增加了权利人损失的计算难度。大多数的案件，实际损失都很难计算，当然，在实际损失难以计算的时候，可以按照侵权人的违法所得给予赔偿，而违法所得的依据都在侵权人手中，要查清侵权人的侵权所得比实际损失难度更大，最终就只能由人民法院根据侵权行为的情节适用法定赔偿。法院在确定法定赔偿额时往往要考虑到上诉率，通常采取比较折中的做法，权利人最终能拿到的赔偿额比其实际损失要少，侵权人赔偿完以后通常还有部分获利。退一步来说，即使权利人的损失获得了全额赔偿，侵权人最多也就是把他不该拿的东西退回来，何况并不是每次侵权都会被权利人发现，侵权人仍有铤而走险的动力。因此，传统的补偿性赔偿制度不足以对侵权人构成威慑，无法有效制止著作权侵权行为的发生，这样的结果使著作权侵权行为越来越多，从事合法著作权交易的人越来越少，愿意进行创作的人也越来越少，著作权领域将会出现无序状态。只有引入惩罚性赔偿制度，让侵权人支付比其获利更多的赔偿，才足以对侵权人和潜在的侵权人构成威慑，维护著作权领域的良好秩序。因此，在著作权侵权领域引入惩罚性赔偿制度是维护著作权领域的正常秩序的需要，符合法的秩序价值的要求。

三、著作权侵权惩罚性赔偿是法发挥制裁作用的必然要求

法律制裁，顾名思义就是国家机关依法对违法者进行惩罚，使其承担否定性的法律后果，否定性的法律后果可能使违法行为人遭受痛苦、损失或其他损害。一般来说，制定法的目的就是要使法得到遵守，从而使法的各种价值得以实现，而制裁是保证法实施的必要手段，它可以保证法的权威性，保护人们的正当权益。关于最早出现的法律制裁是什么，在当前的理论界有两种不同的说法，一种说法认为，最早的法律制裁是刑事制裁，包括关于生命、肉体、自由或财产方面的惩罚，以后又出现了一种民事制裁，即强制剥夺财产以提供赔偿；以后又出现了要求恢复原状、停止侵害等形式；随着国家职能的日益扩展，行政制裁也随之发展。❶ 另一种学说则认为，最早的法律制裁方式是赔偿和以教育为目的的惩戒，只是在国家成熟的过程中，法律制裁的方式才逐步以严刑峻罚为主。❷ 在此我们不讨论哪种学说更科学，但

---

❶ 沈宗灵："论法律制裁与法律责任"，载《北京大学学报》1994 年第 1 期，第 40 页。

❷ 邓子滨："法律制裁的历史回归"，载《法学研究》2005 年第 6 期，第 69 页。

是两种学说有一个共同点：都强调法律制裁形式的多样性，法律制裁的方式不仅有刑事制裁，还有民事制裁，只是刑事制裁更多地体现为剥夺或限制人身自由，而民事制裁更多地体现为经济上的惩罚。这就使一些学者以惩罚性赔偿具有制裁性质应归入刑事责任而不宜放在著作权法中的观点站不住脚了，因为从法律制裁的产生来看，在民事法律中同样存在民事制裁。

违法行为为何要进行制裁，制裁是否必然就是正当的？其实，以惩罚为核心的法律制裁方式，不是与生俱来、天经地义的，而是国家成熟之后强加给社会的，也不是亘古不变的。因此，惩罚，尤其是残酷的惩罚，并不具有不证自明的正当性。❶ 按照边沁功利主义的理论，惩罚是一种必要的恶，是用一种较小之恶来消除较大之恶，否则就是制造更大的痛苦而不是防止痛苦。

惩罚性赔偿制度作为法律制裁的形式之一，适用于著作权侵权领域，它是通过惩罚侵权人来达到遏制侵权行为、预防违法行为发生的目的。侵犯他人的著作权，表面上仅仅是侵犯了某一个著作权人的权利，实质上可能影响整个社会，用边沁先生的话说，过去发生的毕竟只有一个行为，而未来则未可限量；已经实施的侵权行为仅涉及某一个人，类似的侵权行为将可能影响整个社会。❷ 首先，类似的侵权可能侵害更多的权利人的利益，影响著作权人创作的积极性，最终使人类精神资源枯竭。其次，著作权保护的作品本身具有较强的社会属性，它对人类精神文明建设、对国家科学文化的进步起着重要的作用，因此对著作权人的侵权意味着可能影响整个社

❶ 邓子滨："法律制裁的历史回归"，载《法学研究》2005 年第 6 期，第 71 页。
❷ 陈兴良：《刑法的启蒙》，法律出版社 1998 年版，第 90 页。

会的文化科学进步，影响人类精神生活。正因为这样，我们不能小视著作权侵权，不能把著作权侵权与一般财产侵权一样视为一种对著作权人个人权利的侵害，而应该对著作权侵权高度重视，尤其是网络技术对作品传播有极大的影响，传播速度快、传播范围广、侵权结果很难控制、侵权成本低、侵权获利高，如果对于著作权侵权仅适用补偿性赔偿，对侵权人和潜在侵权人根本无威慑可言，著作权法最终将形同虚设而丧失其存在的价值。因此，惩罚性赔偿适用于著作权侵权领域，体现了著作权法的制裁作用，是著作权法发挥制裁侵权行为的需要。

四、著作权侵权惩罚性赔偿是法治化的内在要求

法治是人类追求的一种理想状态，其内涵非常丰富，不同时代不同学者赋予它不同的内容和任务，纵观当前学术界的观点，有两种说法最有代表性。一种观点认为，法治是一个价值中立的形式化概念，并不带有实体上的价值倾向，法治无非就是指"依法治国"，而这里既可以是依照"好"的法（"良法"），也可能是依照不那么好的法（"恶法"）。另一种观点认为，法治是带有价值倾向的，认为法治是与民主、自由、正义等联系在一起的，法治不仅是依法治国，还应该是依良法治国。笔者赞同后一种观点，法治不仅要保证法律的普遍执行以维护法的权威性，还应该保证执行的法律本身是良好的法律，正如亚里士多德在其《政治学》中明确指出的那样，法治应包含两重意义：已成立的法律必须获得普遍的服从，而大家所服从的法律又应该本身是制定得良好的法律。❶ 而且从法治发展的轨迹来看，法治观念始于西方的

---

❶ ［古希腊］亚里士多德：《政治学》，商务印书馆 1981 年版，第 199 页。

梭伦变法，亚里士多德将其理论化，从思想传统角度，西方法治理论可以分为英国的"法治理论"和德国的"法治国理论"两种。英国的法治理论经历了对王权的限制、自由法治的形成和发展、功利自由主义法治、新自由主义法治和积极法治时期；德国的法治国思想大致分为自由法治国、形式法治国、混合法治国、国家社会主义法治国和公正法治国五个阶段。❶ 尽管英国和德国的法治理论各自都经历了复杂的演变历程，但是演进的结果是法治的价值倾向越来越明确，都将"普遍服从良法"的观念作为法治的基本原则。如果普遍执行的是恶法，其结果会无法想象。

　　法治观念在国外已经是历史源远流长，理论相对比较成熟，但在中国法治观念的历史并不长，在清朝末期中国出现了法治观念的萌芽，中华人民共和国成立后，法治观念才真正生根发芽，然而十年"文化大革命"又将它摧毁了，直到改革开放后法治才正式提上日程。党的十八大报告对全面推进依法治国进行了战略部署，习近平总书记明确提出了"法治中国"的科学命题和建设法治中国的重大任务，把法治上升到治国理政基本方式的高度。党的十九大报告是新时代法治中国建设的总纲领，提出法治是中国特色社会主义的本质要求和重要保障，要增强依法执政本领，加强宪法实施和监督，推进合宪性审查工作，制定国家监察法，用留置取代"两规"措施，成立中央全面依法治国领导小组，加强对法治中国建设的统一领导。可见我国政府对法治的重视程度相当高，法治化是中国未来发展的方向。而法治化的前提是有法

---

❶　侯继虎："西方法治观念及其在现代中国的困惑"，载《牡丹江大学学报》2012年第11期，第4页。

可依，因此我们首先应制定足够的满足现实需要的良法，当然何谓良法，何谓恶法，判断标准很多，这里姑且不做详细的阐述，但是正如毛泽东所说，实践是检验真理的唯一标准，良好的法律至少是能满足现实需求的法律，如果一部法律不能满足现实的需要，那绝对称不上是一部良好的法律。我国现行的著作权法规定的补偿性赔偿制度由于维权成本高、侵权成本低，已不足以有效制止著作权侵权行为，使著作权侵权越来越猖獗，严重打击了权利人的维权积极性和创作积极性，最终会影响整个社会科学文化产业的发展，因此必须引入一种新的赔偿制度来避免这种结果的发生，而惩罚性赔偿制度正是有效避免上述结果产生的正确选择，它通过让侵权人支付比受害人的实际损失或侵权人的侵权所得更高的赔偿金，从而较好地克服补偿性赔偿可能导致的结果。它不仅惩罚了侵权人，遏制了类似侵权行为的发生，还补偿了权利人的损失，激励权利人积极维权，弥补了补偿性赔偿制度之不足，使著作权法真正适应现实的需要，成为名副其实的良法。因此，在著作权侵权领域引入惩罚性赔偿制度，是顺应政府提出的"法治中国"建设的需要，是中国法治化的内在需求。

第二节　著作权侵权惩罚性赔偿的民法学基础

　　惩罚性赔偿制度是英美法系国家侵权法的重要组成部分，在民事赔偿判例中被普遍适用，大陆法系国家则基于其传统的民事赔偿理论适用填平原则。惩罚性赔偿具有惩罚功能，因此，惩罚性赔偿制度长期以来被认为混淆了公法和私法的界限而被大多数大陆法系国家拒之门外，尤其认为惩罚性赔偿制度与民法的基本性质不符。本节拟就惩罚性赔偿制度在民法学上的依据进行探讨，以期能够有效协调惩罚性赔偿制度与民法学的关系。

一、《民法总则》的规定为惩罚性赔偿引入著作权法预留了空间

我国作为典型的大陆成文法国家，在著作权侵权领域规定惩罚性赔偿一直以来都因为不符合民事赔偿的基本理论而备受质疑，在 1986 年通过的《中华人民共和国民法通则》中确实没有关于惩罚性赔偿的规定，我国在民事侵权赔偿中长期以来奉行填平原则。但是 2017 年 3 月 15 日十二届全国人大五次会议审议通过的《中华人民共和国民法总则》（以下简称《民法总则》）中则对惩罚性赔偿作出了原则性规定，该法第 179 条第 2 款规定，"法律规定惩罚性赔偿的，依照其规定"。这条规定尽管没有对惩罚性赔偿的适用范围、适用条件以及具体要求等作出描述，看似非常简单而原则，它的意义却是深远的。

（1）它从民事基本法的角度认可了惩罚性赔偿的地位。从《中华人民共和国立法法》规定的法律位阶来看，《民法总则》属于民事基本法，必须由全国人民代表大会制定和修改。它对惩罚性赔偿的认可，对其他民事法律规定该制度有着直接而深远的影响，意味着其他法律只要确有必要规定惩罚性赔偿就可以规定和适用，不再受传统的民事赔偿适用填平原则的制约。根据《民法总则》的现有民事权利体系，将知识产权作为民事主体的一项基

本民事权利加以规定，从该法第 123 条规定❶可知，著作权是知识产权的一种具体类型，对著作权给予保护和规范的《著作权法》属于《民法总则》的下位法，因此，在《著作权法》中规定著作权侵权惩罚性赔偿不违背上位法的规定。

（2）《民法总则》中明确指出："法律规定惩罚性赔偿的，依照其规定。"其所指的"法律规定"范围是很广的，既包括《民法典》内部的法律条文对惩罚性赔偿的规定，也包括《民法典》之外的其他法律对惩罚性赔偿的规定。❷ 而《民法典》的体系，根据现有立法机关和学者们的主流观点，是由总则编和各分编两大部分组成。《民法总则》作为《民法典》的总则编已经通过并生效，至于分编具体由哪些部分组成，学术界还存在较大争议，有学者主张《民法典》分编应由合同编、物权编、侵权责任编、婚姻家庭编和继承编等五部分组成，有学者主张《民法典》分编应在前五部分基础上加上人格权编。但是不管主张分编由五部分组成还是六部分组成的民法学者，均没有将知识产权纳入民法典分编，而且知识产权学界的主流学者也是主张制定专门的《知识产权法典》。因此，著作权法规定的著作权侵权惩罚性赔偿不属于《民法典》内部的法律条文对惩罚性赔偿的规定，而是属于《民法典》之外的其他法律对惩罚性赔偿的规定，在《民法总则》规定的法律范围之内。

---

❶ 《民法总则》第 123 条规定："民事主体依法享有知识产权。知识产权是权利人依法就下列客体享有的专有的权利：（一）作品；（二）发明、实用新型、外观设计；（三）商标；（四）地理标志；（五）商业秘密；（六）集成电路布图设计；（七）植物新品种；（八）法律规定的其他客体。"

❷ 张新宝：《民法分则侵权责任编立法研究》，载《中国法学》2017 年第 3 期，第 60 页。

二、著作权侵权惩罚性赔偿是贯彻诚信原则的要求

诚信原则为惩罚性赔偿制度在著作权侵权领域的适用提供了正当性依据。根据《辞海》的解释，诚信原则是民法的基本原则之一，当事人进行民事活动时，应以诚实、善意的心态行使权利、履行义务，保证各方当事人都能得到自己应得的利益，不损人利己；当法律无法包容所有难以预料的诸情况时，法官则应依诚实、信用的信念，公平合理地去解决各类纠纷，以维持当事人之间利益的平衡、当事人利益与社会利益的平衡，保持社会的稳定与和谐发展。❶ 事实上，诚信原则本身是一个含有很强的道德性因素的概念，是一个随着时代变化而变化的概念，因此学者们普遍认为给它下一个准确的定义是不可能的，迄今为止没有一个被普遍接受或认同的关于诚实信用的概念。❷ 诚实信用起源于罗马法，最初适用于合同关系中，罗马法中规定了诚信合同；《法国民法典》第 1134 条规定："契约应以善意履行之。"《德国民法典》第 242 条规定："债务人需依诚实与信用，并照顾交易惯例，履行其给付。"但是在德国的司法实践中，诚信原则的适用范围已经远远超出了其《民法典》规定的债务关系，在合同谈判阶段和其他情况下也适用该原则。❸ 1907 年《瑞士民法典》首次将诚信原则规定为民法的基本原则，在该法的第 2 条中明确规定任何人行使权利和履行义务，都应诚实守信，使该原则的适用范围扩大到整个民法领域。我国 1986 年《民法通则》也将诚信原则规

❶ 夏征农：《辞海》，上海辞书出版社 1999 年版，第 443 页。

❷ 李永军：《民法总论》，中国政法大学出版社 2008 年版，第 39 页。

❸ ［德］卡尔·拉伦茨著，王晓晔、邵建东、程建英等译：《德国民法通论》（上册），法律出版社 2002 年版，第 58 页。

定为民法的一项基本原则而适用于整个民法领域，那么，它是否也适用于著作权领域呢？

当前学界主流的观点认为著作权属于一项特殊的民事权利，我国更是通过立法的形式明确规定著作权是公民的民事权利，《民法通则》在"民事权利"一章中规定：公民、法人享有著作权（版权），依法享有署名、发表、出版、获得报酬等权利。保护著作权的著作权法理所当然也就属于民法的特别法，所以诚信原则也适用于著作权领域。正如上文所说，诚信原则是一个以行为人主观是否诚实为判断标准的原则，对于行为人主观不诚实的行为，法律通常让其承担不利的后果，这与惩罚性赔偿适用的主观要件非常相似。惩罚性赔偿也是以行为人主观上是否存在故意或重大过失为惩罚依据的，当然有学者会产生疑问，诚信原则作为民法的基本原则已经有相当长历史，为何传统的民法中没有规定惩罚性赔偿制度，而在当今主张在著作权领域规定惩罚性赔偿？笔者认为这是著作权客体与一般财产权客体的区别决定的。

首先，作为一般财产权客体的物，被侵害后大多可以恢复原状，不能恢复原状的，也可以评估其价值进行足额赔偿，使其购买新的物以便恢复到没有受损害的状态。但作为著作权客体的作品是无形的智力成果，可以同时被多人使用，容易被侵害，而且一旦被侵害就很难恢复原状，尤其作品上包含人身权和财产权，人身权的侵害是无法用金钱来衡量的，著作财产权受侵害，其损失评估也是非常困难的。每个作品都独一无二，每个作品的价值都没有参照物、没有可比性，不像一般的有形物那样可以找到类似的物进行比照，对于没有发表的作品还没有市场价格，因此，作品被侵害后其损失很难进行衡量。

其次，作品不仅是作者的个人财富，每个作品都是在继承和借鉴前人优秀成果的基础上创作完成的，在法律给予的保护期限届满后都将成为社会财富的一部分，它承担着传播科学文化、提高人类文化水平、丰富人们精神生活的作用。而作为一般财产权客体的物，它的所有权要么属于个人，要么属于集体，而且没有期限限制，只要其客体存在，所有权就存在，不会经过一定的时间最终成为人类共有的财富。由此可以看出，侵害作品不仅侵害了作者个人的利益，同时也侵害了人类社会的共同利益。正因为作品对社会科学文化事业的发展有着重要意义，并且作品受侵害后损失难以衡量，才有必要在著作权领域引入惩罚性赔偿，对于主观上明知是违法依然去从事的损人利己的不诚实行为进行规制，以便调动作者的创作积极性为人类创作更多更好的作品。因此，在著作权侵权领域引入惩罚性赔偿是在著作权法中贯彻诚实信用原则的体现。

三、著作权侵权惩罚性赔偿是强化侵权责任法预防功能的体现

侵权责任法作为民法的重要组成部分，是保护人们合法权利的法，当人们的权利受到侵害后，可以根据侵权责任法的规定去追究侵权行为人的责任，使受害人的损失得到补偿。从侵权责任法的产生历史来看，其最初是为了避免古代社会中存在的复仇（如以牙还牙、以眼还眼），损害赔偿是作为复仇的替代，从而为受害人提供救济。[1] 可以说，补偿功能是侵权责任法产生的基础，因此，侵权责任具有补偿功能是学界普遍认可的观点，补偿功能

---

[1] 王卫国：《过错责任原则：第三次勃兴》，中国法制出版社 2000 年版，第15 页。

是侵权责任法的首要功能，但是除了补偿功能，侵权责任法是否还有其他功能，学界则有多种观点，有学者主张侵权责任法除了具有对受害人的补偿功能之外，还有对侵权人的教育、制裁、预防功能。❶ 有学者主张侵权责任法除了具有对受害人的补偿功能之外，还有保护与创造权利、维护行为自由、制裁与教育、预防与遏制等多项功能。❷ 还有学者主张侵权责任法具有填补功能、预防功能和惩罚功能。❸

很显然，学者们除了对补偿功能一致认同之外，对预防功能也是比较认同的。事实上，不仅是学界认同侵权责任法具有预防功能，立法机关通过法律的形式明确认可了其预防功能，如我国《侵权责任法》在第 1 条就开宗明义地指出："为保护民事主体的合法权益，明确侵权责任，预防并制裁侵权行为，促进社会和谐稳定，制定本法。"因此，预防功能与补偿功能一样都是侵权责任法的重要功能，只是预防功能的实现依赖于法律对侵权责任规定的严厉程度、司法机关的严格执法和社会舆论的宣传。立法机关的立法让人们清楚地知道自己什么可以做，什么不可以做，责任的严厉程度会影响人们是否去从事侵权活动；司法机关通过审判活动，让人们能具体感受侵权行为需要承担的不利后果，从而使潜在的侵权人因畏惧承担后果而主动拒绝侵权；社会舆论通过宣传侵权人因为侵权行为承担的责任，一方面起到普法作用，另一方面使侵权人受到社会舆论的谴责，这对于预防侵权会起到不

❶ 潘同龙、程开源：《侵权行为法》，天津人民出版社 1995 年版，第 24 页。
❷ 王利明：《侵权行为法研究》，中国人民大学出版社 2004 年版，第 87 页。
❸ 江平：《中国侵权责任法教程》，知识产权出版社 2010 年版，第 14~15 页。

可忽视的作用。由于传统的侵权责任法采取补偿性赔偿，侵权人的侵权行为被起诉后，侵权人最坏的结果就是把本来不属于自己的侵权所得返还给受害人，何况还不是每次侵权都可能被起诉，因此填平原则对侵权人和潜在的侵权人都没有威慑作用，从而侵权责任法的预防功能也不明显。

其实，在著作权侵权领域，从某种意义上说，预防功能比补偿功能更重要。首先，补偿损失是一种事后救济措施，一旦侵权行为发生，对受害人、侵权人和国家来说都会产生不利影响。对受害人来说，即使损失可以达到全额赔付，受害人也要耗费诸多的时间和精力去维权，何况绝大部分情况下，其损失由于难以计算等原因是不可能全额赔付的；对侵权人而言，一旦侵权行为被起诉，不仅要花时间和精力去应诉，还要把侵权所得全部退回去，等于劳而无获；对于国家来说，要启动诉讼程序需要法院法官去审判，浪费诉讼资源。而预防功能是在侵权行为发生前，行为人由于害怕承担侵权责任而主动不去从事侵权行为，对任何人都没有造成不利影响，因此事后救济的成本相对事前预防成本要高。其次，作为著作权客体的作品跟一般财产权的客体不同，它一旦被侵害就无法恢复原状，损失也因为作品本身具有唯一性、无客观评估标准而难以准确计算，它不像一般财产权客体的物，其被侵害后，可以修补恢复原状，无法修补的，可以按照市场购置相同物的价格进行赔偿。因此在传统的侵权领域，预防功能不明显并不影响受害人的利益，也不影响侵权责任法存在的价值。但是在著作权侵权领域，预防功能就显得相当重要，而正如前文所述，预防功能的实现主要依赖于侵权责任的严厉程度是否足以对侵权人构成威慑，传统补偿性赔偿制度仅仅让侵权人把受害人的损失填平或者把自己的侵权所得退回去，而且侵权被起诉的概率不是百分之百，加上侵权者侵犯无形的智力成果的侵权成本低，侵权获利高，侵权者往往会有动力铤而走险，显然补偿性赔偿对侵权人和潜在侵权人的威慑力是比较低的。只有惩罚性赔偿制度通过让侵权人支付比受害人实际损失或侵权人侵权所得高得多的赔偿金，提高其侵权成本，才会发挥其威慑作用，最终使侵权人主动放弃侵权念头，从而真正达到预防侵权行为发生、保护权利人利益的目的。当前许多学者呼吁强化侵权责任以有效预防著作权侵权行为的发生。因此，惩罚性赔偿是强化侵权责任法预防功能的体现。

第三节　著作权侵权惩罚性赔偿的法经济学基础

　　法经济学，西方有学者将其称为法律的经济分析、法律经济学、法律的经济学研究，是 20 世纪 70 年代初在美国兴起的法学和经济学科际整合的边缘性和交叉性学科，它是用经济学的理论、方法研究法学理论和法律制度的学科。其起源可以追溯到贝卡利亚、边沁、亚当·斯密、卡尔·马克思甚至更早，但其在发展过程中遭遇了较大的阻碍和质疑，直到 20 世纪 60 年代才真正作为一个学科予以发展。何谓法经济学，芝加哥大学波斯纳教授给其下了一个定义，他认为法律经济学是用经济学的方法和理论，而且主要是运用价格理论（或称微观经济学），以及运用福利经济学、公共选择理论及其他有关实证和规范方法考察、研究法律和法律制度的形成、结构、过程、效果、效率及未来发展的科学。❶ 运用经济学的理论来研究法律制度，为法学研究提供了一种新的思路和方法，开拓了一片新的领域，当前已被国际社会的法学家普遍接受和认同。美国著名法理学和宪法学家艾克曼（Bruce Ackerman）对运用经济学理论分析法律做出了这样的评价：这种思路提供了一个分析结构，使我们对由于采用一个法律规则而不是另一个法律规则的结果而产生的效益的规模和分配，进行理智的评价。❷ 本节试图通过运用经济学的原理来分析在著作权侵权领域适用补偿性赔偿制度和适用惩罚性赔偿制度产生的效益的大小来寻求确立惩罚性赔偿制度的正当性。如果说法哲学是从追求正义的角度来探求在著作权侵权领域确立惩罚性赔偿制度的正当性基础，那么，法经济学是从效益的角度来探寻在著作权侵权领域确立惩罚性赔偿制度的正当性理由。正如波斯纳所言，经济学是对法律进行规范分析的一个有力工具，在一个资源有限的世界中，效益是公认的价值，一种行动比另一种更有效当然是制定公共政策的一个重要因素。❸ 如果在著作权侵权领域惩罚性赔偿比补偿性赔偿在制止侵权、维护著作权人权利方面更有效，那么理所当然就没有拒绝惩罚性赔偿制度适用的理由。

---

❶ ［美］理查德·A. 波斯纳：《法律的经济分析》，中国大百科全书出版社1992年版，"中文版译者序言"第4~5页。

❷ 黄文平、王则柯：《侵权行为的经济分析》，中国政法大学出版社2005年版，"前言"第5页。

❸ 沈宗灵：《论波斯纳的经济分析法学》，载http://law.hust.edu.cn/Law2008/ShowArticle.asp? ArticleID=3482，最后访问日期：2018年2月1日。

一、著作权侵权惩罚性赔偿与经济文化的发展

（一）著作权制度与经济文化的发展

著作权制度的产生和发展是商品经济和科学技术发展的产物，在造纸术和印刷术发明之前，人类主要把作品刻在竹简上或写在丝帛上，竹简太重，传播极为不便，丝帛又过于昂贵，成本太高。复制一般是通过手抄，这种方式大大限制了抄本的数量，他人通过买卖复制品对作者经济利益损害甚小，而活字印刷术的发明改变了作品的复制方式，使作品很容易从一件变成多件，增加了作品的复制件数量，加快了作品传播的速度。商品经济的发展使作品可以成为商品通过市场进行买卖，为作者、印刷出版者和销售者带来利润，作品的经济价值开始凸显，从而产生对作品进行著作权保护的客观需求。因此，著作权制度是科学技术和商品经济相互作用的产物。

反之，著作权制度的建立和发展促进了社会经济的发展和科学文化的进步。一方面，著作权制度通过明确作品的创作者、作品的传播者和作品的使用者（社会公众）的法律地位和他们之间的权利义务关系，为他们各自的经济行为提供明确的法律预期和经济预期，使他们开展的经济行为是有效的。著作权制度通过对作者的作品给予保护，明确作品是作者享有著作权的智力成果，给予其一定时期的垄断权，让作者在这个垄断期之内自己使用作品或许可他人使用作品或将作品作为商品买卖，以便收回创作成本，赚取智力劳动所创造的利润。而作者积极创作作品使国家的文化产业如电影、电视、音像、新闻媒体和出版等行业得以发展和繁荣，也为国家的经济发展带来巨大效益。著作权制度通过对作品的传播者在传播作品的过程中所付出的劳动给予保护，使其

积极为作品的传播和利用做贡献，促进作品的传播、交易和使用，使作品的财产价值得以实现，有效的传播行为不仅为传播者自己创造了效益，而且为作者和国家都创造了效益。此外，著作权制度通过著作权合理使用制度给作品的使用者免费使用作品提供自由，较好地平衡了作者、传播者与使用者之间的利益，为使用者利用现有成果进行新的创造或者提升自身的科学文化知识提供条件，促进社会精神财富和物质财富的增加，这是著作权制度促进社会经济发展的一面。另一方面，作品承载了传播科学文化的社会功能，或者说，高水平的作品本身就是一种文化的体现。对其进行保护可能会阻碍科学文化的传播，可能会影响人们对知识的接触，这是曾经有学者反对建立著作权法律制度的重要理由。尽管建立著作权法律制度曾经遭到反对，但是最终各国还是建立了这一制度，说明建立著作权制度对国家经济和科学技术发展的有利影响已得到各国的认可，著作权制度通过对作品的保护，给予作者一定期限的垄断权，以便作者公开自己的作品，让其他人有机会去接触使用作品，提升自己的文化素质。如果作者的作品创作完成后没有制度给予保护，可能会使作者不愿意公开自己的作品，甚至不愿意去创作新的作品，这样整个社会的科学文化水平就无法提升，人类的科学文化发展就会受阻，与文化有关的产业就无法发展，对作品的保护是为了文化产业可持续地发展。因此，著作权制度的确立和发展有利于国家经济和文化的发展，而经济和文化的发展又促成了著作权制度的产生和发展完善。

（二）著作权侵权惩罚性赔偿与经济文化的发展

正如上文所述，著作权制度对社会的经济和科学文化发展具有非常重要的意义，它有效地激励权利人积极从事智力活动，为

113

社会的经济发展和科学文化进步做贡献，但是这种激励作用到底是如何实现的，在学术界有不同的看法。有学者认为激励作用是通过给予权利人一定期限的保护，使其享有市场的合法垄断权实现的，与侵权行为发生后赔偿金的多少没有关系，进而否认将惩罚性赔偿制度适用于著作权侵权领域的必要性。毫无疑问，给予权利人一定期限的市场垄断权确实对权利人从事智力活动起到了激励作用，但是如果权利人合法的市场垄断权被侵害后无法及时得到有效的救济，那么权利就形同虚设，正所谓无救济就无权利，赔偿额的多少直接影响侵权救济的效果，影响侵权行为发生的频率。而救济的效果又影响权利人从事智力活动的积极性，如果救济得力，权利人从事智力活动的积极性就不会受影响；如果救济不力，权利人的合法权益得不到保护，不仅影响权利人的积极性，而且对侵权人会构成反向激励，使侵权行为发生的频率提高。因此，救济制度是否得力直接影响著作权制度作用的发挥。

传统的著作权侵权领域通常以补偿性赔偿作为处理侵权行为的救济制度，最终以侵权人填平受害人的损失为目标。这种补偿性赔偿是一种事后救济制度，是在侵权行为发生后对受害人损失的一种赔偿，这种赔偿制度往往由于受害人的损失无法计算、举证不能等原因使受害得不到完全赔偿，而且受害人维权的时间成本、精力成本都不属于赔偿的范围。这种赔偿制度对于侵权人和潜在侵权人来说没有任何威慑作用，从经济学的角度来说，他们的侵权成本往往会低于侵权收益，因此侵权人无须顾忌侵权后会承担严重的侵权后果，从而使侵权行为频繁发生，最终影响著作权制度对经济和文化发展的促进作用。而惩罚性赔偿通过要求侵权人支付高额的赔偿金给受害人，使其侵权成本高于侵权收益，从而使侵权人因为侵权需要承担比不侵权更多的不利结果而自动放弃侵权，使权利人的利益真正得到维护，促进著作权制度发挥其应有的作用，正如学者柯武刚和史漫飞所言："制度为一个共同体所共有，并总是依靠某种惩罚而得以贯彻，没有惩罚的制度是无用的，只有运用惩罚，才能使个人的行为变得较为可预见，带有惩罚的规则创立起一定的秩序，将人类的行为导入可合理预期的轨道。"❶ 因此，有学者认为惩罚性赔偿制度会阻碍社会经济发展的说法是不成立的。

　　一方面，认为过高的赔偿金会导致侵权者过度谨慎使用他人的智力成果，从而影响智力成果的使用率，最终不利于经济的发展。这种观点站不住脚的原因是它忽视了智力成果本身是他人的劳动成果，经权利人许可并付费使用是常态，是对他人劳动的基本尊重，免费使用他人的智力成果是例外，行为人本应该持谨慎态度，花一定的时间成本去了解他人智力成果的权利状态，不管是免费使用前还是准备交易前都是必需的。只有了解清楚能免费使用才可以使用，否则就必须经过权利人的许可并付费才能使用。如果不符合免费使用的情形依然免费使用了，可能给行为人自己、权利人和国家都会带来不必要的成本，给行为人可能带来高额的赔偿金、诉讼成本和时间成本，甚至还有一些利用他人智力成果生产的设备损失成本；给权利人会带来维权成本，包括律师费、诉讼费、调查取证费和时间成本；给国家带来诉讼资源成本。因此，从经济学的角度来说，惩罚性赔偿通过高额赔偿金对侵权人和潜在侵权人产生威慑，防止更多侵权行为的发生，为行为人、权利人和国家均节约了成本，客观上有鼓励合法交易的作

---

❶ ［德］柯武刚、史漫飞著，韩朝华译：《制度经济学——社会秩序与公共政策》，商务印书馆 2000 年版，第 32 页。

用，因为行为人通过成本的预先计算，合法交易使用比侵权使用更经济，从而会选择对自己更有利的合法交易使用方式。另一方面，认为惩罚性赔偿制度让侵权人承担高额的赔偿金，可能会导致一些经济实体破产，从而影响国家经济的发展。事实上，这种担心也是多余的，惩罚性赔偿金的确定由法院根据具体案情酌情决定，有具体的参考指标，不是法院任意决定的，真正被罚破产的经济实体并不会太多。退一万步讲，如果惩罚性赔偿真导致某经济实体破产了，那也不是坏事，可以起到"杀一儆百、杀鸡儆猴"的作用，这正是惩罚性赔偿要达到的威慑功能。惩罚本身是手段而不是目的，威慑才是真正的目的，通过威慑可以有效遏制侵权行为的发生，节约更多的社会成本。

二、著作权侵权惩罚性赔偿与最优威慑

波斯纳认为：一个救济体系的基本目标是威慑人们不敢违反法律；另一个目标是对违法行为的受害者进行补偿，但这是一个次要目标，因为一个规划合理的威慑体系将把违法的概率降低到一个很低的水平。[1] 如何才能达到最优的威慑效果是我们构建救济体系必须考虑的，如果一个侵权人对自己行为给他人造成的损失每次都能得到追究，并能给予足额赔偿，那么最优的赔偿制度就是赔偿额等于损失额，对侵权人能产生足够的威慑，此时适用补偿性赔偿制度就足够达到目的了，没有惩罚性赔偿存在的空间。但是现实并非如此，侵权人的侵权行为并非每次都会被追究责任，从受害人的角度而言，正如波林斯基和谢微尔所认为的那

---

[1] 刘泉：《惩罚性赔偿制度研究——以法经济学为视域》，载《佳木斯大学社会科学学报》2012 年第 4 期，第 43 页。

样，导致侵权人不被追究责任的原因可能有三个：一是受害人很难确定自己是否受到了侵害；二是受害人虽然知道受到了侵害，但难以找到致害人；三是受害人囿于高昂的诉讼成本，即使在知道侵害事实和致害人的情况下也会放弃诉讼。[1] 此外，胜诉的概率以及侵权人的赔偿能力也会影响受害人是否去起诉侵权人，如果受害人没有足够的把握胜诉或者受害人明知侵权人无赔偿能力最终可能会放弃诉讼，使侵权人逃脱责任的追究。从侵权人的角度而言，侵权人为了逃脱法律责任的追究，会主动采取措施隐藏自己的侵权行为，使受害人难以发现或者难以取证，最终逃脱责任的追究。因此，在现实中，往往因为种种原因，侵权人被追究侵权责任的概率是小于 1 的，此时如果依然适用补偿性赔偿制度将使侵权人的侵权成本小于侵权获益，法律对侵权人和潜在侵权人的威慑力就会降低，由此，要提高法律的威慑力，就必须加大惩罚力度，正如贝克尔所言：相对于一个特定的威慑水平，违法者被惩罚的概率和被惩罚的严厉程度之间呈反相关关系。[2] 在被惩罚的概率不变的情况下，威慑水平要提高，惩罚的严厉程度必须提高，惩罚性赔偿制度的适用也就顺理成章了。因此，当侵权人给受害人造成损害，其被追究责任的概率为 1 时，应适用补偿性赔偿制度，使赔偿额等于其给受害人造成的损失；当侵权人被追究责任的概率小于 1 时，则应适用惩罚性赔偿，使赔偿额等于全部受害人的损失，不能让侵权人因为侵权获利，此时的威慑是最优的。

---

[1] 米切尔·波林斯基、史蒂文·谢微尔、徐爱国编译："惩罚性赔偿：一个经济分析"，见《哈佛法律评论侵权法学精粹》，法律出版社 2005 年版，第 410 页。

[2] 陈屹立："惩罚性赔偿的根据与适用：法经济学观点"，载《思想战线》2007年第 2 期，第 67 页。

假如侵权人的侵权行为给著作权人造成的损失是 L，侵权人因为侵权获利是 M，侵权人通过许可使用或购买著作权人的智力成果等正当途径使用著作权人的智力成果需要花费的成本为 Q，被追究侵权责任的概率是 P，侵权人被追究民事责任时应当支付的赔偿金为 S，而实际支付的赔偿金即侵权成本是 R，则 R＝S·P。根据 1947 年美国联邦上诉法院第二巡回庭著名法官勒·汉德在美利坚合众国政府诉卡罗尔拖轮公司一案中提出的汉德公式，只有侵权人预防侵权发生的成本小于侵权预期可能造成的损失即 Q＜S 时，侵权人才负过错责任，此时侵权人通过合法途径支付较低的成本获取他人的智力成果比侵权更合算。一个理性的行为人从追求利益最大的角度考虑，会选择合法途径从他人那里取得智力成果而抛弃侵权，在此种情况下对侵权人有预防侵权的激励，但是这种激励能否真正产生，依赖于一个基本的前提，即侵权人的每个侵权行为均被追究了民事赔偿责任，给予了完全赔偿，而这在现实中几乎是不可能的，上文已经阐述了侵权人可能不被追究责任的种种原因。因此，当侵权人的侵权行为存在逃脱责任追究的情形时，侵权人总是带有一种可能不被追究责任的侥幸心理，即使预防成本明显小于侵权成本也会选择侵权，此时纯粹的补偿性赔偿不可能让侵权人产生主动放弃侵权的结果，只能引入惩罚性赔偿制度让侵权人支付的赔偿金等于没有逃脱概率情况下的赔偿金。

当存在责任逃脱概率的情况时，责任救济体系如何才能使侵权人和潜在侵权人具有放弃侵权的可能，或者说对侵权人和潜在侵权人具有威慑作用。按照经济学的成本效益理论，一个理性的侵权人要实施侵权行为必须有利可图，否则就不会去冒险。因此，要使救济制度对侵权人有威慑作用，就必须使侵权人的侵权成本高于侵权获利，即 R＝S·P>M，根据上文关于不被追究责任的原因可知，被追究责任的概率应为 0<P<1，由此可以得出 S>M，即法院判决侵权人实际支付的赔偿金大于其侵权获利时，对侵权人才有威慑作用。如果根据补偿性赔偿制度填平受害人损失的目标，侵权人支付的赔偿金应该等于受害人的损失，即 S＝L。如果侵权人的侵权获利大于赔偿给受害人的损失，即 M>L＝S，那么侵权人赔偿完受害人的损失后依然可以获利，此时赔偿制度对侵权人没有任何威慑作用。如果侵权人的侵权获利等于赔偿给受害人的损失，即 M＝L＝S，那么侵权人没有因为侵权获得利益，也没有因为侵权遭受损失，受害人因为侵权遭受的损失也获得了足额的赔偿，使秩序恢复到了侵权行为没发生的状态，对侵权人和受害人都很公平，没有产生过度威慑，这时对侵权人产生了最优的威慑作用，符合贝克尔的最优威慑理论，遗憾的是这种理想的状态因为责任逃脱概率的存在并不可能出现。当侵权人的侵权获利小于赔偿给受害人的损失即 M<S＝L 时，侵权人的侵权行为对侵权人来说是不经济的，它不仅没有让侵权人获利，反而使侵权人遭受了损失，此时赔偿制度对于以获利为目的侵权人会产生威慑作用。但是在现实中，侵权人真正付给受害人的赔偿金不可能是 S，而是 S·P，因为现实中总是有一部分人没有被追究责任，即使追究了责任的受害人，损失的计算也不完全。因此，补偿性赔偿在有责任逃脱概率的情况下，不可能对侵权人和潜在的侵权人产生威慑作用。

而惩罚性赔偿制度与补偿性赔偿制度不同，它能克服责任逃脱概率的问题，在确定赔偿数额时，综合考虑侵权人的主观状态、受害人的损失、责任逃脱概率等多种因素，使侵权人承担比受害人提出的赔偿额更高的赔偿金，使其害怕承担太高的赔偿金而不再侵权，正如刘茂林教授所言："风险成本越高，其侵权概率就越低，因为理性的人会注重眼前利益，不愿承担太大的风险去获取很小的利润……惩罚越高，其威慑力就越强，侵权概率就会越低。"❶ 但是过高的赔偿金可能产生过度威慑，对侵权人不公平，对社会经济文化发展也可能产生负面影响，因此，在适用惩罚性赔偿制度确定赔偿金时不是越高越好，根据贝克尔的最优威慑理论，要使惩罚性赔偿制度对侵权者产生最优威慑作用，赔偿金数额应该等于受害人的实际损失除以侵权者被追责的概率。

三、著作权侵权惩罚性赔偿与赔偿不足

上文讨论了由于存在侵权人逃脱追责的可能而导致补偿性赔偿制度威慑不足，有必要引入惩罚性赔偿来强化对著作权侵权行为人的威慑。事实上，即使不存在侵权人逃脱责任的情况，根据补偿性赔偿制度对受害人进行赔偿同样会导致赔偿不足，这是由作为侵权对象的作品自身的特征决定的，也许影响赔偿不足的原因有很多，但笔者认为导致赔偿不足的最根本的原因是作品自身的特征。

（1）作品的独一无二性使侵权损失难以准确估算。受著作权法保护的作品都具有独创性，任何一个受保护的作品都是作者思想和情感的表达，每个作品都是不同作者的不同表达。通常情况下，世上很少有两件一模一样的作品。当侵权人对作者独一无二的作品进行侵害后，其损失很难评估，因为在市场上找不到第二件一模一样的作品，不像种类物那样可以通过在市场上购买同样的物确定损失。即使是同一作者的不同作品，其价值也没有可比

---

❶ 刘茂林：《知识产权法的经济分析》，法律出版社 1996 年版，第 135 页。

性，而且同一部作品的价值在不同时代、不同地区、不同的人群中可能也不一样，如一个画家画了两幅画，其中一幅画被他人损坏，计算损失赔偿额的时候不能根据该画家另一幅画的价值来计算，因为两幅画在市场上受欢迎的程度不一样导致其价值不同，画家在两幅画上所耗费的智力劳动不一样也会影响其价值。对于已经投放市场的作品也许可以根据市场的需求来评估损失，但是对于还没有投放市场的作品被侵害了，其损失如何计算将面临很大的随意性。在我国当前对智力成果进行专业评估的评估机构和评估制度还不健全的情况下，通常由法官根据自由裁量权来判决，而法官为了避免高的上诉率，往往采取比较中庸的做法，做出让侵权人和受害人双方都比较容易接受的判决，使赔偿金少于作品遭受的实际损失。侵权人在侵权过程中总是有利可图，为侵权人进行类似侵权提供了激励，因为从法律经济学的角度来看，侵权人侵权的目的就是追求利润。

（2）作品的非物质性使侵权成本低、举证难。作品是一种知识形态的精神产品，具有非物质性。所谓作品的非物质性是指作品不具有一定的形态（包括固态、液态或气态），不占据一定空间，人们对它的占有表现为对它的认识和利用。同一件作品可以同时为多人所占有，它与有形的物品不同，有形的物品在通常情况下只能为某一个人或单位实际占有和使用。非物质性是作品区别于其他有形财产所有权客体的主要特征。该特征决定了作品被侵害的成本低，因为作品被侵害的方式主要是复制和传播，而作品由于没有形体，复制一个作品的经济成本和时间成本都很低，尤其是现代高科技的发展，使作品的复制方式越来越多，复制速度越来越快，数字化作品的复制成本完全可以忽略不计，这使得侵权人利用复制来获利变得非常容易；作品被侵害的另一种主要方式是传播，因为作品的主要功能是供人阅读、欣赏或娱乐，让人们通过作品可以获得知识、获得愉悦，而作品这些功能的实现需要依赖于作品的传播。当前网络传播成为作品传播的最主要方式，各种作品的转载、链接不仅传播神速，而且成本低，但是侵权人的收益很高。随着网络的普及、智能手机的便利和网络播放广告少、时间选择自由等优势，网络成为现代人观看电影、电视剧，欣赏音乐作品、阅读电子书籍等的主要途径，侵权人借助网络平台只需要一个网页就可以实施著作权侵权。因此，不管是通过复制还是传播来侵害他人的著作权，侵权人均可以用非常低的成本获取高额的利润。

著作权侵权由于作品的非物质性，不仅侵权成本低，而且举证很难。数字化的复制和网络传播到底给著作权人造成了多少损失，在现实中权利人很难举证。侵权涉及的侵权人数和地域范围太广，权利人不可能对所有侵权人追责。根据著作权法的规定，权利人实际损失难以计算的，以侵权人的侵权获利来计算。事实上，侵权获利更加难以计算，毕竟获利的相关证据都把握在侵权人手中，侵权人很容易把它毁掉，尤其有些获利压根就很难与侵权人的正常获利分割。如一个侵权人写了一本 20 万字的书，其中有 5 万字是抄袭他人的，该书以 30 元一本的价格销售了 1 万册。这 30 万元中到底有多少应该算作侵权人因为侵权所得利益，是一个非常复杂的问题，因为这 30 万元中包含出版社的成本，包含作者自己 15 万字的价值，权利人的 5 万字是否对书的销售有积极影响，有多大影响，这些都是很难准确判断的，所以在计算侵权人的侵权获利时也无法准确量化。正是由于作品的非物质性，使作品侵权成本低、侵权获利高，加上侵权损失难以计算，如果按照补偿性赔偿制度以权利人的实际损失或侵权人的侵权获利来进行赔偿，会使权利人获取的赔偿不足，侵权人在著作权侵权过程中总是侵权成本低于侵权获利，为侵权人再次侵权提供了动力。

（3）作品的公开性和社会性使作品容易被侵害，且不易被发现。作品的公开性是指作品一般应向社会公开，让公众知悉。公开性不是作品受保护的条件，与专利不同，专利法是把公开性作为专利受保护的必经程序，而作品并不要求必须向社会公开，只是作品的使用价值往往要通过公开才能实现。作者创作完成作品之后，有两种途径可以实现作品的财产价值，一种途径是作者自己使用作品来实现，另一种途径是通过他人使用作品来实现，但是不管是自己使用还是他人使用其作品，最终结果都会导致作品的公开。事实上，作者创作作品的目的之一也是公开作品，通过作品不断传播、流转、使用行使权利和取得利益。但是作品的公开具有双面性，它一方面为人们接触作品并进一步使用作品提供了可能，使作者有机会获得更多的经济回报，另一方面也增加了作品被侵权使用的风险。

此外，作品具有社会性，作品的创作不仅是作者个人智力劳动的产物，它还是社会劳动的产物，它是"依靠前人积累的知识为劳动资料，以抽象的知识产品为劳动对象的生产活动"。[1] 因此，作品是作者个人劳动和社会劳动的结合。正因为如此，不能让作者对作品享有完全的垄断权，应该让其为社会公众尽一份义务。为此各国著作权法均规定了合理使用制度，允许人们无须权利人许可，有权在非营利目的下免费使用他人的作品，这兼顾了社会公共利益，方便了人们及时学习新的科学文化知识。但是现

---

[1]　吴汉东：《知识产权法学》，北京大学出版社 2005 年版，第 17 页。

实中，如何判断使用他人的作品属于合理使用则非常困难，加上作品的非物质性使作品一旦公开后作者就难以进行有效控制，这为他人以合理使用之名进行侵权行为提供了便利。

由上可知，作品的公开性和社会性使作品非常容易被侵害，而且侵害后难以被发现。著作权侵权所侵害的直接对象是作品，不是作者本身，是侵权人通过对作品的使用来使作者权利受到损害，著作权人在短时间内不一定能发现，不像他人的物权和人身权被侵害那样，由于导致物的毁损或肉体的痛苦，能及时被权利人所感知。尤其现代高科技的发展，使著作权侵权变得更加隐蔽，著作权人往往很难确定自己作品的权利状况，除非侵权很严重。尤其是大部分作者的主要精力都在创作上，即使发现有人侵犯自己的权利，考虑到时间成本和其他维权成本，很大一部分作者采取放任的态度。因此，在现实中，很多著作权侵权都没有被追究侵权责任，从整个社会来说，对权利人的损失补偿不是足额的。

综上所述，作品自身的独一无二性、非物质性、社会性和公开性等特征，使作品容易被侵害、权利人举证难、损失难计算、侵权行为难发现。如果对已经提起诉讼的受害人仅仅根据补偿性赔偿制度进行赔偿，受害人将无法获得足额赔偿，而侵权人由于侵权未被发现、权利人无法举证、损失无法计算等原因总是能使侵权获利高于侵权成本。根据法律经济学的成本效益理论，侵权人总是有继续侵权的动力。要改变这种状况，只有适用惩罚性赔偿，使侵权人将本应该承担而由于种种原因没有承担的赔偿金额全部支付给受害人，杜绝其逃避赔偿责任的侥幸心理，从而减少著作权侵权行为的发生。

第四节 著作权侵权惩罚性赔偿的
心理学基础

心理学（psychology）是研究人和动物心理现象的发生、发展和活动规律的一门科学。根据研究的角度、研究的方法不同，心理学有不同的种类。当前有人格心理学、社会心理学、认知心理学、教育心理学、应用心理学、犯罪心理学、人本主义心理学、行为主义心理学等多种心理学门类。"我们的行为是由我们所处的情境决定的，还是由我们是什么类型的人所决定的？这是心理学理论和研究中由来已久的问题。今天被普遍接受的回答是，情境和个人这二者共同决定着行为。"❶ 由此可推出，侵权行为就是人类在一定环境的影响下通过心理活动指导的结果。因此，研究惩罚性赔偿制度如何有效制止侵权行为的发生有必要从心理学上寻找依据。

一、惩罚性赔偿是改变人进行著作权侵权行为的重要外因

人的行为是由内因决定的还是由外因决定的？著名心理学家阿尔波特·班杜拉的社会—认知理论认为，行为由内因和外因共同决定，但是，行为既非由单一力量决定，也非由两种力量的简单叠加决定。奖励和惩罚之类的外因与观念、思维和期望之类的

---

❶ ［美］伯格，陈会昌等译：《人格心理学》，中国轻工业出版社 2011 年第 7 版，第 2 页。

内因都是一个相互作用的影响系统中的一部分，该系统不仅影响行为，也影响系统中的其他部分，简单地说，系统中的每一部分——行为、外因和内因——彼此相互影响。❶ 而著作权侵权行为正是人们通过无偿使用他人的智力成果来获取利益的期望这种内因和侵权能使人获取利益的外部环境这种外因共同作用的结果，因此要制止著作权侵权行为的再次发生，必须改变内因和外因，但是改变内因的难度往往比改变外因的难度要大得多。

（1）内因和外因相互作用导致著作权侵权行为的产生。从某种意义上说，人都有不劳而获的本性，这使无偿使用他人的成果来获取利益就成为非常自然的事。而现实中，为何只有少部分人最终真正采取了不劳而获的行动，这主要受人所处的外部环境的影响，当外部力量足够强大的时候就可以改变内因，最终影响人的行为。侵权行为人试图通过无偿使用他人的著作权来获取收益，但侵权人的这种不劳而获内心的想法是否付诸行动，取决于侵权人所处外部环境的多种因素。如侵权的可实施性、侵权可能给自己带来的不利影响、侵权给自己带来的利益大小等，侵权人综合考虑这些外部因素，当这些外部因素对行为人足够有利时，行为人会最终决定实施著作权侵权行为，当这些外部因素对行为人不利时，行为人会放弃侵害他人著作权的行为。因此，著作权侵权行为不是只有想获利的想法就行，还需要外部环境确实能够让侵权行为人获利才会发生。

（2）改变外因是制止著作权侵权行为最快捷的方式。正如上文所说外因和内因共同作用导致了著作权侵权行为的发生，那么

---

❶ ［美］伯格，陈会昌等译：《人格心理学》，中国轻工业出版社 2011 年第 7 版，第 226 页。

要制止著作权侵权行为的发生，应该改变内因与外因。但是古人云："江山易改，本性难移。"这足以说明人改变其本性的难度。尽管内因和本性不能画等号，但毫无疑问，本性是内因的重要组成部分，除了本性之外，观念、思维也是内因的重要组成部分，而人的观念和思维的改变也不是一朝一夕之功，需要经历一个漫长的过程。因此，想通过改变内因来遏制著作权侵权行为的发生是非常难的。由此我们只能通过改变外因来遏制著作权侵权行为，相对于改变内因来说，改变外因是制止著作权侵权行为发生的最快捷的手段，如可以通过对行为人进行直接的奖励或惩罚，使行为人在短期内立刻做出是否继续侵权的反应。

（3）惩罚性赔偿是遏制著作权侵权行为发生的重要外因。惩罚性赔偿制度通过使侵权人支付高额赔偿金，让侵权人感觉到侵犯他人著作权不仅无利可图，反而使自己赔本，与侵权人进行侵权活动的目的背道而驰，在这种情况下，侵权人往往会主动放弃著作权侵权，从而起到遏制著作权侵权行为发生的作用。然而，惩罚性赔偿制度并不需要每个侵权人自己被惩罚过才发挥遏制侵权的作用，因为人会观察，观察他人做出这样的行为会得到一个什么样的结果，这使得他人的惩罚经验和自己过去的惩罚经验都会影响行为人对自己行为的判断，在行为人决定是否侵权之前，通常会根据现有的环境来想象行为的结果，估计被惩罚的可能性，当行为人估计被惩罚的可能性较大时就会放弃侵权。因此，惩罚性赔偿通过惩罚侵权人来遏制著作权侵权行为的发生，它是影响行为人是否实施著作权侵权行为的重要外因。

二、惩罚性赔偿是利用从众心理遏制著作权侵权的有效手段

（1）人类从众心理依赖的信息会影响从众的结果。社会心理

学（social influence）是用科学的方法研究人们的思维、情感和行为以怎样的方式受到真实或想象中的他人影响的科学。● 根据社会心理学家的研究，人类的从众心理是普遍存在的，关于人类为什么会从众，其原因是多种多样的。有的是在不确定该如何思考或行动时而从众，有的是处于情境模糊不清选择正确答案非常困难时而从众，有的是为了得到他人的接纳和喜爱而从众，有的是为了不被嘲笑或不因与众不同受惩罚而从众，但是从众的结果并不都是有益的或正确的，如果从众心理依赖的其他人都错了，那么从众的结果也就是错的，依赖别人来确定情况有时会把自己导向更严重的错误。因此，从众心理本身并没有好或者不好的区分，关键在于从众心理所信赖的价值导向是否正确。如果从众心理所信赖的价值导向是错误的，那么从众心理会让很多人犯错，甚至会影响社会的发展；相反，如果从众心理所信赖的价值导向是正确的，那么从众心理就会有利于社会的发展。

（2）侵权不被追究会导致更多具有从众心理的人去侵权。正如上文所述，人类的从众心理普遍存在，而从众心理所信赖的信息直接影响从众的结果。当从众者发现身边有人进行著作权侵权行为不受追究时，会以为未经许可随便使用他人作品不违法或者没有承担责任的风险，从而放心地去从事类似的著作权侵权行为，这可能使无数的从众者都这样效仿，使著作权侵权行为越来越多；或者从众者发现身边无偿使用他人作品的人被追究责任，但是责任很轻，相比经过合法的许可使用更划算，从而开始从事类似的侵权行为；或者从众者明知他人的这种无偿使用他人作品

● ［美］Elliot Aronson，Timothy D. Wilson，Robin M. Akert 著，侯玉波等译：《社会心理学》，中国轻工业出版社 2007 年版，第 3 页。

的行为违法，但大家都这样使用而未被追究，如果自己不这样使用会受到旁人的嘲笑，从而不得不从众，结果同样导致著作权侵权行为的增加，现实中就有大部分人都使用盗版软件，仅有个别人使用正版软件而遭人取笑的例子。因此，只要著作权侵权行为没有被追究责任，就会使旁边的人去从众，不管从众者是主动从众还是被动从众，其结果都将使著作权侵权行为越来越多。

（3）惩罚性赔偿将使从众者害怕被惩罚而放弃侵权。在著作权侵权发生后，如果侵权人被判处惩罚性赔偿，将使被惩罚的侵权者不敢或不愿从事类似的侵权行为，自然会使著作权侵权行为减少。不仅这样，它还会影响旁边的从众者，因为从众者往往是将身边人的行为作为自己行为的参照，在决定是否实施类似的行为时，从众者会先从旁边的人那里获取信息，当从众者看到他人由于侵犯著作权而被惩罚时，会明白这样的行为不应该去跟随，否则会遭受惩罚，从众者害怕被惩罚便不去从事类似的行为。因此，惩罚性赔偿不仅对侵权者本身有威慑作用，而且对从众者也起到了威慑作用。通过这种威慑使侵权者和潜在的从众者均不再从事著作权侵权行为，惩罚性赔偿确实是利用人类的从众心理遏制著作权侵权的有效手段。

三、惩罚性赔偿是通过心理强制来威吓侵权者的有效方式

（1）人类的认知功能是心理强制实现的保障。通常情况下，一个正常的人应具有认知功能，通过认知获取外界的信息来指导自己的行为依赖于人的一系列心理活动。正如认知心理学家所指出的，认知是一个信息加工的过程，是人们通过自己的感官获得从外部输入的信息，经过处理转化为自己内部的观念或概念，即一些能代表外部世界事物的符号或模式，并储存在头脑中，然后

再经过一系列的处理，将内部的观念或概念转化为语言或其他行为，成为输出的信息，对外部的刺激作出某种特定的反应。❶ 正是人的认知本能才使得外部信息可以影响到人的行为，要改变人的某种行为，可以通过外部信息的刺激来达到，这为制止某种行为的发生提供了方便，当不希望某种行为发生时，可以设立一些实施者难以接受的条件，使实施者在获取这些信息后，从心理不愿或不敢从事该行为，从而最终作出不实施该行为的决定，当实施者是从心理不敢从事该行为时，心理强制的目的就达到了。因此，人类的认知本能是心理强制发挥作用的保障，如果一个人对外界没有认知的能力，不管外界的信息对行为人多么不利，行为人都感觉不到，更不可能因为外界的信息而影响行为人的行为。

（2）惩罚性赔偿的威吓能起到心理强制的作用。惩罚性赔偿是通过对主观上有故意或重大过错的行为人判处高额的赔偿费来威吓侵权人和潜在的侵权人，使其不再从事类似的侵权行为。但是对侵权人和潜在侵权人之所以能产生威吓，是通过他们的心理感受来实现的，只有他们心理能真正感受到害怕，才能发挥威吓作用。关于威吓的依据，费尔巴哈提出了著名的"心理强制说"，即"所有违法行为的根源都在于趋向违法行为的精神动向、动机形成源，它驱使人们违背法律"，但"人之违法精神动向的形成并非无中生有，而是受了潜在于违法行为中的快乐，以及不能得到该快乐所带来的不快乐所诱惑与驱使"；如果使违法行为中蕴含着某种痛苦，已具有违法精神动向的人就不得不在违法行为可能带来的乐与苦之间进行细致的权衡，当违法行为所蕴含的苦大于其最终的乐时，主体便会基于舍小求大的本能，回避大于不违

---

❶ 彭聃龄、张必隐：《认知心理学》，浙江教育出版社2004年版，第3页。

法之苦的苦，而追求大于违法之乐的乐，自我抑制违法的精神动向，使之不发展成为违法行为。[1] 费尔巴哈的话正好说明了在著作权侵权领域，要使行为主体有自我抑制违法的精神动向，必须存在使主体在违法时产生痛苦的因素，违法后需要承担的责任无疑是使行为人产生痛苦的重要因素，但是补偿性赔偿制度使行为人在赔偿受害人的损失后可能还能获得一定的利益，此时，行为人会获得一定的乐，即使将侵权所获得的利益全部返还给受害人，行为人也只是将本不该属于自己的利益退回去，也不会使行为人产生痛苦。而惩罚性赔偿制度则不同，它使行为人实施侵权行为不仅不能获得任何利益，反而要支付高额的赔偿金，这无疑会使行为人产生痛苦，此时行为人将主动放弃侵权，其他潜在的侵权人看到他人实施著作权侵权会产生痛苦，也将不敢从事类似侵权行为，惩罚性赔偿通过心理强制作用实现遏制著作权侵权行为的发生。

---

[1] 陈兴良：《刑法的启蒙》，法律出版社1998年版，第112页。

第四章

著作权侵权惩罚性赔偿的比较研究

惩罚性赔偿制度最早源于英美法系国家的判例，在英美法系国家已经发展得较为成熟，当前已被越来越多的大陆法系的国家和地区所接受，但在我国还处在起步阶段，尤其在我国著作权侵权领域要不要引入该制度学者们存在不同的意见，立法机关还在论证中。因此，本章选择美国、德国、俄罗斯、南非和我国台湾地区，根据这些国家和地区的著作权法对该制度的规定或态度，为我国著作权法引入和构建该制度提供经验，他山之石可以攻玉，借鉴他人的经验可以让我们少走弯路。美国是典型的英美法系国家，作为惩罚性赔偿制度的发源地之一，它有可以供我们借鉴的成熟经验；德国是典型的大陆法系国家，与我国同属一个法系，它对惩罚性赔偿制度的态度和做法对我国的影响重大；俄罗斯曾经与我国一样同属社会主义国家，南非与我国同属发展中国家，与我国有着较多的相似点；台湾地区是属于我国的领土，它的做法代表了我国部分地区的做法。因此，选择上述国家和地区作为我国借鉴的研究对象是非常具有代表性的，对我国的影响也是重大的。

第一节 美国著作权侵权惩罚性赔偿

一、对美国著作权侵权惩罚性赔偿的考察

惩罚性赔偿制度在美国最早出现在法院的判例中，在成文法中，美国的商标法、专利法和商业秘密法都明确规定了惩罚性赔偿，而美国版权法中则没有出现惩罚性赔偿的字眼，对于版权侵

权仅有法定赔偿的规定，从而有学者认为在美国版权侵权是不适用惩罚性赔偿的。美国现行的《版权法》在第五章中专门规定了版权侵权与救济，通过 13 个条文规定了多种救济措施，如法院禁令、侵权物品的扣押与处置、损害赔偿与侵权所得、诉讼费与律师费、查封与没收以及刑事处罚措施。关于侵权赔偿制度主要规定在第 504 条，在其 504 条（b）中规定了一般情况下版权所有人能获得的赔偿；该条（c）（1）中规定了权利人选择法定赔偿替代实际损失、侵权所得的情况；该条（c）（2）规定故意侵权情况下侵权人的责任承担。❶ 根据该条规定，著作权人的权利被侵害后，可以选择要求侵权人赔偿其实际损失和侵权人因侵权所获得的未计算在实际损失中的侵权所得，也可以直接选择法定赔偿，两者的适用没有先后顺序，由权利人自己选择来适用，法定赔偿的计算与实际损失之间也没有合理比例的限制。

我们先不论美国版权法的上述规定是否具有惩罚性，美国是典型的判例法国家，在美国的判例中对于版权侵权适用惩罚性赔偿的判决却并不少见。如 UMG Recordings. Inc. v. MP3. com 案中，

---

❶ 《美国版权法》第 504 条（b）规定："版权所有人有权要求赔偿其因侵权所遭受的实际损失与版权侵权人因侵权所获得的未计算在实际损失中的侵权所得。"（c）（1）规定："本款第（2）项另有规定者除外，版权所有人在最终判决作出前之任何时间，可以就诉讼所涉及的所有侵权行为选择法定赔偿，以代替依实际损失及侵权人的侵权所得进行的赔偿。就任何一部作品而言，无论侵权系个人单独承担侵权责任还是两名或两名以上的侵权人连带承担侵权责任，法定赔偿金为不低于 750 美元或者不超过 30 000 美元，以法院视正当而定。"（c）（2）规定："版权所有人承担举证责任证明侵权行为系故意实施并且经法院认定的，法院可酌情决定将法定赔偿金增加至不超过 15 万美元的数额；侵权人承担举证责任证明该侵权人不知也无理由相信其行为侵犯了版权并且经法院认定的，法院可酌情决定将法定赔偿金减少至不少于 200 美元的数额。"

由于 MP3. com 公司未经许可将 UMG 唱片公司的大量 CD 中的流
行歌曲转录成 MP3 格式供 MP3. com 用户播放，被法院判决其行
为构成故意侵犯 UMG 唱片公司的版权而要求 MP3. com 公司承担
惩罚性赔偿责任。❶ 而在 TVT Records，Inc. v. The Island DEF JAM
Music Group 案中，美国纽约南区联邦地区法院法官同样支持了
TVT 唱片公司要求惩罚性赔偿的主张，认为 The Island DEF JAM
Music Group 有故意侵犯 TVT 唱片公司版权的行为。❷ 当然，在美
国的司法实践中，惩罚性赔偿的发展也并非一帆风顺。惩罚性赔
偿金的确定最初是比较自由、无任何限制的，没有上限也没有规
定与实际损失的合理比例，从而使得判决经常以其违反宪法修正
案规定的正当程序原则而遭到质疑，直到 1996 年的宝马案才确
立了惩罚性赔偿金不超过补偿性赔偿金一定比例的原则，但是具
体的比例在此案中并未明确，2001 年的埃克森案确立了惩罚性赔
偿金与补偿性赔偿金的等比原则。事实上，在具体的司法实践
中，等比原则和比例原则用得并不多，而且比例在每个法院相差
比较大，最低的为 2 倍，最高的为 526 倍。当前，美国有 18 个州
对惩罚性赔偿金的数额进行了限制，要求惩罚性赔偿金与补偿性
赔偿金之间保持合理关系，对合理关系的解释各州也并不完全一
致，如科罗拉多州明确禁止惩罚性赔偿金超过补偿性赔偿金，有
的要求惩罚性赔偿金和补偿性赔偿金差不多，佛蒙特州规定惩罚
性赔偿金与补偿性赔偿金之间的比率是 10：1，但是有些州仍然
对惩罚性赔偿金的数额没有明确限制，如夏威夷州认为惩罚性赔

---

❶　UMG Recordings. Inc. v. MP3. com，NO. 00CIV. 472（JSR），2000WL1262568，at5-
6（S. D. N. Y. Sept. 6. 2000）.

❷　TVT Records v. Island Def Jam Music Group，257 F. Supp. 2d 737，2003
U. S. Dist. LEXIS 6853（S. D. N. Y.，Apr. 23，2003）.

偿金与针对实际损失所获得的赔偿金没有必然联系，确定惩罚性赔偿金要考虑的是被告的主观恶性程度、被告的财产状况等。❶由此可见，在美国除了完全不承认惩罚性赔偿的几个州之外，其他州的司法判例中对故意侵犯他人版权的行为适用惩罚性赔偿是没有争议的，仅仅是赔偿数额的确定依据和标准不同。

二、美国著作权侵权惩罚性赔偿对我国的启示

根据《美国版权法》的规定，其对侵权损害赔偿使用的是法定赔偿而不是惩罚性赔偿的字样，但是从其《版权法》第 504 条的规定可以发现，对侵权损害赔偿并不是完全适用填平原则，在侵权人侵权时主观上不存在故意的情况下，被侵权人除了有权要求侵权人赔偿给其造成的实际损失之外，还有权要求获得侵权人因为侵权所获得的未计算在实际损失中的那部分利益。侵权所得和实际损失同时适用而不是选择适用，这已经不是填平权利人实际损失。当然，将版权侵权人因侵权所获得的未计算在实际损失中的侵权所得判给权利人，对侵权人来说也算不上惩罚，毕竟这本来就不是他应该拥有的。如果说侵权所得判给受害人不带有惩罚性，从该法对法定赔偿的规定来看，就可以发现它带有明显的惩罚性，根据上述法条第 504 条的规定，一般情况下，法定赔偿金由法院在 750 ~ 30 000 美元范围内合理确定，只有在版权所有人举证证明版权侵权行为属于故意侵权，而且该事实得到法院确认的情况下，法定赔偿金才能被法院增加，但最高不能超过 15 万美元。很显然，在侵权人存在故意侵权的情况下，法定赔偿金可

---

❶ Jordan v. Clayton Brokerage Co. of St. Louis, Not Reported in F. Supp., 1987WL6999, 3（W. D. Mo. 1987）.

以达到 15 万美元，这与非故意侵权情况下的 750 美元的法定赔偿金，其 200 倍的差距是巨大的，这个差距不仅是对侵权人实际损失的赔偿，而且是对侵权人有明显的惩罚性。因为法院在审理案件时是适用 750 美元还是适用 15 万美元的根本原因是侵权人主观上有无故意，而不是从侵权给受害人带来的实际损失来考虑的，而惩罚性赔偿适用的最根本的条件是侵权人的侵权行为具有可谴责性，主观故意正是判断行为是否具有谴责性的依据。因此，美国的版权法虽然没有使用惩罚性赔偿的表述，但是其规定的故意侵权情况下适用的法定赔偿就是惩罚性赔偿。

该法对惩罚性赔偿金的规定不要求与权利人的实际损失之间有任何的比例关系，这是可取的，也是值得我国在构建著作权侵权惩罚性赔偿制度时借鉴的。因为在现实中，著作权人的实际损失本来就因为举证难、作品本身价值的评估不准等种种原因无法查清楚，如果惩罚性赔偿以实际损失作为基础来计算的话，会使惩罚性赔偿制度的惩罚性最终无法实现。但是《美国版权法》规定惩罚性赔偿金的最高限额为 15 万美元，笔者认为并不科学，这可能导致侵权人对自己的侵权行为未来可能承担的结果具有可预测性，从而事先将侵权成本通过其他途径进行转嫁，使设立惩罚性赔偿制度的目的落空。美国的有些州在司法判例中采取的对惩罚性赔偿金根据法官的自由裁量来确定或对惩罚性赔偿金与补偿性赔偿金合理比例自由解释的做法更能体现惩罚性赔偿的本质，更值得我国借鉴。

另外，美国版权法规定当著作权侵权行为被证明是侵权人故意所为时，法院可根据情况决定增加法定赔偿金的数额。这说明美国版权法对具有惩罚性的法定赔偿额的适用并不需要被侵权人在诉讼请求中主动提出，而是由法院直接根据案情来决定，这与民事诉讼法的不告不理原则似乎相违背，也与法院作为裁决的中立者的地位不符，不符合抗辩式审判的要求，因此，我国不宜借鉴此种做法。

第二节 德国著作权侵权惩罚性赔偿

一、对德国著作权侵权惩罚性赔偿的考察

德国是典型的大陆法系国家，它严格划分公法和私法，对损害赔偿一贯奉行纯粹的补偿性，这一点在《德国民法典》第249~255条体现得非常明确，认为补偿受害人的损失是损害赔偿法的唯一功能，而惩罚性赔偿制度被认为和私法的基本理念相违背而予以排斥。正因为这样，作为《德国民法典》重要组成部分的《德国著作权法》（全称《关于著作权与有关的保护权的法律》）也对惩罚性赔偿制度予以排斥，从条文中丝毫看不出惩罚性赔偿的影子。《德国著作权法》第97条规定了侵权损害赔偿的要求，在该条第2项中规定："出于故意或过失的行为人，对受害人负有赔偿由此产生的损害之义务；对于损害赔偿之计算，得考虑侵权人因侵权取得的收入；侵害赔偿之要求，也得根据假设侵权人取得许可利用被侵害的权利应当支付的适当报酬计算。"❶从该条的规定可以看出，对于著作权侵权损害赔偿，受害人可以

---

❶ 《十二国著作权法》翻译组译：《十二国著作权法》，清华大学出版社2011年版，第180页。

有三种计算方式：第一种是根据受害人的实际损失来计算赔偿额；第二种是根据侵权人的侵权所得收入来计算赔偿额；第三种是根据侵权人取得许可利用被侵害权利的可能的许可使用费来计算赔偿额。毫无疑问，根据第一种计算方式获得的赔偿金等于受害人的实际损失，这是纯粹的补偿性赔偿，以填平受害人的损失为原则。但是对于根据后面两种计算方式得出的赔偿金，有学者认为带有惩罚性因素，理由是侵权人的侵权所得有可能远远大于受害人的损失，受害人有可能从来没有授权许可他人使用，在这两种情况下，赔偿额的计算都不是以受害人的实际损失为依据的，而是从侵权人的角度来计算赔偿额的，受害人获得的赔偿可能比其实际损失要多。

笔者认为，以侵权人的侵权所得收入或者以侵权人取得许可利用被侵害权利的可能的许可使用费来计算赔偿额，确实有可能使受害人获得比其实际损失要多的赔偿，但惩罚性赔偿所要惩罚的对象是侵权人，就第二种计算方式而言，侵权人将其侵权所得全部交给受害人作为赔偿，对于侵权人来说也就是交出本就不应该属于他自己的东西，对其谈不上有任何惩罚的作用。何况侵权人的侵权所得有时也可能远远小于受害人的实际损失甚至根本就没有侵权所得，此时受害人获得的赔偿也有可能比其实际损失要少，这不仅不能体现对侵权人的惩罚性，甚至连受害人的实际损失都无法填平。因此，以侵权人的侵权所得来计算受害人的赔偿金并不能说明它具有惩罚侵权人的功能。而上述第三种方式根据侵权人通过合法途径取得许可利用被侵害的权利应当支付的许可使用费来计算赔偿金也同样体现不出对侵权人的惩罚，使用他人的著作权支付许可使用费是侵权人本应该付出的经营成本，不管权利人是否已经授权给他人使用，作品的价值始终是存在的，不能因为还未许可他人使用就否定作品的价值，何况侵权人在使用他人的作品时可能还会营利。因此，即使侵权人将取得权利人许可利用被侵害的权利应当支付的适当报酬作为赔偿金支付给受害人之后，侵权人还是有利可图，对侵权人来说无任何惩罚性可言，对潜在的侵权人也无任何威慑作用。由此可知，《德国著作权法》确实没有规定惩罚性赔偿的条款。

在德国的司法实践中，惩罚性赔偿最初被视为与公共秩序相违背而予以拒绝，比较典型的就是 1992 年德国最高法院以违背公共秩序为由拒绝承认和执行美国的 John Doe 案中的 40 万美元的惩罚性赔偿，仅承认和执行了其补偿性赔偿。但是当前德国的司法实践对惩罚性赔偿的态度有了一些变化，开始打破严格遵循损害赔偿的补偿性的做法，逐渐在很多损害赔偿案件的判决中加入了惩罚性因素，尽管这种将惩罚性赔偿加入损害赔偿的做法通常被视为例外，但这种例外已经达到了非常广泛的地步，学者彼得·米勒（Peter Mueller）对赋予损害赔偿的法院判决的研究，列出了 19 种情况下补偿性赔偿并不是被严格遵守的。❶ 这 19 种例外情况中就包含著作权侵权，德国法院在著作权侵权案件中作出这种例外判决的依据是基于侵权人"不得从错误行为中获利"的自然正义观念，在这种观念指引下，侵权人从侵权行为中无利可图，没有侵权的动力，客观上起到了遏制侵权行为的作用。

二、德国著作权侵权惩罚性赔偿对我国的启示

根据上述分析，可以发现现行的《德国著作权法》条文中确

---

❶ 石睿："美德两国惩罚性赔偿之当前发展"，载《法制与社会》2007 年第 2 期，第 25 页。

实找不到惩罚性的相关规定，对受害人来说甚至有可能赔偿不足。因为根据著作权侵权的特征，侵权造成的实际损失、侵权人的侵权所得往往很难计算，尤其侵权所得有时由于经营不善还会比受害人的实际损失少，著作权的许可使用如果还没实际发生，仅仅以假设侵权人取得许可利用被侵害的权利应当支付的适当报酬计算，很难体现其科学性和准确性，何况著作权的许可使用费会随着市场的变化而变化。在上述三者都无法查清楚时，德国的法条并没有像其他国家一样规定法定赔偿额，由法庭根据具体案情判决给受害人合理的赔偿，这使得在德国的著作权侵权纠纷中，受害人处在一个不利的位置，这不利于有效保护著作权人的权利，遏制侵权人的侵权行为。

也正因为这样，德国在司法实践中将著作权侵权作为一种例外情况适用惩罚性赔偿，弥补了其现行著作权法规定的不足，从德国法院将著作权侵权案件作为不严格遵守补偿性赔偿的例外的做法可以判断，德国对惩罚性赔偿的态度由最初的完全排斥转变为适度接受。从德国学界的观点来看，德国知名学者沃尔克·贝尔（Volker Behr）的研究结果发现，完全反对惩罚性赔偿的呼声在德国正在消失，随着两大法系的不断融合，随着司法实践中对惩罚性赔偿适用的增加，德国政府根据现实的需要在其著作权法中明确规定惩罚性赔偿制度是迟早的事情。德国是典型的大陆法系国家，我国很多法律受德国法的影响相当大，毫无疑问，德国对惩罚性赔偿的态度必将对我国立法机关是否将惩罚性赔偿引入著作权法产生重要的影响，而当前德国法院将著作权侵权惩罚性赔偿作为未严格遵守补偿性赔偿的例外，坚定了我国著作权法规定惩罚性赔偿的决心。

第三节　南非著作权侵权惩罚性赔偿

一、对南非著作权侵权惩罚性赔偿的考察

《南非版权法》自 1978 年制定以来，经过多次修改，目前所使用的是 2002 年修订后的版本。该版权法在第二章中规定了版权侵权与救济，第 23 条规定了侵权的各种情况，第 24 条专门规定了著作权被侵权后的救济，根据第 24 条（1）的规定，对于侵犯版权的行为应在版权人所提起的诉讼中处理，著作权人的权利被侵害后可以采取的救济措施包括损害赔偿、禁令、没收侵权复制品或用于制造侵权复制品的印版等，或其他财产权受侵犯时原告在相关诉讼程序中所享有的救济措施。关于惩罚性赔偿的规定主要体现在第 24 条（3）中，该款规定："如果依据本节规定的侵犯版权的行为已被证明或已被承认，除了其他所有对案件有决定性影响的考虑因素之外，法庭还应重视——（a）侵权的恶劣程度；以及（b）被告因侵权所获得之利益，确信原告不能得到有效救济的，法庭有权在评估侵权损害赔偿时给予法庭认为合适的额外损害赔偿。"❶

从《南非版权法》第 24 条对侵权救济的规定中，我们确实没有找到其使用惩罚性赔偿的概念，尤其在条文中描述"确信原

---

❶ 《十二国著作权法》翻译组译：《十二国著作权法》，清华大学出版社 2011 年版，第 485 页。

告不能得到有效救济，法庭有权在评估侵权损害赔偿时给予法庭认为合适的额外损害赔偿"，这个规定给人的感觉更像是对著作权人权利受侵害后的补偿性赔偿，因为法庭是否给予权利人额外的损害赔偿有一个"确信原告不能得到有效救济"的前提，由此导致在司法实践中，对额外损害赔偿的理解存在不同的看法。如在领先唱片有限公司诉班-纳布广播电视公司案中，佩奇（Page）法官主张，法院可以授予任何形式的由南非法律所承认的损害赔偿金，并且这样的赔偿金可以在合适的情况下包括侵辱之诉所要求性质的赔偿金。这就意味着惩罚性或惩戒性赔偿金的授予，可能以加重赔偿金的形式，也可以是适当的。与之形成对照的是，在 CCP 唱片有限公司诉阿瓦隆唱片中心案中，康拉迪（Conradie）法官认为，将额外的损害赔偿金称呼为惩罚性的或惩戒性的是无益的。❶ 由此可以看出，《南非版权法》对著作权侵权行为没有明确使用惩罚性赔偿，而是用了额外损害赔偿，并且其司法实践中对额外损害赔偿做出了两种完全不同的解释，一种将其解释为惩罚性赔偿，另一种则认为将其解释为惩罚性赔偿不合适。但是有一点可以确定，南非的司法实践中确实有适用惩罚性赔偿的案例。

二、南非著作权侵权惩罚性赔偿对我国的启示

正如上文所述，尽管对《南非版权法》关于额外损害赔偿的规定有不同的理解，尤其它明确规定额外损害赔偿的适用前提是"确信原告不能得到有效救济"，这个前提最容易让人将其理解为

---

❶ ［奥］赫尔穆特·考茨欧、瓦内萨·威尔科克斯著，窦海阳译：《惩罚性赔偿金：普通法与大陆法的视角》，中国法制出版社 2012 年版，第 167 页。

补偿性损害赔偿，认为这是补偿性损害赔偿的补偿功能的体现。但是笔者认为，惩罚性赔偿本身除了惩罚功能、威慑功能之外，还具有补偿功能，在本书第一章论述惩罚性赔偿的功能时已有系统阐述，而且原告通过补偿性赔偿使其损失得不到足额填平也是各国在侵权领域引入惩罚性赔偿的重要原因，当前适用惩罚性赔偿的国家大多将原告通过补偿性赔偿获得救济的程度作为其确定惩罚性赔偿金额度的考虑因素之一。因此，《南非版权法》规定"确信原告不能得到有效救济"作为额外损害赔偿的适用前提是惩罚性赔偿实现其补偿功能的内在要求，并不能以该规定作为否定其为惩罚性赔偿的理由。

此外，《南非版权法》还明确规定法庭给予受害人额外损害赔偿时要考虑侵权的恶劣程度和被告因侵权所获得之利益，而这两个方面都是从侵权人的角度来考虑的。侵权的恶劣程度主要是从侵权人的主观去考虑的，如果额外赔偿金仅仅是为了足额赔偿权利人的损失，完全没必要规定考虑这个主观恶性的因素，也没有必要考虑侵权人所得之利益。因此，笔者认为该法的额外赔偿金就是对主观上有恶意的侵权人的惩罚，属于惩罚性赔偿的规定。至于额外损害赔偿金到底如何计算以及具体额度问题，《南非版权法》并没有做出明确规定，这种既没有规定额外损害赔偿金的上限和下限、又没有规定它与受害人实际损失之间的比例关系的做法，可以避免侵权人提前将风险转嫁，更能发挥惩罚性赔偿对侵权人和潜在侵权人的威慑作用，这是值得我国构建著作权侵权惩罚性赔偿制度时借鉴的。但是它对侵权人的主观恶性程度并没有明确规定是限于故意还是包括重大过失和一般过失，不利于司法实践部门准确驾驭其适用范围。另外，该法对额外损害赔偿金的适用没有明确规定必须由权利人主动提出要求才能适用，而是规定法庭有权在评估侵权损害赔偿时给予法庭认为合适的额外损害赔偿。由法庭根据实际情况主动适用可以体现惩罚性赔偿的惩罚功能，但是对侵权一方不是太公平，因为侵权是两个私权主体之间的纠纷，法院是作为纠纷的裁决者，不能主动保护一方而惩罚另一方，否则会造成公权过度干预私权，导致私权主体之间新的不公平。因此，笔者主张额外赔偿金的适用不应该是由法庭依职权主动适用，而是在受害人提出明确要求时才可以适用。

第四节 俄罗斯著作权侵权惩罚性赔偿

一、对俄罗斯著作权侵权惩罚性赔偿的考察

苏联时期的俄罗斯联邦著作权立法是作为《俄罗斯联邦民法典》的组成部分出现的，在《俄罗斯联邦民法典》中专门设立第四编来规定著作权，1993年俄罗斯联邦修改了著作权立法，对著作权进行单独立法，并于1993年7月9日通过《俄罗斯联邦著作权和邻接权法》，2006年俄罗斯联邦又一次修改著作权立法，并将著作权重新纳入《俄罗斯联邦民法典》，作为第四部分第七编的第七十章和第七十一章。《俄罗斯联邦民法典》对于著作权侵权和邻接权侵权的损害赔偿分别由第1301条和第1311条进行规定。根据《俄罗斯联邦民法典》第1301条规定，作品专有权受到侵犯的，在利用本法典（第1250条、第1252条和第1253条）规定的其他可适用的保护方法和责任措施的同时，作者及其他权

利人依据该法典第 1252 条第 3 款，自行选择要求侵权人支付赔偿费以代替损失赔偿，其数额为：法院裁定的 1 万～500 万卢布；所有作品复制件价格的两倍，或者作品使用价值的两倍，而作品使用价值的确定，则根据可比较情况下通常基于合理使用作品的征收值。根据该法第 1311 条规定："邻接权客体专有权受到侵犯的，在利用本法典（第 1250 条、第 1252 条和第 1253 条）规定的其他可适用的保护方法和责任措施的同时，专有权所有人有权依据本法典第 1252 条第 3 款，自行选择要求侵权人支付赔偿费以代替损失赔偿，其数额为：法院裁定的 1 万～500 万卢布；所有唱片复制件价格的两倍，或者邻接权客体使用价值的两倍，而邻接权客体使用价值的确定，则根据可比情况下通常对于合理使用邻接权客体的征收值。"❶ 而该法第 1250 条规定：智力权利以本法典规定的方式进行保护，同时应考虑被侵犯权利的实质和侵权的后果。本法典规定的保护智力权利的方式可以根据权利持有人、著作权集体管理组织以及在法律规定情况下根据其他人的请求予以适用。侵权人没有过错的，不免除其终止侵犯智力权利行为的义务，也不排除对侵权人适用旨在维护智力权利的措施。不论侵权是否有过错，均应公布法院关于已经发生的侵权行为的裁判、制止侵犯智力活动成果和个别化手段的行为或构成侵权威胁的行为，费用由侵权人负担。第 1252 条第 3 款规定：在本法典对某些智力活动成果或个别化手段有规定的情况下，当专属权利受到侵犯时，权利持有人有权不要求赔偿损失，而要求侵权人给付侵犯上述权利的补偿金。在这种情况下，侵权事实得到证明时，

---

❶ 《十二国著作权法》翻译组译：《十二国著作权法》，清华大学出版社 2011 年版，第 449 页、第 451～452 页。

148

补偿金应当追索。同时，免除权利保护的权利持有人关于损失数额的证明责任。补偿金的数额由法院在本法典规定的限度内，根据侵权行为的性质和其他案情并考虑请求的合理性和公正性予以确定。权利持有人有权请求侵权人对每次非法使用智力活动成果或个别化手段支付补偿金或者对全部侵权行为整体支付补偿金。第 1253 条规定："如果法人多次或严重侵犯智力活动成果或个别化手段的专属权，则法院可以按照检察长的请求依本法典第 61 条第 2 款的规定作出对该法人进行清算的裁判。如果公民实施此种侵权行为，则他作为个体经营者的活动可以根据法院的民事判决或刑事判决按法定程序予以终止。"❶

　　从上述《俄罗斯联邦民法典》对著作权及邻接权侵权赔偿制度的规定可以看出，俄罗斯对侵犯著作权或邻接权的行为，权利持有人、著作权集体管理组织以及法律规定情况下的其他人存在三种可能获得救济的方式：第一种是可以根据该法典 1250 条的规定，不管侵权人是否有过错，受害人有权根据被侵犯权利的实质和侵权的后果获得该法典规定方式的保护，其中包含损失赔偿。第二种是对于多次或严重侵犯智力活动成果或个别化手段的专属权的法人或个体经营者，其经营活动可能被法院通过裁判终止。尽管该方式对受害人并不产生任何金钱补偿，但是能有效制止侵权的发生。第三种是受害人在适用上述两种救济方式的同时，还可以依据本法典第 1252 条第 3 款，自行选择要求侵权人支付赔偿费（补偿金）以代替损失赔偿。

---

　　❶ 黄道秀译：《俄罗斯联邦民法典》，北京大学出版社 2007 年版，第 440～442 页。

二、俄罗斯著作权侵权惩罚性赔偿对我国的启示

从这三种救济方式中，我们没看到惩罚性赔偿的概念，而是使用了补偿金的概念，但是第三种救济方式中的补偿金是和前两种救济方式同时适用的，而且是由权利人选择适用的，如果损失赔偿比补偿金数额多，从权利人追求利益最大化的角度来说，权利人肯定不会选择要求补偿金来代替损失赔偿，这说明如果权利人选择了补偿金替代损失赔偿，就意味着补偿金数额肯定比损失赔偿要多。此外，从法律规定的补偿金的数额来看，法院判决"1 万~500 万卢布；所有作品复制件价格的两倍，或者作品使用价值的两倍，而作品使用价值的确定，则根据可比较情况下通常基于合理使用作品的征收值"。如果说"1 万~500 万卢布"的规定无法从表述上看出其与实际损失的关系，但是权利人选择补偿金而不选择实际损失赔偿就可以推断出它比实际损失要多。尤其后面关于复制件或作品使用费两倍的规定则很明显比实际损失要多，如果该规定是实际损失的赔偿，该赔偿费就不应该有两倍的规定而是应该与复制件或作品使用价值相等。因此，《俄罗斯民法典》第 1301~1311 条的内容包含著作权侵权惩罚性赔偿制度的规定。

从《俄罗斯联邦民法典》对该制度的规定来看，以下几个方面是我国在构建著作权惩罚性赔偿制度时应予以注意的。

（1）是否考虑侵权人的主观状况。在《俄罗斯联邦民法典》中，侵权行为发生后，是否适用补偿金替代损失赔偿不需要考虑行为人的主观状况，而是完全根据权利人的选择。由于补偿金的数额比损失赔偿金的数额要大，对侵权人带有一定的惩罚性，如果不考虑侵权人的主观过错程度是故意、重大过失、一般过失或

无过失全部予以适用，适用范围过于宽泛可能对侵权人不公平，毕竟有些侵权行为可能并不是侵权人尽到合理的注意义务就可以控制的。笔者主张侵权人的主观状况应该作为是否适用惩罚性赔偿的重要因素。

（2）是否规定赔偿金的最高额限制或规定与实际损失之间的合理比例。《俄罗斯联邦民法典》对补偿金规定了 1 万～500 万卢布的最低额和最高额限制，或者作品复制件或作品使用价值两倍的要求，这样的规定正如有学者认为的为了避免惩罚性赔偿的滥用，立法者的初衷是好的，但是这对于发挥惩罚性赔偿制度的作用是不利的，风险的可预测性会使侵权者事先将风险进行转嫁。因此，笔者不主张对赔偿金作出限额的规定或者要求其与实际损失之间有合理比例的规定。

（3）是否免除受害人对损失数额的证明责任。《俄罗斯联邦民法典》规定，在侵权事实得到证明时，补偿金应当追索，同时，免除权利保护的权利持有人关于损失数额的证明责任。这一点非常值得我国构建著作权惩罚性赔偿制度时借鉴，它与惩罚性赔偿不以实际损失的合理比例来计算惩罚性赔偿金是一致的，受害人只要证明侵权人的侵权行为确实造成了损失，至于损失是多少不需要受害人实际来举证证明。因为现实中实际损失本身就难以计算，如果一定要求受害人证明实际损失的多少才给予惩罚性赔偿的话，惩罚性赔偿的规定可能形同虚设，往往因为受害人举证不能而无法适用。

（4）适用惩罚性赔偿是否要求多次侵权。《俄罗斯联邦民法典》规定对于多次或严重侵犯智力活动成果和个别化手段的专属权的行为，法院可以对侵权人作出终止经营活动的裁判，同时受害人可以请求侵权人支付补偿金。该规定说明是否对侵权人适用惩罚性赔偿的规定，与侵权的次数没有关系，它与有些国家以两次以上侵权作为适用惩罚性赔偿的规定不同。笔者赞同《俄罗斯联邦民法典》不以侵权次数作为适用惩罚性赔偿的规定，侵权次数作为侵权情节考虑更合适。

第五节　我国台湾地区著作权
侵权惩罚性赔偿

一、对我国台湾地区著作权侵权惩罚性赔偿的考察

我国台湾地区采用的是典型的大陆法系的传统做法，但是它并不完全拒绝惩罚性赔偿制度在知识产权领域的适用，并在"专利法""商标法""营业秘密法""著作权法"中都有所体现，如台湾地区"著作权法"第 88 条第 3 项规定："依前项规定，如被害人不易证明其实际损害额，得请求法院依侵害情节，在新台币一万元以上一百万元以下酌定赔偿额。如损害行为属故意且情节重大者，赔偿额得增至新台币五百万元。"尽管在条文中没有出现惩罚性赔偿的表述，但是根据条文的递进式的规定可以发现，对于侵权人不存在故意的一般侵权行为，法院只能在新台币 1 万元以上 100 万元以下酌定赔偿额。这是典型的法定赔偿，是为了弥补受害人的实际损失而规定的。而对于侵权人的损害行为属故意且情节重大者，法院判决给受害人的赔偿额可以增至新台币500 万元，赔偿额增加的原因显然是侵权人主观过错程度的不同，而不是损害程度的不同，加重赔偿不是为了填平受害人的损失，

而是对主观上存在故意的侵权人的一种惩罚，以便遏制侵权人和潜在的侵权人再次从事类似的侵权行为。因此，台湾地区"著作权法"规定了在侵权人主观存在故意且情节重大者，可以适用惩罚性赔偿。

二、我国台湾地区著作权侵权惩罚性赔偿对大陆的启示

我国台湾地区对惩罚性赔偿的态度和做法对大陆有较为重要的参考价值，根据上述台湾地区"著作权法"关于著作权侵权惩罚性赔偿制度的规定可以看出，在台湾地区，惩罚性赔偿的适用需要具备程序性条件和实质条件。

（1）惩罚性赔偿适用的程序性条件是依受害人的请求。根据该法的规定，是否适用惩罚性赔偿以受害人主动向法院提出要求为条件，而不是由法院依职权来适用，这不仅充分体现了权利人是否维权、如何维权的意思自治，而且体现了民事审判的不告不理原则，法院充当着一个独立裁决者的地位，这值得我们构建著作权侵权惩罚性赔偿制度时借鉴。

（2）惩罚性赔偿适用的实质条件是损害行为属故意且情节重大者。该法将惩罚性赔偿的适用范围限于主观故意侵权，如果侵权人在主观上不存在故意，那么不管侵权行为造成多么严重的后果都不能适用惩罚性赔偿。至于"情节重大"从字面来理解似乎有争议，可以有两种不同的理解，一种理解为主观上情节重大，如多次侵权、经过所谓"国家机关"处理后继续侵权等，正如有的国家规定惩罚性赔偿必须在侵权人两次以上故意侵权时才能适用。"情节重大"的另一种理解为侵权行为造成严重的后果，即惩罚性赔偿的适用不仅要求侵权人主观上是故意的，客观上还要造成严重的后果。笔者认为，如果是第一种理解，那么"故意"

和"情节重大"之间没必要用"且"来连接，直接用"多次故意侵权"来表述更明确。如果是后一种理解，那么该规定似乎过于严格，会使很多还没有造成严重后果的故意侵权行为得不到有效遏制，而这些侵权行为给潜在侵权行为人、给社会造成的影响是很坏的，可能会引导潜在侵权人去从事类似的侵权行为，会造成的司法、行政资源的浪费等。尤其是这些还未造成严重后果的故意侵权未来很有可能会给权利人造成严重的后果，如果不给予遏制，防患于未然，必然给权利人造成不必要的损失。因此，对于惩罚性赔偿的适用，客观要件没必要规定造成了非常严重的后果，只要造成被侵权人损失就可以了，毕竟惩罚性赔偿主要考虑的是侵权人的主观可谴责程度。但是在主观要件上，将故意作为适用惩罚性赔偿的主观要件，要求也太严格，在现实中被侵权人要举证证明侵权人从事某行为时存在故意是很难的，而相反，侵权人要证明自己从事某行为不存在故意则是很容易的。如果将故意作为适用惩罚性赔偿的唯一主观要件，侵权人很容易以自己主观不存在故意作为抗辩理由而逃脱惩罚性赔偿的适用，最终可能导致的结果是惩罚赔偿完全成为摆设，无法达到设立该制度的目的。因此，以故意作为适用惩罚性赔偿的唯一主观要件并不可取。

（3）我国台湾地区"著作权法"对于惩罚性赔偿金数额的确定，采取了惩罚性赔偿金最高限额不超过 500 万元新台币的规定，其初衷是防止惩罚性赔偿被滥用，这也是采取成文法的国家和地区对惩罚性赔偿比较慎重的做法。但事实上，最高限额的规定不利于惩罚性赔偿制度发挥其惩罚和威慑作用，如果一个侵权人事先知道自己的侵权行为最终可能承担什么样的侵权结果，那么它很有可能将这些可能承担的侵权后果作为经营成本进行分摊，最终由广大消费者为其承担，这样不但惩罚性赔偿制度对侵权人的惩罚、威慑功能根本无法实现，而且会加重消费者的负担，这与设立惩罚性赔偿制度的目的是相违背的。因此，笔者认为，惩罚性赔偿制度要实现其惩罚和威慑功能，必须让侵权人对侵权后果无法预测，不能对惩罚性赔偿金事先规定最高限额。

第五章

我国著作权侵权惩罚性赔偿的现实依据

第一节　我国著作权侵权救济
制度的立法现状

一、我国立法对著作权侵权救济制度的规定

（一）1949 年前我国立法对著作权侵权救济制度的规定

1.《大清著作权律》关于著作权侵权救济制度的规定

我国历史上第一部著作权法即 1910 年《大清著作权律》对著作权侵权救济制度进行了明确规定，对著作权侵权行为主要通过罚金制度和赔偿制度来予以救济。根据该法第 40 条的规定，凡是假冒他人著作的，处以 40 元以上、400 元以下的罚金，明知是假冒的著作而代其销售的，处罚与假冒著作者相同。该条是对侵权行为人予以罚金来达到规制侵权行为的目的，这里的罚金到底是行政处罚还是刑事罚金制度并不明确，但是从该法的整体规定来看，理解为刑事罚金更合适。因为该法在第 46 条规定：侵损著作权之案，不论民事诉讼或刑事诉讼，原告呈诉时，应出具切结存案，承审官据原告所呈情节，可先将涉于假冒之著作，暂行停止发行，若审名所控不实，应将禁止发行时所受损失，责令原告赔偿。在该条中提到了刑事诉讼，但该法的其他条文中除了罚金，没有任何跟刑事诉讼有关的规定。因此，笔者将罚金理解为刑事罚金。而该法第 41 条规定，因假冒而侵损他人著作权时，除照前条科罚外，应将被损者所失之利益，责令假冒者赔偿，且将印本刻板及专供假冒使用之器具，没收入官；第 44 条规定，

凡侵犯著作权之案，须被侵害者之呈诉，始行推理。第45条规定，数人合成之著作，其著作权遇到侵害后，不必俟余人同意，得以径自呈诉，及请求赔偿已所失之利益；第47条规定，如审明并非有心假冒，应将被告所已得之利，偿还原告，免其科罚。❶上述几条体现的是著作权侵权损害赔偿制度，从上述的规定来看，《大清著作权律》对著作权侵权损害赔偿采取的是补偿性赔偿制度，侵权行为发生后，在被侵害者呈诉的情况下，侵权人只需赔偿被损者所失之利益，而且如果经审理查明侵权者不是有心假冒，只需将其所已得之利偿还原告即可。也就是说，侵权人只有在有心假冒的情况下，才赔偿被损者所失之利益，如果不是有心假冒，则只需偿还所得之利，这对侵权人的赔偿要求确实很低，仅仅依靠赔偿制度很难达到让侵权人有主动放弃侵权的可能，好在《大清著作权律》对侵权人的有意侵权行为，除了对被害人承担赔偿责任外，还规定了罚金制度，罚金制度客观上对有意侵权人起到了一定的惩罚和威慑作用。

2. 1915年《北洋政府著作权法》对著作权侵权救济制度的规定

1915年中华民国北京政府在《大清著作权律》的基础上颁布了《北洋政府著作权法》，它对于著作权侵权救济制度的规定基本吸收了《大清著作权律》的做法，明确规定了罚金制度和赔偿制度，如该法第36条规定，凡是以翻印、仿制或其他方法假冒他人著作的，对假冒者处以50元以上、500元以下的罚金，明知是以翻印、仿制或其他方法假冒的著作仍代为销售的，处罚与假冒者相同。而且对于侵权人有心侵权行为，赔偿制度和罚金制度

---

❶ 《中国百年著作权法律集成》，中国人民大学出版社2010年版，第13~14页。

并用，侵权人赔偿侵害人所受之损失后，还需缴纳相应的罚金。在证明侵权人并非有心假冒时，侵权人可以免除罚金，只需将侵权所得之利益偿还给原告。《北洋政府著作权法》与《大清著作权律》对于著作权侵权救济的规定不同点有两点：第一点是后者将赔偿制度与罚则作为不同的两章分开立法，而前者是将赔偿制度和罚则放在同一节中进行规定；第二点是《北洋政府著作权法》对于罚金制度的规定更严格，罚金的额度比《大清著作权律》的规定更高，适用范围也更广。

3. 1928 年《著作权法》对著作权侵权救济制度的规定

1928 年，中华民国南京国民政府颁布了一部《著作权法》及其实施细则，该法总共有总纲、著作人之权利、著作权之侵害、罚则、附则五章。该法将著作权侵权损害赔偿制度放在第三章"著作权之侵害"中，由第 29 条、第 32 条进行规定，对于著作权侵权按照侵权人的主观状况分别进行救济，如果侵权人是故意假冒，则不仅要赔偿被害人的损失，而且要接受罚金处理，如果法院查明，侵权人并非故意假冒，则侵权人免除罚金处罚，只需将侵权人的侵权所得偿还原告即可。❶ 将罚金制度放在罚则这一章中进行规定，在其第 33 条中明确规定以翻印、仿制及以其他方法侵害他人著作权的人和销售明知是侵害他人著作权的作品的人处以 50 元以上、500 元以下的罚金。

4. 1944 年《著作权法》对著作权侵权救济制度的规定

1944 年《著作权法》是对 1928 年《著作权法》的修订，就

---

❶　1928 年南京国民政府《著作权法》第 29 条规定：著作权之侵害，经著作权人提起诉讼时，除依本法处罚外，被害人所受之损失，应由侵害人赔偿。第 32 条规定：著作权之侵害，若由法院审明，并非有心假冒，得免处罚，但须将被告所已得之利益，偿还原告。

著作权侵权民事损害赔偿制度而言，仅仅是个别文字表述不同，内容是完全一致的，该法第 26 条规定：著作权之侵害经著作权人提起诉讼时，除依本法处罚外，被害人所受之损失，应由侵害人赔偿。第 29 条规定：著作权之侵害，经法院审明并非有意假冒者，得免处罚，但被告应将所得利益偿还原告。但是对于著作权侵权的刑事责任明显加重，罚金由 1928 年《著作权法》规定的"50 元以上、500 元以下"提高到 5 000 元以下，除了罚金数额大幅提高之外，还规定了限制人身自由的刑事责任。如该法第 30 条规定：翻印仿制或以其他方法侵害他人之著作权者，处 5000 元以下罚金，其知情代为出售者亦同。以犯前项之罪为常业者，处 1 年以下有期徒刑、拘役，得并科 5000 元以下罚金。

从上述各部著作权法对著作权侵权救济制度的规定可以发现，对于著作权侵权的救济措施，有逐渐严厉的趋势，主要体现在刑事责任方面，刑事责任形式逐渐多样化，由单一的罚金制度发展成罚金、有期徒刑和拘役等多种形式，罚金数额逐渐增加，由《大清著作权律》的"四十元以上、四百元以下"发展到 1944 年《著作权法》的"五千元以下"。至于损害赔偿制度，1915 年《北洋政府著作权法》、1928 年《著作权法》和 1944 年《著作权法》这三部著作权法受《大清著作权律》的影响特别大，它们的规定与《大清著作权律》基本一致，都是采用补偿性赔偿制度，而且对侵权人的侵权民事责任均是根据侵权人的主观状态来设置的，对故意侵害著作权的行为，采取罚金制度与赔偿制度并用，侵权人只有在受害人向法院提起诉讼时，才需要向受害人赔偿其所遭受的实际损失，对于非故意侵权行为，侵权人免除罚金，只需要向受害人偿还侵权人的侵权所得利益。

（二）1949 年后的著作权法对著作权侵权救济制度的规定

1. 1990 年《著作权法》对著作权侵权救济制度的规定

中华人民共和国成立后第一部《著作权法》即 1990 年《著作权法》，对一般著作权侵权行为规定了民事责任和行政责任，它对侵权损害救济制度不再以侵权人的主观状态来规定应承担的责任，而是根据侵权人侵害的利益范围来规定其承担的责任，其第 45 条规定：有下列侵权行为的，应当根据情况，承担停止侵害、消除影响、公开赔礼道歉、赔偿损失等民事责任。根据该条的规定，该条总共列举了八类侵权行为，在这八类侵权情形下侵权人对受害人要承担赔偿损失的民事责任，在这八类侵权行为中，侵权人侵犯的主要是著作权人的私人利益。而该法第 46 条规定：有下列侵权行为的，应当根据情况，承担停止侵权、消除影响、公开赔礼道歉、赔偿损失等民事责任，并可以由著作权行政管理部门给予没收非法所得、罚款等行政处罚。该条规定侵权人对七类侵权行为除了承担民事赔偿责任外，还可能被著作权行政管理部门给予没收非法所得、罚款等行政处罚。尽管法条中没有明确侵权人为何在这七种侵权行为中要被行政处罚，但是从法条所罗列的七类侵权行为可以看出，这条之所以规定侵权人除了承担民事责任还需要承担行政责任，是因为这七类侵权行为侵害的不仅是著作权人的私人利益，还侵害了社会公共利益。根据该法的规定可以发现，该法对侵权行为仅规定了民事责任和行政责任，没有规定刑事责任，这与我国经济、科学文化事业的发展需求是不相符的，这使得情节严重的侵权行为得不到有效遏制，严重挫伤了著作权人的创作积极性，最终阻碍科学文化事业的发展。而且该法对损害赔偿实行补偿性赔偿制度，侵权人仅仅被要求承担赔偿损失的责任，至于损失如何计算并没有明确规定，这不利于司法机关在司法实践中具体操作。

2. 2001 年《著作权法》对著作权侵权救济制度的规定

我国于 2001 年对 1990 年《著作权法》进行了修改，对著作权侵权救济制度用了 3 条进行规定，第 46 条具体罗列了 11 种著作权侵权行为，如果侵权人的行为属于这 11 种侵权行为之一，只需承担赔偿损失、停止侵害等民事责任。而第 47 条规定了 8 种侵权行为，如果侵权人的行为属于这八种行为之一，侵权人应承担相应的民事责任，如果侵权人的行为同时损害公共利益的，还需承担相应的行政责任，构成犯罪的，还可能被依法追究刑事责任。第 48 条规定了侵权人赔偿损失的计算方式，根据该条规定，侵犯著作权或者与著作权有关的权利的，侵权人应当按照权利人的实际损失给予赔偿；实际损失难以计算的，可以按照侵权人的违法所得给予赔偿。赔偿数额还应当包括权利人为制止侵权行为所支付的合理开支。权利人的实际损失或者侵权人的违法所得不能确定的，由人民法院根据侵权行为的情节，判决给予 50 万元以下的赔偿。

我国在 2010 年对著作权法进行了第二次修改，但是著作权侵权赔偿制度没有变化，因此，我国现行著作权法对著作权侵权赔偿制度的规定和 2001 年《著作权法》的规定完全一样，仅仅是条文序号发生了变化，由 2001 年《著作权法》的第 46~48 条变成了 2010 年《著作权法》的第 47~49 条。

根据上述两部著作权法对侵权救济制度的规定可以发现，两部著作权法均对著作权侵权损害实行补偿性赔偿制度，以填平受害人的实际损失为原则，但 2001 年修订后的著作权法与 1990 年《著作权法》相比较，对侵权行为的规定增加了如下内容。

（1）承担侵权责任的侵权行为罗列得更具体。在 1990 年

《著作权法》中规定承担赔偿损失民事责任的侵权行为是 8 类，规定既要承担民事责任又要承担行政责任的侵权行为是 7 类，而在 2001 年《著作权法》中规定承担民事责任的侵权行为为 11 类，规定既要承担民事责任又要承担行政责任的侵权行为是 8 类，侵权行为的种类罗列得更多、更具体，便于司法机关司法和广大社会公众守法。

（2）侵权行为承担行政责任给予了明确的理由。尽管在 1990 年《著作权法》中也规定了既要承担民事责任又要承担行政责任的侵权行为，但是对于为何要承担行政责任并没有规定理由，而 2001 年《著作权法》则明确规定侵权行为同时损害公共利益的，著作权行政管理部门可以对侵权人进行行政处罚。

（3）增加了损害赔偿的计算方式。1990 年《著作权法》规定了侵权人应赔偿受害人的实际损失，但是对于实际损失的计算方式没有规定，不利于司法机关在司法实践中操作。2001 年《著作权法》专门用一条规定了赔偿额的三种计算方式：第一种计算方式是以权利人的实际损失来计算赔偿额，这是由我国著作权法贯彻填平原则决定的；第二种计算方式是按照侵权人的违法所得来计算赔偿额，适用这种计算方式的前提是权利人的实际损失难以计算；第三种计算方式是由人民法院根据侵权行为的情节，判决给予 50 万元以下的赔偿，即法定赔偿，适用这种方式的前提是权利人的实际损失或者侵权人的违法所得都无法确定。

（4）增加了刑事责任的规定。由于现实的需要，我国在 1994 年八届全国人大常委会第八次会议上通过了《关于惩治侵犯著作权的犯罪的决定》，确立了著作权犯罪的刑事责任制度，1997 年《中华人民共和国刑法》修订时，增设了"侵犯著作权罪"和"销售侵权复制品罪"两个罪名，使著作权犯罪正式以法律的形式进行规定，2001 年修订的《著作权法》首次规定了著作权侵权构成犯罪的，依法追究刑事责任。刑事责任由于除了罚金之外，对侵权人可能会限制人身自由，因此它的规定对于侵权人和潜在的侵权人的再次侵权会产生强大的威慑作用。

二、我国现行著作权法规定的侵权救济制度存在的不足

（一）我国现行著作权法规定的民事赔偿责任对著作权侵权救济的不足

1. 对于权利人来说，损失计算方法的规定缺乏可操作性，不能足额补偿权利人的实际损失

我国著作权法对侵权损害赔偿实行补偿性赔偿制度，侵权人对受害人的赔偿应足额补偿受害人的损失，为此，著作权法规定了实际损失、侵权所得和法定赔偿等三种计算损失的方式。从理论上来说，这三种方式考虑非常全面，试图使侵权人给受害人造成多少损失就赔偿多少损失，这种规定从表面上看起来非常合理和完善，充分体现了私人主体之间的平等地位，但是该规定的合理性是建立在维权不需要产生时间成本和其他成本，而且损失是可以确定的基础上的。事实上，这两个基础都是不存在的，就受害人的维权成本而言，尽管《著作权法》第 49 条规定赔偿数额还应当包括权利人为制止侵权行为所支付的合理开支，根据 2002 年通过的《最高人民法院关于审理著作权民事纠纷案件适用法律若干问题的解释》对合理开支的界定，合理开支包括权利人和委托代理人调查取证的合理费用和符合国家有关部门规定的律师费用。从该规定可以看出，合理开支并不包括受害人维权的时间成本，而时间对受害人来说是非常宝贵的，利用维权的时间，受害人可以创作更多的新的作品或创造更多新的财富。

就损失的可确定而言，现行著作权法规定的三种计算方式都显得力不从心，三种方式都存在各自的不足。

（1）以权利人的实际损失来计算侵权赔偿额存在的不足。这种方式从理论上说是最科学的方法，它符合我国私法领域贯彻的补偿性赔偿制度的实质。但是作品因为其自身的非物质性，它的价值很难被准确衡量，尤其在一般情况下作品自身的价值是由市场决定的。因此，在它被侵害之后，权利人很难举证证明自己的实际损失，尽管为了实践操作的方便，《最高人民法院关于审理著作权民事纠纷案件适用法律若干问题的解释》明确规定：权利人的实际损失，可以根据权利人因侵权所造成复制品发行减少量或者侵权复制品销售量与权利人发行该复制品单位利润乘积计算；发行减少量难以确定的，按照侵权复制品市场销售量确定。❶这种计算方法的弊端是非常明显的。

第一，侵权并不必然导致复制品发行量减少。在有些情况下，侵权行为不但没有导致复制品发行量的减少，反而使其发行量有所上升，此时就无法适用该计算方法，也许有人质疑侵权为何不会导致正版作品的发行量减少甚至会导致发行量上升，其实这种可能性是存在的，比如盗版产品和正版产品由于价格的巨大差异，消费群体本来就不一样，此时侵权作品就不会影响正版作品的发行量；甚至可能由于侵权产品价格便宜，使购买者增多，提升了正版产品的知名度，使正版产品更畅销，此时侵权使权利人的正版作品的发行量上升。如果侵权行为发生后，复制品发行量确实减少了，那么如何证明复制品发行量的减少与侵权行为之

---

❶ 见 2002 年《最高人民法院关于审理著作权民事纠纷案件适用法律若干问题的解释》第 24 条的规定。

间具有因果关系，毕竟复制品发行量减少的原因是多方面的，可能是市场饱和了，也可能是出现了更好的替代品等，不能把所有发行量的减少都归责于侵权行为的产生，因果关系的证明是很困难的，这使得权利人对复制品发行减少量的确定是很难的。因此，这种方法在实践中的可适用性非常小。

第二，受害人很难查清楚侵权复制品的销售量。侵权复制品销售量难查清楚的原因是侵权复制品的生产本身具有秘密性，侵权人为了规避权利人知晓，往往在非常隐蔽的地方进行生产，所有的证据都掌握在侵权人手中，侵权复制品销售量很难统计。即使能查清楚，也需证明侵权复制品销售量与侵权作品之间的因果关系，因为在部分侵犯权利人权利的情况下，侵权复制品销售量的好坏与侵权作品之间并不必然有因果关系，有可能是侵权作品中除侵权部分之外的其他部分受消费者的欢迎，使其很畅销，而与侵权部分并没有关系。复制品销售量和复制品发行减少量一样无法查清楚，因此，发行减少量难以确定的情况下，按照侵权复制品销售量与权利人发行该复制品单位利润乘积计算赔偿额也是不现实的。

第三，以权利人发行该复制品单位利润作为计算参数也是不科学的，因为大多数作品的定价和市场销售价并不完全一样，这导致权利人发行该复制品单位利润具有不确定性。而且它仅仅适用于侵权人是完全翻印权利人作品的情况，对于部分侵犯权利人权利的情况就无法适用，即使适用于侵权人直接复制权利人作品进行营利，也以发行减少量或侵权复制品销售量能确定并能证明因果关系为前提，而正如上文所述，因果关系及发行减少量、复制品销售量根本就是无法确定的。

此外，上述计算实际损失的方法适用范围相当狭窄，它仅适用于传统的纸质出版物，对于网络侵权无法适用，一个被保护的纸质作品被他人上传到网上后，如果上传人不设置阅读权限，免费提供给消费者阅读，那么很难证明它给权利人的发行减少量或复制品销售量造成多大影响、造成什么样的影响，因为有些阅读者通过网上点击，对作品的印象不错，从而有了购买的欲望，促进了作者纸质作品的销售，这对权利人来说是积极影响；但有些阅读者通过网上阅读就不再购买纸质作品，这对作者来说就是不利影响，造成纸质作品的销售量减少，使其财产权益受到损害。此时损害如何计算，常用的方法是以阅读者的点击量来计算，但是现实中有些阅读者可能是随便一点击，并没有仔细阅读的欲望，更没有想买的打算，有些阅读者可能阅读完一部作品要重复点击很多次，如果仅仅以阅读者的点击量来计算权利人的实际损失并不客观准确，未免有失公平。

因此，不管法律如何规定，准确计算权利人的实际损失几乎是不可能的，这给权利人维权和法官判案都带了很大困惑。

（2）以侵权人的违法所得来计算侵权赔偿额存在的不足。在权利人无法计算其实际损失时，以侵权人的违法所得来计算赔偿额，这是权利人在实际损失无法计算情况下的一种无奈选择，它的立足点是侵权人，从表面看起来是合理的，它符合"任何人不能从侵权行为中获利"的伦理观，但是它对于权利人来说，其缺陷是显而易见的。

第一，该方法会让权利人维权时陷入两难境地。权利人在提起侵权诉讼时，必须在诉讼请求中提出明确的赔偿数额，而事实上，侵权人的侵权所得的证据全部在侵权人手中，权利人是不可能知晓的，在起诉时，如果权利人要求的赔偿额过高，就增加了其诉讼成本，因为律师费、案件受理费等收费标准都与涉案标的有关；如果权利人要求的赔偿额过低，根据民事诉讼法的不告不理原则，即使事后查出的侵权人的违法所得比其诉讼请求的赔偿额要高，权利人也无法获得该项赔偿。因此，侵权所得的不确定性使权利人在起诉时只能靠主观判断来决定起诉的赔偿额，无法真实体现权利人的实际损失，而诉讼请求要求的赔偿额决定了最终获得赔偿的最高限额。

第二，侵权人的侵权获利和权利人的实际损失之间并不一定一致，侵权人的侵权获利多少与其经营方法、经营策略等各种因素有关，当侵权人因为经营不善使得其侵权所得小于权利人的实际损失时，如果仍以侵权所得计算赔偿额，将无法足额补偿权利人的实际损失，对权利人不公平。

第三，侵权获利本身很难查清楚，如果是整体侵权，将他人的作品简单复制进行买卖，那去掉经营成本后的利润就是侵权获利，但是如果是部分侵权，侵权获利的计算就相当复杂，被侵权的部分在侵权作品中到底有多大价值，对销售侵权作品到底有何影响都是很难明确的。就算可以明确，侵权获利的证据都控制在侵权人手中，权利人无法获得侵权人准确的获利证据，有学者认为可以由侵权人来承担侵权获利的举证责任，但是我国现行的著作权法对举证责任倒置的规定是相当少的，仅仅在其第53条中有规定，该条规定：复制品的出版者、制作者不能证明其出版、制作有合法授权的，复制品的发行者或者电影作品或者以类似摄制电影的方法创作的作品、计算机软件、录音录像制品的复制品的出租者不能证明其发行、出租的复制品有合法来源的，应当承担法律责任。根据该规定，在此种情况下实行举证责任倒置，侵权人得承担合法授权或合法来源的举证责任，并没有要求承担侵权获利的举证责任，因此，要求侵权人承担侵权获利的举证责任在法律中并没有依据。退一步来说，即使法官在案件审理中行使其权力要求侵权人承担侵权获利的举证责任，侵权人提供的获利资料的真实性也很值得怀疑，因为侵权人总是从自身利益最大化去考虑的，为了使自己少承担一些赔偿责任，它必然会尽可能提供对自己有利的证据，尤其在我国对当事人在证明自己侵权与否、获利多少等问题上缺少对作伪证的约束机制，如果说了假话被法院采纳了就是赚了，万一被发现说谎，最多就是该证据不被采信，对当事人不产生其他不利后果。因此，由侵权人提供的侵权获利不可能等于其实际获利。

此外，以侵权获利来计算赔偿额的方法适用范围太窄，仅适用于侵权人获利的情况，如果侵权人没有获利，该方法就不能适用，但是侵权人没有获利并不意味着权利人没有因为侵权受到损失，侵权人没有获利的原因是多方面的。而且侵权人即使获利了，他也可以通过提供不真实的财务账册来证明其未获利，从而规避承担赔偿责任。因此，以侵权人的违法获利来计算赔偿额的方法形同虚设，侵权人完全可以随时找到未营利的抗辩理由来逃避承担赔偿责任。

（3）以法定赔偿额作为受害人的赔偿额存在的不足。正如上文所说，实际损失和侵权获利在现实中都很难确定，受害人要根据上述两种方法就无法获得救济，此时由法院根据侵权行为的情节，判决给予受害人 50 万元以下的赔偿，即法定赔偿。以法定赔偿额作为损失赔偿额解决了权利人的实际损失或侵权人的违法所得不能确定时，权利人求偿不能的困难，确实有利于充分保护权利人的权利。但是，以法定赔偿额作为赔偿额也存在一定问题。

第一，我国著作权法规定的法定赔偿制度没有规定法定赔偿

171

金的确定基准，在具体的案件中，法定赔偿金的确定是以一个案件为基准、还是以一部作品为基准、还是以一个侵权人为基准、还是以一个侵权行为为基准、还是以一项权利为基准，我国法律没有做出明确规定，这可能导致不同法院的不同法官采用不同的基准，不利于司法统一和司法公平。

第二，法定赔偿有上限的规定，容易导致赔偿不足。我国著作权法明确规定了法定赔偿额的上限为 50 万元，立法机关规定上限的目的是防止法官滥用自由裁量权而使赔偿额畸高，其出发点是好的，但是它可能导致权利人的实际损失得不到足额赔偿。如果权利人的实际损失高于 50 万元，由于权利人的实际损失或者侵权人的违法所得不能确定而不得不适用法定赔偿，基于法定赔偿额的上限的规定，法院即使明知权利人的实际损失高于 50 万元也只能在 50 万元之内进行判决，使权利人的实际损失无法得到全面赔偿。

第三，法定赔偿的适用何时依权利人的请求何时由法官依职权适用，法律规定不明确，这可能导致法定赔偿被泛化。根据2002 年《最高人民法院关于审理著作权民事纠纷案件适用法律若干问题的解释》第 25 条规定：权利人的实际损失或者侵权人的违法所得无法确定的，人民法院根据当事人的请求或者依职权适用《著作权法》第 48 条第 2 款的规定确定赔偿数额。根据该规定，法定赔偿的适用可以是当事人的请求，也可以是法院依职权主动适用，但是该条并没有规定当事人在何种条件下可以请求适用法定赔偿，也没有规定法院依职权适用法定赔偿的条件，如果在权利人的实际损失和侵权人的侵权所得无法确定的任何情况下，法院都可以依职权适用法定赔偿的话，法院可能会在一切可能的情况下适用法定赔偿，甚至会导致法定赔偿的滥用，因为法官适用法定赔偿进行判决比适用权利人的实际损失和侵权人的侵权所得进行判决要简单得多，可以省去很多质证的麻烦，可以省去烦琐的计算程序。根据著作权法的规定，法院根据侵权行为的情节判决法定赔偿，为了使法定赔偿额的确定更科学，2002年《最高人民法院关于审理著作权民事纠纷案件适用法律若干问题的解释》第25条进一步规定：人民法院在确定赔偿数额时，应当考虑作品类型、合理使用费、侵权行为性质、后果等情节综合确定。尽管细化了参考因素，但是这些参考因素都很笼统，最终都是根据法官的主观判断来决定的，具有较大的主观性和随意性，不利于切实维护权利人的权利。

2. 规定计算赔偿额方式的先后顺序不利于权利人的保护

著作权法明确规定适用三种计算赔偿额的方式有先后顺序，不利于权利人选择最有利于自己的方式。根据著作权法的规定，侵权发生后，权利人首先可以选择的计算赔偿额的方式是权利人的实际损失，侵权人的违法所得只能在权利人的实际损失难以计算的情况下才能适用，而法定赔偿则只有在权利人的实际损失和侵权人的违法所得都不能确定时才能适用。这种规定先后顺序的做法给权利人增加了很多不必要的麻烦，即使权利人明知实际损失和侵权所得不能确定，也必须按照法律规定的程序由法院来确认是否上述两者都不能确定，这将浪费权利人和司法机关不必要的时间和精力。如果取消这种损害赔偿计算方式的选择顺序，权利人必然选择一种最有利于自己的计算方式，既节约了权利人和司法机关的时间精力，又能保证权利人获得最佳赔偿。我国商标法、美国版权法、我国台湾地区的"著作权法"都规定权利人对计算损害赔偿的方式有选择权，因此，我国著作权法不妨借鉴相关规定，也规定权利人可以选择损害赔偿的计算方式。

3. 对于侵权人来说，现行著作权法规定的民事侵权救济不足以对侵权人产生威慑，不利于遏制侵权和预防侵权行为的发生

根据我国现行著作权法的规定，我国对著作权侵权损害赔偿制度的构建是以受害人为立足点的，以填平受害人的损失为目的，主要体现的是损害赔偿制度的补偿功能，对于遏制和预防功能没有得到体现。但是要维持一种良好的市场秩序，赔偿制度更应该重视其遏制和预防功能，使著作权侵权行为消失在萌芽阶段。根据著作权侵权的特点，侵权人由于不需要投入前期的创作，利用他人受保护的作品直接可以获利，侵权成本低、获利高，如果按照权利人的实际损失赔偿，侵权人赔偿损失后还可能有获利，即使按照侵权所得来赔偿，侵权人也只是将自己不该得到的东西退回给权利人，对其自己并不构成损失，何况现实中侵权行为并不是每次都会被权利人发现，有些权利人即使发现了他人对自己的侵权，考虑到维权的时间成本、金钱成本和维权的效果，最终可能放弃侵权。因此，侵权后被发现和被追诉率都不可能为百分之百，再加上著作权侵权举证的困难，权利人也无法获得足额赔偿，侵权人总是有利可图，这样的赔偿制度不仅不会给侵权人和潜在侵权人任何威慑，相反还会给侵权人继续侵权的动力，对于遏制侵权和预防侵权发挥不了应有的作用。

（二）我国现行著作权法规定的行政责任对著作权侵权救济的不足

现行著作权法对损害公共利益的著作权侵权行为规定了行政责任，著作权行政管理部门可以责令停止侵权行为，没收违法所得，没收、销毁侵权复制品，并可以处以罚款；情节严重的，著作权行政管理部门还可以没收主要用于制作侵权复制品的材料、工具、设备等。这些行政救济措施对于侵权人来说具有一定的威

慑作用，弥补了民事赔偿制度对侵权人无威慑的缺陷，但是其局限性是明显的。

（1）行政救济措施对侵权人的威慑有限。根据现行著作权法的规定，并非所有著作权侵权行为都需要承担行政责任，著作权法采取罗列的形式仅列举了八类著作权侵权行为可以由著作权行政管理部门追究其行政责任，而且这八类侵权行为都是损害公共利益的行为，对于现实中大量存在的未损害公共利益的著作权侵权行为不能适用，因此，尽管行政救济对侵权人有威慑功能，但是由于其适用范围的限制，其威慑作用非常有限。

（2）行政救济措施对权利人损失的弥补意义不大。著作权行政管理部门通过没收违法所得、没收、销毁侵权复制品、没收主要用于制作侵权复制品的材料、工具、设备等措施，削弱了侵权人的实力，有利于制止侵权，遏制类似侵权行为的再次发生，但是对权利人的实际损失发挥不了任何作用，即使是行政罚款，由于其最终归属于国家，不管著作权行政管理部门对侵权人罚款多少，对权利人的损失起不到任何补偿作用，从而也就无法激励权利人去积极维权，这也是著作权侵权行政救济的局限性之所在。

（3）行政救济不宜过度干预私权，否则会导致新的不公平。著作权属于典型的私权，当著作权这种私权被侵犯时，著作权行政管理部门通过行政手段来制裁著作权侵权行为，属于公权干预私权，其适用范围不宜太广，仅限于侵权行为同时侵害著作权人私益和社会公共利益，如果侵权行为仅损害了著作权人私益，就不能对侵权人主动追究行政责任，同为民事主体，著作权行政部门主动保护一方制裁另一方会造成平等主体之间的不公平，有公权过度干预私权之嫌。

综上所述，著作权侵权行政救济的功能主要是制裁侵权人，对受害人的损失无法发挥补偿作用。因此，行政救济对于著作权侵权中的受害人的保护是非常有限的。

（三）我国现行著作权法规定的刑事责任对著作权侵权救济的不足

我国《著作权法》规定了八类侵权行为构成犯罪的，依法追究刑事责任，具体的罪名和刑罚由《刑法》进行规定。现行刑法对著作权犯罪规定了"侵犯著作权罪"和"销售侵权复制品罪"两个罪名，刑事责任由于涉及侵权人的人身自由，对侵权人能产生较强的威慑作用，这是对补偿性赔偿制度的有力补充，但是它对著作权侵权救济存在明显不足。

（1）刑事责任适用范围太小、适用条件太严格。我国刑法仅规定了侵犯著作权罪和销售侵权复制品罪两个罪名，罗列了 8 类侵权行为，而且在这两个罪名的构成要件中还明确规定了"以营利为目的"的主观要件，这使得其适用范围更小。事实上，在现实中存在大量不以营利为目的侵权行为，对权利人同样造成了巨大的物质和精神损害，需要追究其刑事责任，尤其网络技术的快速发展，网络著作权犯罪的相关立法还有待深入和完善。因此，可以适当放宽适用范围和条件，以便更多的著作权侵权行为得到有效制裁。

（2）刑事责任适用范围的有限性导致其威慑作用的有限性。根据《刑法》第 217 条和第 218 条的规定，对从事著作权犯罪的人可能被判处有期徒刑、拘役、单处或并处罚金，有期徒刑和拘役都是限制人身自由的刑罚，对侵权人会产生比行政责任和民事责任更大的威慑力，但是按照刑法的罪刑法定原则，法无明文规定不为罪，法无明文规定不处罚，能够被刑法追究刑事责任的著作权侵权行为仅限于刑法明确规定的八类行为，对其他行为不能被追究刑事责任。事实上，刑事责任由于大多涉及人身自由，在著作权侵权领域适用范围不宜太广，否则有过度侵犯人权的嫌疑。因此，刑事责任仅对很少的著作权侵权行为人产生威慑作用，对其他大部分的侵权人都不能产生威慑作用，其对著作权侵权的制裁作用非常有限。

（3）刑事责任对权利人的损失没有补偿意义。有期徒刑、拘役是限制侵权人人身自由的刑罚，执行这两种刑罚对权利人的损失没有任何帮助。罚金从表面看起来是强迫侵权人交出一定的金钱，对于侵权人来说是一种惩罚，对于权利人的损失来说却得不到任何补偿，因为刑事罚金跟行政罚款一样，其最终归国家所有。

（4）刑法的谦抑性决定了刑事责任对著作权侵权救济的有限性。刑法的谦抑性又称刑法的经济性或节俭性，是指立法者应当力求以最小的支出——少用甚至不用刑罚（而用其他刑罚替代措施），获取最大的社会效益——有效地预防和抗制犯罪。其表现为：对于某种危害社会的行为，国家只有在运用民事的、行政的法律手段和措施，仍不足以抗制时，才能运用刑法的方法，即通过刑事立法将其规定为犯罪，处以一定的刑罚，并进而通过相应的刑事司法活动加以解决。❶著作权侵权首先是一种民事侵权，通常情况下应该通过民事救济措施解决，只有在其性质非常严重，对社会的危害性大，动用非刑罚处罚不能制约时，才适用刑法处罚。因此，刑事责任不可能大范围适用于著作权侵权，对著作权侵权的制裁是非常有限的。

综上所述，现行著作权法规定的著作权侵权救济措施都各自

---

❶　陈兴良：《刑法哲学》，中国政法大学出版社 1997 年版，第 5~6 页。

存在诸多不足，民事赔偿制度缺乏可操作性，不能足额补偿权利人的损失，不能威慑侵权人和潜在侵权人再次侵权，行政救济措施和刑事救济措施适用范围有限，只能对部分侵权人有威慑作用，都不能对权利人的损失进行补偿。因此，民事、刑事和行政这三种救济措施无论任何一种还是三种同时适用，都无法既能有效补偿权利人的损失又能有效遏制、预防侵权行为的发生，而能同时具备上述功能的只有惩罚性赔偿制度。

三、《著作权法（修订草案送审稿）》对侵权救济制度的规定及其评价

（一）《著作权法（修订草案送审稿）》对著作权侵权救济制度的规定

著作权法律制度是随着科学技术的发展而产生和发展的，随着新的科学技术的发展，我国现行著作权法的相关规定已经越来越不能适应社会经济文化发展的需要，为了适应社会发展的要求，我国于 2011 年 7 月开始启动《著作权法》的第三次修改，历经 3 年多时间，几易其稿，2014 年国家版权局报请国务院审议的《中华人民共和国著作权法（修订草案送审稿）》（以下简称《送审稿》）面世，并由国务院法制办公室决定将其全文公布，征求社会各界意见。根据该《送审稿》的规定，对著作权侵权救济制度做了比较大的修改，具体体现如下。

1. 《送审稿》对著作权侵权民事救济措施的变化

（1）计算损害赔偿额的方式取消了先后顺序，并增加了权利交易费用的合理倍数作为计算方式。根据《送审稿》第 76 条的规定，侵犯著作权或者相关权的，在计算损害赔偿数额时，权利人可以选择实际损失、侵权人的违法所得、权利交易费用的合理

倍数或者 100 万元以下数额请求赔偿。由此，计算损害赔偿额的计算方式由原来的"实际损失、侵权人的违法所得、法定赔偿"三种变成现在的"实际损失、侵权人的违法所得、权利交易费用的合理倍数和法定赔偿"四种，而且这四种计算方式由权利人自由选择适用，不再受先后顺序的限制。

（2）提高了法定赔偿额的最高限额。2010 年《著作权法》规定的法定赔偿的最高限额是 50 万元，《送审稿》将其提高到了 100 万元，赔偿额的高低是与整个社会的经济状况、消费水平相关的，提高赔偿额限额有利于权利人侵权损失的补偿。

（3）增加了惩罚性赔偿的规定。《送审稿》第 76 条规定：对于两次以上故意侵犯著作权或者相关权的，人民法院可以根据前款计算的赔偿数额的 2~3 倍确定赔偿数额。这是针对侵权人的主观状况规定的加重赔偿责任，不是因为侵权人的行为造成了更严重的侵权后果才要求侵权人承担更重的赔偿责任，同样的后果，只是侵权人的主观状态存在多次故意，需要承担更严厉的赔偿责任，对侵权人具有明显的惩罚性。

（4）增加了侵权人的举证责任。《送审稿》第 76 条第 4 款规定，人民法院为确定赔偿数额，在权利人已经尽力举证，而与侵权行为相关的账簿、资料主要由侵权人掌握的情况下，可以责令侵权人提供与侵权行为相关的账簿、资料；侵权人不提供或者提供虚假的账簿、资料的，人民法院可以根据权利人的主张判定侵权赔偿数额。这一规定对于权利人维权是有利的。

（5）对适用民事救济措施的侵权行为不再采取罗列的方式。《送审稿》对适用民事救济措施的著作权侵权行为不再具体罗列，而是采取抽象方式对其进行笼统的规定，《送审稿》第 72 条规定：侵犯著作权或者相关权，违反本法规定的技术保护措施或者权利管理信息有关义务的，应当依法承担停止侵害、消除影响、赔礼道歉、赔偿损失等民事责任。这种抽象的规定适用范围更广，包罗万象，避免了罗列不能穷尽全部的侵权行为、无法与社会发展同步的弊端。

2. 《送审稿》对著作权侵权行政救济措施的变化

《送审稿》对著作权侵权的行政救济措施主要通过第77条和第78条两条进行规定，❶ 根据这两条的规定，可以看出它与2010年《著作权法》对著作权侵权行政救济有很多的变化，具体表现如下。

（1）取消了损害公共利益作为承担行政责任的依据。2010年著作权法明确规定只有侵权行为同时损害公共利益的，著作权行政管理部门才对其进行行政处罚，而2014年《送审稿》去掉了"同时损害公共利益"的规定。

（2）增加了行政处罚的种类。行政处罚的种类除了原来的责令停止侵权、没收违法所得、没收、销毁侵权制品、罚款、没收主要用于制作侵权复制品的材料、工具、设备等之外，还增加了警告作为行政处罚的种类。

---

❶ 《著作权法（送审稿）》第77条规定：下列侵权行为，可以由著作权行政管理部门责令停止侵权行为，予以警告，没收违法所得，没收、销毁侵权制品和复制件，非法经营额五万元以上的，可处非法经营额一倍以上五倍以下的罚款，没有非法经营额、非法经营额难以计算或者非法经营额五万元以下的，可处二十五万元以下的罚款；情节严重的，著作权行政管理部门可以没收主要用于制作侵权制品和复制件的材料、工具、设备等；第78条规定：下列违法行为，可以由著作权行政管理部门予以警告，没收违法所得，没收主要用于避开、破坏技术保护措施的装置或者部件；情节严重的，没收相关的材料、工具和设备，非法经营额五万元以上的，可处非法经营额一倍以上五倍以下的罚款，没有非法经营额、非法经营额难以计算或者非法经营额五万元以下的，可处二十五万元以下的罚款。

（3）罚款的依据更明确。2010 年《著作权法》规定著作权行政管理部门可以对侵权人进行罚款，但是罚款的标准并不明确，由著作权行政管理部门自由裁量，而 2014 年《送审稿》明确规定了罚款的标准，分为两个不同的级别加以规定，对于非法经营额在 5 万元以上的，规定可以处以非法经营额 1 倍以上 5 倍以下的罚款，对于没有非法经营额、非法经营额难以计算或者非法经营额 5 万元以下的，规定可以处以 25 万元以下的罚款。

（4）承担行政责任的侵权种类更加细化和全面。2014 年《送审稿》将可以承担行政责任的侵权行为由 2010 年《著作权法》规定的 8 类细化为 12 类，尤其是把侵犯技术保护措施和权利管理信息的行为单独作为一条分为四类侵权行为加以规定，使技术保护措施和权利管理信息能够得到更有效的保护。

3.《送审稿》对著作权侵权刑事救济措施的变化

《送审稿》对著作权侵权刑事救济的规定主要体现在第 77 条和第 78 条，对于可以追究行政责任的侵权行为，如果构成犯罪的，依法追究刑事责任，从《送审稿》的规定来看，追究刑事责任的范围有所扩大，由原来的 8 类行为扩大为 12 类行为，相应地，著作权犯罪的罪名应该增加，刑罚种类、量刑轻重都会随着社会经济的发展有所调整，但是由于具体的刑事责任是由刑法进行规定的，根据罪刑法定原则，必须修改刑法才能使著作权侵权刑事救济真正对侵权人发挥作用。

（二）对 2014 年《送审稿》关于著作权侵权救济制度的评价

1.《送审稿》关于著作权侵权救济制度的规定值得肯定的方面

（1）加大了著作权和相关权的保护力度。根据 2014 年国家法制办公布的《送审稿》的规定，这次修订一个很明显的变化是加大了对著作权及相关权的保护力度，第一次明确规定了惩罚性赔偿制度，对两次以上故意侵权的侵权人适用惩罚性赔偿，这对于中国来说具有里程碑的意义；进一步完善了补偿性赔偿制度，提高了法定赔偿的最高限额，幅度从原来的 50 万元提高到了 100 万元；扩大了行政责任和刑事责任的适用范围，取消了损害公共利益的条件限制，增加了警告作为行政处罚的种类。上述这些变化均充分体现了国家对著作权及相关权保护的重视，加强著作权及相关权的保护力度是我国发展科学文化艺术的现实需要，也是我国参与国际竞争的需要，这次修法是一次立足现实，与时俱进的修法。

（2）作出了有利于权利人维权的规定。权利人的权利被侵害后，权利人是否积极维权，取决于维权的效果，现实中有一部分权利人往往由于担心举证难、实际损失难以计算等原因而主动放弃维权，而此次修法为了减轻权利人的负担，对举证责任作了明确规定，增加了侵权人的举证责任，在权利人已经尽力举证，而与侵权行为相关的账簿、资料主要由侵权人掌握的情况下，可以责令侵权人提供与侵权行为相关的账簿、资料，这为权利人减少了因为举证不能而败诉的风险。此外，这次修法还增加了权利交易费用的合理倍数作为计算方式，并且取消了计算损害赔偿额的方式的先后顺序，使权利人可以选择最有利于自己的计算方式来计算损害赔偿额，为诉讼节约了成本，赢得了最大利益。

（3）立法更严谨。此次修法对于承担民事责任的著作权侵权行为不再采取罗列的方式，这是立法技术的一大进步，也使得立法更为严谨，采取罗列的方式来规定著作权侵权行为，很多人认为它简单明了，让所有人一看就知道哪些行为构成著作权侵权，对于主观上并不想侵权的行为人来说，可以避免很多不必要的侵权纠纷的发生，但事实并非如此，由于法条篇幅的限制，罗列不可能太详细和具体，并不是所有人一看就可能明确判断自己的行为是否构成侵权，而且罗列难以穷尽所有的著作权侵权行为，即使在立法时能穷尽当时的所有著作权侵权行为，但是社会是不断发展的，随着社会的发展，会不断出现新的著作权侵权行为，而著作权法作为法的一种，具有法的一般特性——稳定性，不可能朝令夕改，这样导致新出现的著作权侵权行为就无法被涵盖，使其由于没有法律依据而逃避法律的制裁。因此，此次修法取消罗列方式，既简化了法律条文，又从根本上克服了罗列导致的弊端，非常值得肯定。

2.《送审稿》关于著作权侵权救济制度的规定有待进一步完善的方面

（1）《送审稿》对权利人的精神损害赔偿没有明确规定。精神损害赔偿是指对非财产利益损害的赔偿，我国过去长期对此予以否认，1986年《民法通则》首次规定了该制度，但是在司法实践中对其适用特别谨慎，在著作权法中至今没有明确规定该制度。著作权法对著作权人和相关权人（邻接权人）规定的权利包括人身权和财产权两个方面，对著作财产权的侵害明确规定通过现有的赔偿制度进行赔偿，但是对于著作人身权的损害如何赔偿没有明确规定。事实上，从大陆法系国家的著作权法律制度的发展历史来看，著作人身权自《法国作者权法》开始，就一直作为著作权内容的重要组成部分而存在，并为德国等大多数大陆法系国家所沿用，认为作品是作者人格的体现和反映，是作者人格或精神的外延，强调作者的著作人身权是大陆法系国家和英美法系国家相区别的一个重要特点，这与英美法系国家认为著作权就是财产权不包括人身权的观点形成鲜明对比。既然我国属于大陆法

183

系国家，立法也规定了著作人身权，但没有明确规定人身权受损害后的赔偿制度，这不能不说是一大遗憾。

尽管有学者认为我国著作权法并没有排除侵害著作权的精神损害赔偿，❶ 其依据是我国 1986 年《民法通则》第 120 条的规定、2001 年《最高人民法院关于确定民事侵权精神损害赔偿责任若干问题的解释》和 2010 年《侵权责任法》第 22 条的规定，事实上，《民法通则》第 120 条是关于公民的肖像权、姓名权、荣誉权、名誉权等一般人身权受侵害后可以提起精神损害赔偿，公民的一般人身权和著作人身权是不同的两类人身权，前者是所有自然人基于出生就享有，基于死亡而消失，而著作人身权则是基于作品的创作而产生，只有创作作品的人才享有著作人身权，在作者死亡后该权利依然可以得到保护。因此，不能将一般人身权和著作人身权等同，一般人身权受伤害可以提起精神损害赔偿并不意味着著作人身权受伤害可以提起精神损害赔偿。而《最高人民法院关于确定民事侵权精神损害赔偿责任若干问题的解释》中所列举的可以提起精神损害赔偿的人身权仅仅指"人格尊严权、生命权、人身自由权、健康权、身体权、荣誉权、姓名权、肖像权、名誉权"，并不包含作品的发表权、署名权、修改权和保护作品完整权等著作人身权。因此，《民法通则》及《最高人民法院关于确定民事侵权精神损害赔偿责任若干问题的解释》都不能作为著作权被侵害提起精神损害赔偿的依据。至于《侵权责任法》第 22 条规定被侵权人在其人身权益受侵害造成严重精神损害的，可以请求精神损害赔偿，该规定是否当然适用于著作权侵权领域，关键在于对人身权益的理解是否包括著作人身权，这在

---

❶ 冯晓青：《著作权法》，法律出版社 2010 年版，第 245 页。

理论界存在不同的认识，正因为我国著作权法没有明确规定，而理论界又存在争议，这使得在司法实践中几乎没有支持著作权精神损害赔偿的判决。

实际上，在著作权法中规定精神损害赔偿在大陆法系国家很常见，如《德国著作权法》第 97 条第 2 款规定：著作人、科学版本撰写人（第 70 条）、照片摄制人（第 72 条）和艺术表演人（第 73 条）得对非财产权的损害要求用合理金钱赔偿。[1]《意大利著作权法》第 158 条第 3 款规定：根据《意大利民法典》第 2059 条的规定应当对其非财产性损害进行赔偿。《西班牙著作权法》规定：对于精神权利的损害，即使有足够的证据说明并未造成经济损失，被侵权人也有权要求赔偿。[2] 因此，笔者主张我国也应当像德国、西班牙和意大利等国家那样，将精神损害赔偿明确规定在著作权损害赔偿制度中。这不仅是对大陆法系国家的立法经验的借鉴，而且是由精神权利在著作权中的重要地位和精神损害在著作权侵权中的普遍性决定的。

（2）归责原则不明确。归责，是指行为人因其行为和物件造成他人损害的事实发生以后，应依何种根据使之负责，此种根据体现了法律的价值判断，即法律应以行为人的过错还是应以已发生的损害结果作为价值判断标准而使行为人承担侵权责任。[3] 归责原则是确认侵权人承担损害赔偿责任的一般准则，它是在损害事实已经发生的情况下，为确定侵权人对自己的行为所造成的损

---

[1] 《十二国著作权法》翻译组译：《十二国著作权法》，清华大学出版社 2011 年版，第 180 页。

[2] 郑成思：《版权法》，中国人民大学出版社 1990 年版，第 254 页。

[3] 王利明：《侵权行为法研究》，中国人民大学出版社 2004 年版，第 193～194 页。

害，以及对自己所管领下的人或物所造成的损害，是否应当承担赔偿责任的原则。❶ 一般认为归责原则有过错责任原则、无过错责任原则、过错推定原则。我国 2010 年著作权法对于著作权侵权损害赔偿的归责原则没有作出明确规定，2014 年《送审稿》也没有对其作出规定，如果说 2010 年《著作权法》采取罗列的方式规定著作权侵权行为，归责原则对权利人判断侵权人是否应承担侵权责任并无大碍的话，那么 2014 年《送审稿》对承担民事责任的侵权行为取消了罗列的方式，这使得权利人无法再直接根据法条对具体侵权行为的规定来判断某种行为是否可以追究侵权责任，权利人根据何种依据来追究侵权人的侵权责任变得非常重要，到底是侵权行为给权利人造成损失就可以追究侵权人的责任，还是同时需要侵权人主观上有过失或过错才可以追究其侵权责任，在立法中有必要进行明确规定，以便权利人能够有效维权。

（3）惩罚性赔偿制度有待进一步完善。《送审稿》明确规定了惩罚性赔偿制度，这是我国著作权立法的一大突破，非常值得肯定，但是我国第一次在著作权法中规定该制度，立法者对该制度还是过于谨慎，有待进一步完善和细化。

第一，《送审稿》规定适用惩罚性赔偿的主观要件是"两次以上故意侵权"，如何理解两次以上故意侵权，笔者认为有多种理解，一种理解是一个侵权主体针对同一个权利人的同一个权利实施了两次以上故意侵权，另一种理解是一个侵权人针对不同权利人的不同权利或者同一权利人的不同权利实施了两次以上故意侵权。如果是第一种理解，权利人必须证明侵权人针对自己的权

---

❶ 杨立新：《侵权责任法》，法律出版社 2012 年版，第 63~64 页。

利实施了两次故意侵权才能向法院请求惩罚性赔偿，这使得侵权人一次故意侵权可以免于惩罚性赔偿，这样的规定并不科学，一次故意侵权有时给权利人造成的损害并不一定比两次故意侵权给权利人造成的损害小，而且侵权人为了逃避惩罚性赔偿，可能选择实行一次大的故意侵权，其损害后果远远超过两次故意侵权造成的损害，他却不需要承担惩罚性赔偿责任，这样的规定明显不合理。如果是上述第二种理解，那么权利人得证明侵权人不仅故意侵犯了权利人的权利，还要证明侵权人故意侵害了其他人的权利，这在现实中是很难做到的。因此，这个主观要件的规定过于严格，最终要么是侵权人主动逃避惩罚性赔偿，要么是权利人无法证明侵权人的两次故意侵权而使得惩罚性赔偿制度形同虚设，根本无法适用，使设立惩罚性赔偿制度的目的落空。

　　第二，惩罚性赔偿额的规定不合理。《送审稿》规定惩罚性赔偿金由法院根据补偿性赔偿金的2~3倍来确定。根据补偿性赔偿金的数额的合理倍数来确定惩罚性赔偿金似乎成为很多国家的做法，但是为何是2~3倍而不是更多或更少，没有发现有人对此作出论证，笔者认为惩罚性赔偿要体现其对侵权人的威慑，就应该让侵权人对自己侵权的责任无法预料，如果规定惩罚性赔偿额是补偿性赔偿的2~3倍，就会使侵权人对其赔偿额具有了可预测性，使侵权人能预知自己可能承担的最重的赔偿责任，从而使侵权人可以将其可能承担的侵权责任提前进行转嫁，这样就会使惩罚性赔偿对侵权人的惩罚功能根本就无法实现。因此，笔者倾向于对惩罚性赔偿额不做限制，由法官根据具体案情决定，这样更能发挥惩罚性赔偿制度对侵权人的威慑功能。

　　第三，没有规定确定惩罚性赔偿金应参考的因素。尽管惩罚性赔偿和补偿性赔偿都是因为侵权人的侵权行为要求侵权人承担的责任，但是，确定惩罚性赔偿金和补偿性赔偿金的根据是不同的，惩罚性赔偿更多的是从侵权人的主观方面考虑的，而补偿性赔偿主要是从侵权行为造成的损害后果来确定的，如侵权人给权利人造成 10 万元的损失，作为补偿性赔偿责任，不管这 10 万元侵权损害是两次故意侵权还是三次故意侵权造成的，侵权人最终承担的补偿性赔偿金就是 10 万元，但是对于惩罚性赔偿金的确定来说，两次还是多次故意侵权，惩罚性赔偿金的确定应该是不同的，故意侵权的次数直接反映了侵权人应受谴责的程度。因此，在确定惩罚性赔偿金数额时，不能直接套用补偿性赔偿金的 2 倍还是 3 倍，而是应该考虑多方面的因素综合来确定，为了便于司法机关客观公正地判决案件，实现司法统一，建议在著作权法中应明确规定确定惩罚性赔偿金应该参考的具体因素。

（4）缺少权利人和侵权人互利共赢的侵权责任的规定。对正在进行的侵权行为，要求侵权人停止侵权是权利人要求侵权人承担的一种最常见的民事责任形式。销毁侵权制品和复制件是侵权人承担的行政责任形式，但在现实中，停止侵权、销毁侵权制品和复制件对于权利人来说并不是最理想的侵权救济形式，对侵权人来说也可能造成很大损失，如某一侵权人未经权利人的许可将权利人的小说改编成剧本并投入大量人力物力进行拍摄，如果权利人要求侵权人停止使用，对侵权人来说意味着大量人力物力的浪费，也许从理论上来说，侵权人的损失"罪有应得"，但是对于权利人来说，停止侵权也不是最有利的，因为著作权的价值是通过不断使用来实现的，如果权利人不要求侵权人停止侵权，而是要求其支付相应的使用费来替代，对权利人和侵权人来说都是最有利的，也都是最希望的结果，可谓两全其美，权利人实现了作品的使用价值，侵权人没有浪费其已经投入的人力和物力。这种以赔偿损失来替代停止侵权的理论在多年前曹新明教授就已经提出，而且地方法院也有类似的规定，如 2010 年上海市高级人民法院《关于知识产权侵权纠纷中适用法定赔偿方法确定赔偿数额的若干问题的意见（试行）》（沪高法〔2010〕267 号）第 11条规定：知识产权侵权诉讼中，因判决停止侵权可能会损害社会公共利益或者严重损害第三人利益而不判决停止侵权的，赔偿数额应当高于判决停止侵权的同类案件。❶ 2005 年通过的《江苏省高级人民法院关于知识产权侵权损害适用定额赔偿办法若干问题的指导意见》第 8 条规定：因个案具体情况不判决销毁涉案侵权产品较为合理的，可以视情况增加定额赔偿的数额。❷ 因此，从权利人和侵权人互利共赢的角度出发，可以将上海市高级人民法院和江苏省高级人民法院的相关做法吸收到著作权法中，规定在不损害公共利益和第三人利益的情况下，侵权人可以以赔偿权利人损失来替代停止侵权和销毁侵权制品或复制件。

（5）法定赔偿的最高限额太低。《送审稿》将其限额提高到了 100 万元，与原来的 50 万元相比确实提高了 1 倍，但是它还是难以满足现实的需要，当前物价猛涨，尤其是网络游戏、电视、电影作品投资巨大，少则几千万元，多则几亿元，一旦侵权，造成的损失也是巨大的。在 2017 年判决的腾讯公司诉暴风公司《中国好声音（第三季）》盗播案中，法院认定暴风公司构成侵权，判决其赔偿腾讯公司单集超 100 万元，6 集总额 606 万元；在网易诉 YY 侵犯著作权及不正当竞争案一审判决中，法院明确

---

❶　载 http://vip.chinalawinfo.com/newlaw2002/slc/slc.asp? gid = 17428168，最后访问日期：2018 年 2 月 20 日。

❷　载 http://www.law51.net/law8/jiangsu/index.htm，最后访问日期：2018 年 2月 20 日。

直播电子游戏构成对电子游戏著作权侵权，判决被告赔偿原告经济损失 2 000 万元。如果法院判决时适用 50 万元或者 100 万元的法定赔偿，显然无法足额赔偿被侵权人的损失。2013 年修订后的《商标法》将法定赔偿的最高限额调整为 300 万元；《专利法》第四次修订草案送审稿的第 68 条第 2 款规定："权利人的损失、侵权人获得的利益和专利许可使用费均难以确定的，人民法院可以根据专利权的类型、侵权行为的性质和情节等因素，确定给予十万元以上五百万元以下的赔偿。"因此，与商标法和专利法相比，著作权法对法定赔偿的最高限额偏低。

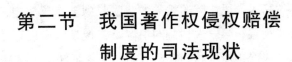

第二节　我国著作权侵权赔偿 制度的司法现状

著作权侵权损害赔偿制度是影响著作权保护水平的重要救济制度，各国著作权立法均将其作为立法的重要内容，我国司法机关一直贯彻全面赔偿原则，但是在司法实践中，权利人经常会抱怨取证难、维权成本高、损失得不到足额赔偿而使我国现有的赔偿制度备受质疑，事实是否真如权利人所言，本节将从法院的著作权侵权损害赔偿案例判决书中所获取的第一手材料，运用实证研究方法，进行数理统计和定量分析，以期以翔实的资料、严谨的态度、科学的方法，分析我国著作权侵权损害赔偿的司法现状，以便进一步证实现有赔偿制度的利弊，为我国正在进行的著作权法的修改提供佐证材料，为惩罚性赔偿制度是否有必要引入著作权侵权领域提供支撑，使著作权侵权赔偿制度更加完善和科学。

一、我国近三年著作权侵权案件抽样统计

（一）案例选取说明

通过分析比较各数据库的优劣和案例丰富性，笔者以北大法意网的中国裁判文书库作为案例来源的数据库，具体通过设置检索条件为："判决时间"设置为 2011 年 1 月 1 日至 2013 年 12 月 31 日，"案由"选择"参考案由"中的"著作权权属、侵权纠纷"项下所有以"侵害"二字开头的选项，并且"文书类型"选择"判决书"，为了确保结果的科学性，案例的选取本着随机及全覆盖的原则，基本是按照网页显示的顺序每隔两页或每隔 10 个左右选择 2~3 份判决书的方式进行随机抽选，以保证判决书选取的随机性；并且分别按地域在北京、上海、浙江、江苏、广东五个省市各选取 30 份关于著作权权属及侵权的判决书，其中北京的搜索结果为 1 665 条，抽样比为 1.8%；上海的搜索结果为 978 条，抽样比为 3%；浙江的搜索结果为 634 条，抽样比为 4.7%；江苏的搜索结果为 249 条，抽样比为 12%；广东的搜索结果为 1 522 条，抽样比为 2%。其中对于北京、上海地区抽选判决书时是以覆盖全部法院（包括一中院、二中院及各区法院）的方式选取的，对于其余三个省份的选取是覆盖全部城市的中级法院及省高级法院。除了从这五个省选取这 150 个案例以外，还从 2008~2013 年最高人民法院公布的全国每年 50 大典型知识产权案例中选取了 38 个著作权典型案例。因此，本书研究的样本总共是 188 个著作权权属和侵权案例的判决书。

（二）具体统计事项

笔者对选取的 188 个案例的相关事项进行统计，具体包括：案件名称（使用北大法意数据库命名）；原告诉求，包括诉求总

金额、有无合理费用（包括律师费、公证费、其他取证费用、为诉讼花费的交通费、住宿费等）的诉求，有无诉讼费用（包括案件的受理费、申请费和其他诉讼费用）的诉求，有无精神损害的诉求；实际赔偿金额，包括侵权损失赔偿额、精神损害的支持情况、合理费用的支持情况和诉讼费用的分配情况；诉讼时间（以月为单位）；法院计算赔偿额的方式，包括以实际损失计算、以侵权所得计算、法定赔偿；审判法院情况，包括级别、地区、案件审级及上诉情况；案件所属地域情况。

（三）案件分布情况

笔者依托北大法意数据库收集 2011 年 1 月 1 日至 2013 年 12 月 31 日北京、江苏、上海、广东、浙江五个省市各级人民法院关于著作权侵权案件做出的生效判决书 150 份，加上 2008~2013 年最高人民法院公布的全国每年 50 大典型知识产权案例中选取了 38 个著作权侵权典型案例，总计 188 个案例，其中判决原告胜诉并且有赔偿数额的生效判决书共计 151 件，占全部案件的 80.3%，即原告胜诉率约为 80.3%，原告的败诉率为 19.70%，如图 5-1 所示。

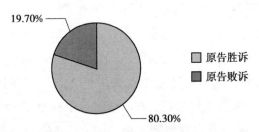

图 5-1　著作权侵权纠纷案件原告胜诉率

1. 法院级别分布

笔者搜集的 188 个著作权侵权案件的有效判决书涵盖最高人民法院、高级人民法院、中级人民法院和基层人民法院等四级法

院系统的判决书。其中，基层人民法院审结的案件有 50 件，占
26.60%；中级人民法院审结的案件 91 件，占 48.40%；高级人民
法院审结的案件 42 件，占 22.34%；最高人民法院审结的案件 5
件，占 2.66%。其中，一审案件 93 件，占全部案件的 49.5%，
二审案件 95 件，占全部案件的 50.5%，由中级人民法院审结的
一审案件有 43 件，说明我国基层人民法院和中级人民法院是审
理著作权侵权纠纷一审案件的主体力量，而且著作权侵权案件上
诉率比较高。

2. 案源地分布

笔者主要选取知识产权比较发达的北京、上海、广东、浙江
和江苏作为有效案例判决书来源地，但是从 2008～2013 年最高人
民法院公布的全国每年 50 大典型知识产权案例中选取的 38 个著
作权侵权典型案例除了来自上述五个省市之外，还有来自于其他
省的，具体见表 5-1。

表 5-1　案源地省级分布　　　　　　　　　（件）

北京	上海	江苏	广东	浙江	其他
42	33	35	32	33	13

综上，尽管所选择的案例没有涵盖全国法院所有关于著作权
侵权纠纷案件的判决书，但是其涵盖的范围是经济比较发达的省
市，横跨我国南北，在地域上具有一定的广度，而且所选省市都
是对著作权的保护相对比较重视的地区，因此上述所选判决书具
有较强的代表性，它能一定程度上反映我国著作权侵权损害赔偿
的状况。

二、权利人维权的成本分析

权利人维权的成本主要包括经济成本和时间成本两个部分，其中经济成本是指原告在权利被侵害后起诉到法院所花费的金钱，包括权利人为制止侵权行为所支付的合理开支和法院判决承担的诉讼费用。时间成本则是指权利人为了打官司所花费的时间，包括一审和二审的全部时间。本部分将对权利人被侵权后的维权的成本以及法院对维权成本与损失赔偿请求的支持状况进行分析，试图能得出一个反映现有著作权侵权赔偿制度运行状况的结论。

（一）权利人维权的经济成本分析

1. 权利人维权的合理开支

根据现行《著作权法》第 49 条规定，侵权人赔偿给权利人的赔偿数额应当包括权利人为制止侵权行为所支付的合理开支。而合理开支的范围由《最高人民法院关于审理著作权民事纠纷案件适用法律若干问题的解释》做了进一步的界定，根据该解释的规定，《著作权法》第 49 条第一款规定的制止侵权行为所支付的合理开支，包括权利人或者委托代理人对侵权行为进行调查、取证的合理费用；人民法院根据当事人的诉讼请求和具体案情，可以将符合国家有关部门规定的律师费用计算在赔偿范围内。❶ 因此，依法可以得到法院支持的合理开支应包括调查取证费用、符合规定的律师费用。

---

❶ 参见《最高人民法院关于审理著作权民事纠纷案件适用法律若干问题的解释》第 26 条的规定。

（1）权利人主张合理开支的比例。

在本次研究收集的 188 个案例中，如图 5-2 所示，权利人在起诉书中明确要求被告支付合理开支的有 139 个案例，占全部抽样案例的 73.94%，其中单独计算合理开支的有 101 个案例，占抽样案例总量的 53.72%，合理开支与损害赔偿一起提出的有 38 个案例，占抽样案例总数的 20.21%，未提出合理开支的案例有 49 个，占全部抽样案例的 26.06%。由这些数据可以看出，大多数的权利人在维权时充分考虑到了自己的利益，将维权的合理开支明确写在起诉状中，只是有些诉状撰写并不规范，没有将合理开支与损害赔偿分开来写，不利于法官准确判断，但是未将合理开支列入诉讼请求的权利人仍然占有较大比例，这不利于维护权利人的利益。

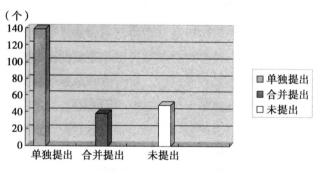

图 5-2　提出合理开支情况

从地域分布来看，正如表 5-2 随机所选的北京的 30 个案例中，权利人明确主张合理开支的有 23 个案例，占该地区案例总量的 76.67%，其中单独计算合理开支的有 19 个案例，占该地区总量的 63.33%，与损害赔偿一并提出合理开支的有 4 个案例，占该地区总量的 13.33%，未提出合理开支的案例有 7 个，占该地区总量的 23.33%；而随机所选的上海的 30 个案例中，权利人明确主张合理开支的有 25 个案例，占该地区的 83.33%，其中单独计算合理开支的有 22 个，占该地区的 73.33%，与损害赔偿一并提出合理开支的有 3 个，占该地区总量的 10%，未提出合理开支的案例有 5 个，占该地区总量的 16.67%；随机所选的 30 个广东的案件中，权利人明确主张合理开支的有 18 个案例，占该地区案例总量的 60%，其中 11 个案件单独计算合理开支，占该地区总量的 36.67%，7 个案件合并提出合理开支，占该地区总量的 23.33%，未提出合理开支的有 12 个案件，占该地区总量的 40%；随机选取的江苏的 30 个案例中，27 个案件中权利人明确提出合理开支的诉求，占该地区抽样总数的 90%，22 个案例单独计算合理开支，占该地区的 73.33%，仅有 3 个未提合理开支的诉求，占该地区抽样总数的 10%；随机选取的浙江的 30 个案件中，23 个案例明确提出合理开支诉求，占抽样总数的 76.67%，其中单独计算合理开支诉求的有 14 个，占抽样总数的 46.67%，合并计算合理开支的有 9 个，占抽样总数的 30%，未提出合理开支的有 7 个，占抽样总数的 23.33%。

从数据可以看出，随机所选北京、上海、广东、江苏、浙江等五个地区的各 30 个案例，尽管这五个地区都是知识产权比较发达的地区，相对其他地区权利人的知识产权意识更高，但是从统计结果来看，提出合理开支诉求的地域差异比较明显，提出合理开支诉求比例最高的是江苏省，最低的是广东省，相差 30%，明确单独提出合理开支比例最高的是江苏和上海，最低的仍是广东省，相差 33.66%。

表 5-2　合理开支比例情况

| | 合理开支 | | | | | | 未提出合理开支 | |
| | 合理开支总量 | | 单独提出合理开支 | | 合并提出合理开支 | | | |
	数量（个）	比例	数量（个）	比例	数量（个）	比例	数量（个）	比例
北京	23	76.67%	19	63.33%	4	13.33%	7	23.33%
上海	25	83.33%	22	73.33%	3	10%	5	16.67%
广东	18	60%	11	36.67%	7	23.33%	12	40%
江苏	27	90%	22	73.33%	5	16.67	3	10%
浙江	23	76.67%	14	46.67%	9	30%	7	23.33%

（2）权利人主张合理开支数额大小。

从选取的 188 个样本中，明确单独计算合理开支的有 101 个案例，其中最高的合理开支诉求是 50 万元，最低的合理开支诉求是 71 元，101 个案件的合理开支的平均值为 19 960.78元。其中小于 2 000元的有 20 个案件，大于 2 000元小于等于 5 000元的有 45 个，大于 5 000元小于等于 10 000元的有 20 个，大于 10 000万元小于等于 50 000元的有 12 个，50 000元以上的有 4 个。由这组数据可以看出，合理开支数额在 2 000元到 5 000元的相对较多，合理开支特别高的案件比较少，但是合理开支的平均值并不低，这直接增加了权利人维权的成本。

从地域分布来看，如图 5-3 所示，北京的合理开支平均值为 8 779.27元，上海的合理开支平均值为 34 312.44元，广东的合理开支平均值为 4 627.85元，江苏省的合理开支平均值为 11 700.68元，浙江省的合理开支平均值为 3 343.71元。根据这五个地区的合理开支平均值的统计可以发现，这五个地区的合理开支平均值从高到低排列依次为上海、江苏、北京、广东和浙江，浙江省的合理开支平均值最低，上海的合理开支平均值最高，合理开支平均值的地域差异极大，上海的合理开支平均值是浙江的合理开支平均值的 10.26 倍，这从一定程度上反映了上海的著作权维权成本比较高。

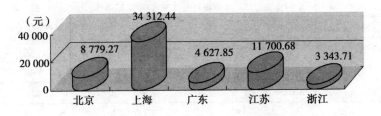

图 5-3　合理开支平均值地域分布

2. 权利人维权的诉讼费用

诉讼费用是指民事诉讼过程中应当由当事人向法院缴纳的费用，根据《最高人民法院关于诉讼费用交纳办法》第 6 条的规定，当事人应当向人民法院交纳的诉讼费用包括：案件受理费、申请费、证人、鉴定人、翻译人员、理算人员在人民法院指定日期出庭发生的交通费、住宿费、生活费和误工补贴。从研究的 188 个抽样样本来看，根据判决书的判决结果发现 188 个案件中有 133 个案件原告承担了诉讼费用，占抽样总数的 70.74%，其中有 115 个案件是由权利人和被告共同承担，占抽样案件的 61.17%，有 18 个案件由权利人全部承担，占抽样案件的 9.57%，有 55 个案件是由被告全部承担，占抽样案件的 29.26%，权利人承担的最低的诉讼费用是 13 元，最高的是 84 800 元，平均承担的诉讼费用是 4 502.64 元。诉讼费用在 100 元以下的案件有 29 个，占抽样总数的 15.43%；100 元以上 1 000 元以下的案件有 53 个，占抽样总数的 28.19%；诉讼费用在 1 000 元以上 5 000 元以下的案件是 23 个，占抽样总数的 12.24%，诉讼费用在 5 000 元以上的案件有 24 个，占抽样总数的 12.77%。

从上述数据可以看出，权利人在维权过程中，大多数情况下需要承担诉讼费用，而且诉讼费用的绝对值不小，是权利人一项不小的维权成本。诉讼费用是与诉讼标的大小成正比的，法院根据诉讼标的的一定比例收取诉讼费用，从抽样结果来看，诉讼费用高的案件比例不小，这说明著作权侵权纠纷并不像有的学者所说的是小额诉讼，50 万元以下的法定赔偿并不能完全解决著作权侵权赔偿问题。

（二）权利人维权的时间成本分析

权利人维权的时间成本主要指权利人维权所花费的时间，根据民事诉讼法的规定，法院对民事案件实行两审终审制，当事人对一审判决结果不服的，还可以上诉到上一级人民法院，案件经过二审人民法院审理后作出的判决就是生效的判决，只有当事人对已经发生法律效力的判决、裁定认为有错误的才可以向人民法院申请再审，人民法院在审查当事人的要求后符合法律规定的才启动再审程序。笔者所计算的时间如果只有一审的计算一审时间，如果有二审的，维权时间是从一审立案开始计算到二审判决生效，如果案件经过再审的，维权时间包括一审、二审和再审的时间。但是从抽样的 188 个样本中，只有 123 个案件能从判决书中找出维权的时间，其他 65 个案件只有判决时间而没有立案时间，这说明判决书的制作还需要进一步规范。在抽样的 188 个案件中，有 95 个案件经过了二审程序，占抽样总数的 50.53%，5个案件经过了再审程序，占抽样总数的 2.66%。能找出维权时间的 123 个案件，维权的平均周期为 6.28 个月，一审案件的平均周期是 4.8 个月，二审案件的平均周期为 12.03 个月，远远高于一

审（6个月）加二审（3个月）之和，而著作权侵权纠纷案件上诉率相当高，根据上述的统计数据，上诉率达50.53%，这说明著作权侵权案件权利人的维权时间成本是比较高的。

三、法院对诉求的支持力度分析

权利人维权时的诉求一般包括要求被告赔偿侵权损失、要求被告支付维权的合理开支、要求被告承担诉讼费用。本部分将从法院对权利人的侵权损失、合理开支和诉讼费用等三个方面的支持力度逐一进行分析。

（一）法院对权利人损失的支持力度

（1）损害赔偿的计算方法。根据《著作权法》第49条的规定，计算权利人侵权损失的方法有三种：第一种是以权利人的实际损失来赔偿；第二种是以侵权人的违法所得给予赔偿；第三种是由人民法院根据侵权行为的情节，判决给予50万元以下的赔偿。这三种计算赔偿的方法有先后顺序，只有在第一种无法适用时，才可以适用第二种来确定赔偿额；在第二种也不能适用时，才能适用第三种方法来确定赔偿额，可以说第三种方法是一种不得已才使用的方法。在188个抽样案件中，152个案件原告胜诉，胜诉率为80.85%，说明法院对权利人的支持率比较高，但152个胜诉案件中有145个案件适用法定赔偿，占胜诉案件的95.39%，仅有1个案件按照侵权人的违法所得给予赔偿，占胜诉案件的0.66%，6个案件按照权利人的实际损失给予赔偿，占胜诉案件的3.95%。法定赔偿在案件中适用的前提是权利人的实际损失和侵权人的违法所得都无法计算，而从上述数据中可以看出，法定赔偿在著作权侵权案件中普遍适用，这足以说明著作权侵权案件的特殊性，其损失无法准确计算。

（2）对权利人损失赔偿请求的支持力度。赔偿损失是权利人维权时最常见的一个诉求，权利人通常要求侵权人基于自己的侵权行为承担经济赔偿责任，但是权利人诉求的赔偿数额与法院最终判决的赔偿数额往往并不一致，法院判决的赔偿数额与权利人诉求的赔偿数额差额大小反映了法院对权利人维权的支持力度。在抽样的 188 个案件中，法院判决权利人胜诉的有 152 个，法院判决的赔偿数额与权利人请求赔偿的数额一致的案件有 8 个，占胜诉案件的 5.26%；法院判决赔偿的数额少于权利人请求赔偿数额的案件是 144 个，占胜诉案件的 94.74%。152 个案件请求赔偿的数额总额是 47 468 214 元，获赔总额为 21 923 656 元，获赔率为46.19%。权利人请求赔偿数额高于 50 万元的有 24 个，占全部样本的 12.77%，在这 24 个请求赔偿额高于 50 万元的案件中，除了5 个权利人败诉的案件之外，其他 19 个案件均适用法定赔偿来计算赔偿额，而根据现行著作权法的规定，法定赔偿的最高限额为50 万元，这说明这 19 个案件的权利人均不可能获得足额赔偿或支持。

此外，188 个案件中仅有一个案件的权利人在诉讼请求中提起精神损害赔偿，但是最终没有获得法院的支持。从整体上来讲，法院对权利人损失赔偿额的支持力度是偏低的，当然偏低可能是由多种原因造成的，可能是权利人期望值太高，也可能是著作权本身难以准确计算，也可能是法院基于其他的政策考量，如有时法院为了保护某一个行业或产业免于衰败而特意将赔偿数额压得比较低。

（二）法院对权利人合理开支的支持力度

如上文所述，从选取的 188 个样本中，权利人在起诉书中明确要求被告支付合理开支的有 139 个案例，其中明确单独计算合理开支的有 101 个案例，合理开支与损害赔偿一起提出的有 38 个案例，未提出合理开支的案例有 49 个，单独提出的合理开支总额是 2 016 039 元，案件合理开支的平均值为 19 960. 78 元，但是在这 101 个案件中又有 41 个案件的合理开支被法院合并计算在赔偿额中，因此计算合理开支赔偿率的有效案件只有 60 个，合理开支全额获得赔偿的案件有 12 个案件，占有效样本的 20%，60 个有效样本的合理开支总额为 1 161 221 元，平均值为 19 353. 68 元，而最终获得法院支持的合理开支总额为 299 881 元，平均值为 4 998. 02 元，获赔率为 25. 82%。从这个数字来看，权利人合理开支的获赔率是相当低的。

（三）法院对诉讼费用的支持力度

对于一审、二审民事案件，除了法律明确规定可以不交诉讼费用的之外，每个案件都应依法缴纳诉讼费用，通常先由起诉方垫付，最终由法院判决诉讼费用的真正承担者，根据《诉讼费用交纳办法》第 29 条的规定，诉讼费用由败诉方负担，胜诉方自愿承担的除外。部分胜诉、部分败诉的，人民法院根据案件的具体情况决定当事人各自负担的诉讼费用数额。诉讼费用的承担与法院对案件其他诉求的支持率成正比。

在笔者研究的 188 个案件中，有 152 个案件权利人胜诉，133 个案件法院判决权利人承担了诉讼费用，由此可知在权利人胜诉的案件中只有 19 个权利人没有承担诉讼费用，其他 133 个案件的权利人都承担了诉讼费用，根据前面的统计，权利人平均承担的诉讼费用为 4 502. 64 元，这对权利人来说，是一笔不小的维权成本，不管这笔费用的承担是否是权利人诉求不当的结果，但从根本上来讲，这笔费用是由侵权人的侵权行为所引起的。

四、基于上述统计结论所反映出来的问题及建议

（一）统计数据反映出来的问题

（1）获赔率低。从本书所选取的有效判决书的判决结果来看，尽管 188 个案件中有 152 个案件权利人胜诉，胜诉率高达 80.85%，但是将原告提出的实际赔偿数额和最终法院判决的赔偿金额相比较就会发现，权利人的获赔率是比较低的，仅有 46.19%。这是不包括权利人败诉的情况，如果把权利人败诉的情况都计算进去，那么获赔率则仅占 17.88%。虽然获赔率低的原因是多方面的，但是不能否认的是，从法院大部分案件适用法定赔偿的方式来计算赔偿额可以看出，权利人对自己的损失和对被告的侵权获利都很难举证是关键，这也是著作权侵权纠纷本身具有的特征，而法定赔偿有 50 万元的最高额限制，法院通常也不会适用最高额，当权利人提出的赔偿额超过 50 万元时，权利人就无法获得足额赔偿，这是原告的获赔率低、实际损失得不到有效补偿的重要原因之一。获赔率低、损失得不到有效补偿的直接结果是打击权利人维权的积极性，使侵权行为越来越猖獗。

（2）权利人的维权费用高。原告在维权过程中，需要向法院缴纳诉讼费用、公告费、鉴定费，要支付律师费、调查取证费和其他交通费用，但是这些费用，有些原告一开始就没有向法院提出要求被告承担，有些原告明确提出了要被告承担案件的合理开支和诉讼费用，但是即使提出了要求被告承担这些费用，法院的支持率也并不高，根据上文的统计结果可知，188 个案件中有 152 个案件是权利人胜诉，133 个案件法院判决权利人承担了诉讼费用，而且承担的平均诉讼费用为 4 502.64 元；188 个案件中权利人明确要求被告承担合理开支的有 139 个，单独计算合理开支而

且法院也把合理开支独立判赔的有 60 个案件，权利人支付的合理开支平均值为 19 353.68 元，法院判赔的合理开支平均值为 4 998.02 元，这意味着之间的平均差额 14 355.66 元需要权利人自己支付，单从平均值来看，每个案件的维权费用就高达 23 856.32 元。在现实中，由于著作权侵权纠纷的专业性、复杂性特征，绝大多数的著作权侵权案件均请专业律师代理，而律师费在很多案件中权利人都没有作为合理开支提出，即使有提出也没有按实际支出提出，因为现实中的律师费会由于律师名气的大小而收费不同，绝大多数律师的收费比国家规定的收费标准要高得多。因此，权利人维权费用是比较高的，维权费用高可能导致的直接结果是不利于著作权侵权行为得到有效遏制，现实中通行的做法是权利人在维权时必须要先垫付那些维权的费用，等案件胜诉才有可能由法院判决侵权方承担一部分或全部，如果败诉了，这些费用都得由权利人自己承担，这对没钱的权利人来说是一种负担和风险，权利人在侵权行为发生后决定是否维权，得先考虑案件能否百分之百胜诉，胜诉了能否执行，即使能胜诉而且能执行，还要衡量判赔的数额是否比维权成本高，以免赢了官司输了钱，这样会使一部分权利人在发生侵权后放弃维权，尤其是小额诉讼维权的可能性更小，"千里之行，溃于蚁穴"，如果权利人对小额的著作权侵权不加以制止和追究，会使侵权者和潜在的侵权者习以为常，最终使整个著作权法律制度的存在失去意义。

（3）权利人的维权时间过长。在市场经济时代，时间对于一个创作者或者权利人来说就是金钱，权利人可以利用维权的时间创作更多的作品或创造更多的价值，权利人通过诉讼去维权往往是不得已的事，而且维权也不一定能得到其期望的结果，根据民事诉讼法的规定，一个适用普通程序审理的著作权侵权案件一审一般在立案之日起 6 个月内审结，有特殊情况需要延长的，由本院院长批准，可以延长 6 个月；还需要延长的，报请上级人民法院批准；对一审结果不服的可以提起上诉进入二审程序，而二审在立案之日起 3 个月内审结，有特殊情况需要延长的，由本院院长批准；当事人认为二审结果确有错误的还可以提起再审。因此法定的诉讼时间就比较长，如果诉讼当事人为了拖延时间故意提出管辖异议或其他合法理由，诉讼时间就更长。

在本研究所抽样的 188 个案件中，有 95 个案件经过了二审程序，上诉率高达 50.53%，二审案件的平均维权周期为 12.03 个月，有 5 个案件经过了再审程序，再审案件的平均维权周期为 23 个月。高上诉率必然使权利人的维权时间延长，而维权时间的延长直接影响权利人的利益，浪费权利人进行新的创作或创造新的价值的时间，权利人在诉讼过程中每天都殚精竭虑地为诉讼操心，从某种程度上会对权利人造成精神上的痛苦，诉讼时间越长，这种痛苦就越多；对于正在发生的著作权侵权行为，延长诉讼时间就等于促进了侵权结果的扩大和侵权人侵权收益的增加，尤其对于著作权侵权。因此，如何有效提高诉讼效率、缩短当事人的诉讼时间、降低上诉率是值得探讨的问题。

（4）请求精神损害赔偿的诉求少。著作权具有人身权和财产权的双重属性，著作人身权和著作财产权往往紧密联系在一起，在大多数著作权侵权案件中，侵权人在侵害权利人的著作财产权的同时也会侵害著作人身权，即使只侵害了著作财产权，也很有可能给著作权人造成精神上的痛苦，如盗版他人作品并进行销售，占有了正版作品的市场，损害了作者的经济利益，而如果盗版作品粗制滥造，出现很多明显错误，此时侵犯的不仅是作者的财产利益，还会明显降低作者的声誉，给作者造成很大的精神损害。因此，在著作权侵权案件中，权利人提出精神损害赔偿应该是比较多的。但是令人惊讶的是，在笔者所选取的 188 个案件中，在诉讼请求中明确提出要求精神损害赔偿的案件仅有 1 个，仅占全部抽样案件的 0.53%，而且该案件的诉求最终也没有获得法院的支持。为何在著作权侵权纠纷中提出精神损害赔偿的特别少，究其原因，是现行著作权法没有明确规定精神损害赔偿，在司法实践中，对一般人身权受侵害请求精神损害赔偿门槛也特别高，权利人大多担心由于无明确的法律依据得不到支持而放弃这方面的维权。著作权人精神损害赔偿的立法空白对权利人利益的维护是非常不利的。

（5）法定赔偿的适用率高。法定赔偿作为计算著作权侵权赔偿数额的一种方式，是由法院根据具体案情综合确定侵权人的赔偿数额，其适用的前提是权利人的实际损失和侵权人的违法所得都无法确定，因此，法定赔偿在法院计算赔偿数额时处在一个候补的位置，正常情况下其适用的频率比其他两种计算方式要低，现实情况却并非如此。在笔者研究的 188 个案件中，152 个胜诉案件中有 145 个案件适用了法定赔偿，按照侵权人的违法所得给予赔偿的仅有 1 个案件，按照权利人的实际损失给予赔偿的仅有 6 个案件，这一数据足以说明法定赔偿在著作权侵权诉讼中适用之普遍。立法者确立法定赔偿的初衷是更好地保护权利人的利益，降低权利人的举证责任，但是法定赔偿的实现依赖于法官自由裁量权的行使，如果适用不当，可能会出现与立法初衷相反的结果，法定赔偿的高适用率导致的直接结果是可能使权利人的损失无法得到全额赔偿，甚至出现司法不统一，不同的法官对同一个案件的赔偿数额的判决可能不一致，赔偿的合理程度完全取决于法官是否正确使用自由裁量权，法定赔偿规定 50 万元的最高限额本来是为了限制法官滥用自由裁量权，避免出现赔偿数额畸高的情况，但随着该方式的普遍适用，它使赔偿数额超过 50 万元的权利人得不到足额赔偿。因此，如何完善赔偿数额的计算方式是一个值得研究的问题。

（二）基于上述分析而提出的修法建议

要减少著作权侵权现象的发生，应当在以下方面对著作权法律制度做出相应调整。

（1）加重侵权者的赔偿数额。现有著作权赔偿制度是采取全面补偿原则，以填平受害人的损失为目的，但是作品本身的价值难以确定，尤其对于没有投放市场的作品来说更是如此，在作品被侵害后，权利人很难举证证明自己的损失大小，同时由于侵权人的侵权所得的证据都掌握在侵权人手中，而且很容易毁灭，因此侵权人的侵权所得和权利人的实际损失都难以证明，权利人只能依靠法院的法定赔偿来获得赔偿，而法定赔偿有 50 万元的最高额限制，同时受法官主观认识的影响，使权利人在经济损害赔偿方面，平均判赔比例较低，权利人的损失并不能得到全额赔偿，因此，有必要加重侵权者的赔偿额，在原有赔偿制度的基础上，提高法定赔偿额的上限，在侵权人主观过错比较严重的情况下，可以考虑引入惩罚性赔偿制度。

（2）明确规定精神损害赔偿。正如上文所述，精神损害在著作权侵权中是非常常见的损害，从著作权的发展历史来看，起源于 18 世纪的法国等大陆法系国家的作者权特别重视作者的人身权，认为作品是作者人格的一种体现，著作权法首先应该保护的是作者的人身权，而我国长期以来由于著作权法没有明确规定著作权人的精神损害赔偿责任，使权利人精神权益遭受损害时无法可依，不得不主动放弃维权。这对著作权人利益的维护是非常不利的，在未来修改著作权法时立法机关有必要对其进行明确规定。

（3）降低权利人的维权费用成本。权利人维权的费用包含诉讼费用和合理开支，合理开支是在诉讼过程中必须花费的，很难降低，但是诉讼费用则是国家可以掌控的，为了让权利人更积极地维权，国家完全可以降低诉讼费用甚至像刑事案件一样不要当事人交诉讼费用，如果说刑事案件不需要交诉讼费用，是因为刑事案件侵害的不仅是私人利益，还危及国家管理秩序和公众利益，那么著作权侵权案件侵害的也不仅仅是权利人的私益，著作权侵权同样危及社会的市场秩序，尤其会危及社会公众的利益，因为作品有一种特殊的社会功能，它是传播科学文化艺术、提高人类科学文化水平的有效工具，侵害他人著作权如果不及时制止，最终会影响市场秩序和人类科学文化的进步。事实上，民事侵权和刑事犯罪都属于侵权，区别在于侵权的程度不同，因此，刑事案件不需要交纳诉讼费用，著作权侵权案件也完全可以不要交纳诉讼费用，降低权利人的维权费用，及时有效地打击著作权侵权，既维护了权利人的利益，同时也维护了有效的市场秩序和社会公共利益。

（4）完善举证责任制度，降低权利人的举证责任。在著作权侵权诉讼中，权利人最困惑的事情就是举证难，证明侵权人给自己造成的具体损失为多少，以及证明侵权人因为侵权获得了多少利益，这对于权利人来说都是非常困难的，而权利人的实际损失和侵权人的违法所得又是法院计算损害赔偿数额的依据，按照谁主张谁举证的原则，权利人不得不对其进行举证，最终往往由于权利人举证不能而无法按照实际损失或侵权所得来计算赔偿额，从而法定赔偿就成了著作权侵权案件中计算赔偿额的常态，而法定赔偿的弊端上文已经论述，在此不再重复。因此，笔者认为可以完善举证制度，减轻权利人的举证责任，对于侵权人的侵权所得可以实行举证责任倒置，由侵权人来举证，并且对侵权人的不实举证规定罚则，这样使法院在计算赔偿数额时尽可能多地适用实际损失或侵权人的违法所得来计算，增强赔偿数额的透明度和可信度。

（5）降低上诉率，减少权利人维权的时间成本。上诉是当事人的权利，应该给予保护，但是过高的上诉率不仅增加了司法机关的司法成本，也增加了当事人的成本。上诉率在一个较低的水平才是更科学的。从上文的统计数据来看，著作权侵权案件一审的平均周期是 4.8 个月，经过二审的案件平均诉讼时间为 12.03 个月，上诉率是 50.53%，很显然著作权侵权案件的上诉率是比较高的，而上诉大大提高了权利人维权的时间成本，因此，要降低权利人维权的时间成本，就得降低上诉率。而导致著作权侵权案件上诉率高的重要原因之一就是法定赔偿的普遍适用，正如上文所述，法定赔偿的优势是提高了法官的办事效率，省去了一些质证的烦琐程序，判决书也简化了不少，寥寥几句根据什么情况就给出一个赔偿数额，这种模糊不清的表述正是著作权案件上诉率高的重要原因，因为当事人从判决书中无法准确判断这个赔偿数额是否科学，真正的损失或侵权所得是否与它有较大差距，使得当事人总有一种判决不公的感觉。要从根本上改变这种状况，一方面，可以减少法定赔偿的适用率，尽可能适用实际损失或侵权所得这些让当事人比较一目了然的计算赔偿额的方法。另一方面，如果适用法定赔偿额，法官在判决书中应具体写明赔偿数额的得出依据，不能笼统地说根据什么情况应赔偿多少，而是应清楚地体现哪些因素对赔偿数额产生影响，产生多大影响，消除当事人对赔偿数额的不信任感。

第六章

构建著作权侵权惩罚性赔偿制度应考虑的因素

著作权侵权惩罚性赔偿作为著作权侵权赔偿制度的重要组成部分，它的引入会对原来的相关制度产生一定的影响，如何使它与原来的相关制度有效衔接，是在构建著作权侵权惩罚性赔偿制度时应该考虑的，以便为著作权侵权惩罚性赔偿制度的顺利运行提供保障。本章将具体探讨我国在著作权侵权领域构建惩罚性赔偿时应该考虑的一些重要因素。

第一节　惩罚性赔偿与补偿性赔偿的衔接

著作权是一种民事权利，著作权侵权通常视为平等主体之间的纠纷，一方给另一方造成的损失适用补偿性赔偿，将损失予以填平，将具有惩罚功能的惩罚性赔偿引入著作权侵权领域，是对著作权侵权损害赔偿制度的一次重大变革，它将打破补偿性赔偿制度作为唯一赔偿制度的局面，如何确立两者在赔偿制度中的位置，才能使两者有效协调，这是在构建惩罚性赔偿制度时应该认真考虑的问题，本节将对两者的地位进行深入探讨，分析两者在著作权侵权损害赔偿制度体系中到底处于何种地位，何时适用惩罚性赔偿、何时适用补偿性赔偿，其分界点如何确定。

一、研究惩罚性赔偿与补偿性赔偿衔接的意义

1. 有利于打消两者不和谐的顾虑

有学者反对将惩罚性赔偿制度引入著作权侵权领域，其重要理由之一是惩罚性赔偿制度与原有的著作权侵权损害赔偿制度格格不入，它与补偿性赔偿制度具有上文所述的制度价值、考量的

侧重点、赔偿方式等诸多不同，将两者放在一起会存在内部不和谐。这种担心是源于没有摆正惩罚性赔偿与补偿性赔偿在赔偿体系中的位置，如果对这两种赔偿制度的位置有一个正确的认识，了解两种制度各自的适用范围和适用条件，这种担心就不复存在了。

　　毋庸置疑，惩罚性赔偿与补偿性赔偿确实存在诸多不同，尤其两者适用的前提不同，补偿性赔偿适用的前提是损失可以准确计算，根据计算的结果可以足额补偿受害人的损失，而作品是一种无形的智力成果，无法准确计算其价值，适用补偿性赔偿总是无法使权利人的损失得到足额赔偿。而惩罚性赔偿数额的确定是根据侵权人的主观状况综合考虑多种因素，并不严格按照实际损失来确定，但是从客观效果来说，惩罚性赔偿最终有利于有效补偿受害人的损失。而且补偿性赔偿不管侵权人主观过错程度如何，一般只要侵权人主观上存在过错并且造成了损失就得承担赔偿责任，特殊情况下侵权人主观上即使没有过错也得承担赔偿责任，故意侵权和过失侵权都承担同样的法律责任，从权利人获得赔偿的角度来讲，这种做法似乎是合理的，但是从规制侵权的角度来说，这种做法则是明显不科学的。惩罚性赔偿根据主观过错程度来决定是否适用，弥补了补偿性赔偿的不科学性。事实上，也正是惩罚性赔偿与补偿性赔偿存在差异，才使得两者都有存在的价值，如果两者差异不大或者根本没有差异，那就无须多此一举引入一个新的制度。

　　2. 有利于理顺两者的界限，构建更科学的赔偿制度

　　惩罚性赔偿与补偿性赔偿作为民事侵权损害赔偿制度的两个不同分支，补偿性赔偿是从受害人的角度来建构的，目的是让受害人通过补偿性赔偿能将损失恢复到没有被侵权的状态，并没有

考虑到侵权人赔偿受害人损失后是否还有营利的可能，这使得在现实中经常出现侵权人在侵权赔偿后总是有利可图，为侵权人的再次侵权提供了动力，尤其对于著作权侵权属于侵权成本低、获利空间大的侵权，如果仅考虑受害人的损失而不考虑侵权人的获利状况可能对遏制侵权明显不利，对受害人也明显不公平。而惩罚性赔偿是从侵权人角度来建构的，目的是想让有故意或重大过失的侵权人付出比侵权所得更多的赔偿，从而感觉侵权不合算，以后不再从事类似的侵权行为，同时通过对侵权人的惩罚，给潜在侵权人起到一个示范警醒的作用。因此，补偿性赔偿和惩罚性赔偿是分别从侵权行为的两方当事人来建构的，两者的有机结合才能使著作权侵权损害赔偿制度真正有效发挥作用，既保护受害人，又有效规制侵权行为，而两者能否有机结合，取决于两者在建构时是否分工明确，由此，在惩罚性赔偿制度建构前，应充分考虑惩罚性赔偿与补偿性赔偿各自的适用范围和适用条件，以便未雨绸缪，使其能协调发展。

3. 方便惩罚性赔偿的未来适用

一项新制度的建构是为了能够有效解决现实中的问题，而制度建构的科学与否会直接影响其适用的效果，长期以来，在著作权侵权损害赔偿中适用补偿性赔偿制度，由于著作权侵权的特殊性，补偿性赔偿制度越来越暴露出其缺陷，在著作权侵权领域建构惩罚性赔偿制度的目的就是弥补补偿性赔偿无法足额赔偿受害人、遏制侵权行为之不足，试图在功能上与补偿性赔偿制度形成互补，但是惩罚性赔偿制度作为一项新引入著作权侵权领域的制度，它如何与运行已久、体系相对成熟的补偿性赔偿制度有效衔接，是实现其建构目的的重要问题，如果两项制度衔接不科学，不仅会导致赔偿制度内部混乱，而且会使当事人在著作权侵权纠纷发生后无所适从，不知道如何选择适用对自己更有利。因此，惩罚性赔偿制度适用的效果能否达到其预期，依赖于立法机关建构的惩罚性赔偿制度本身的科学性，只有在建构惩罚性赔偿制度时与现有的补偿性赔偿制度科学对接，才能在著作权侵权行为发生后，权利人能及时准确地选择适用，更好地维护自己的利益，司法机关也才能根据权利人的选择准确地适用赔偿制度作出判决。

二、惩罚性赔偿与补偿性赔偿在损害赔偿制度中的地位

1. 两者都是损害赔偿制度的重要组成部分

简单地说，补偿性赔偿与惩罚性赔偿是著作权侵权损害赔偿制度不可或缺的组成部分，补偿性赔偿制度很长一段时期内都是作为损害赔偿制度唯一组成部分存在的，该制度的归责原则经历了结果责任、过错责任、无过错责任等多个阶段，早期的成文法对损害赔偿采取的是加害原则，又称结果责任原则，即行为人致他人损害，无论其有无过错，只要有损害结果的存在，就都应负赔偿责任。❶ 结果责任使正当行使权利造成的损害也需承担责任，显得非常不合理。于是出现了以行为人对造成的损失有过错才承担责任的过错责任，它作为一般的归责原则最早出现在 1804 年的《法国民法典》中，是当前各国对一般侵权行为普遍适用的原则。随着大工业生产和高风险行业的发展，过错责任无法保护受害人的权利，普鲁士王国率先在《铁路企业法》中确立了无过错责任，不论行为人是否有过错，只要行为人的行为造成受害人损失，就得承担赔偿责任。

---

❶ 杨立新：《侵权责任法》，法律出版社 2012 年第 2 版，第 68 页。

不管是结果责任、过错责任还是无过错责任，损害赔偿都是以填平受害人的损失为目的的，不管行为人的主观是故意、重大过失还是一般过失甚至特殊情况下的无过失，补偿性赔偿制度都能适用。而惩罚性赔偿的主要目的是惩罚侵权人、遏制侵权行为的再次发生，从而它是以行为人主观具有故意或重大过失等可责难性为前提的，只有行为人主观上具有故意或重大过失造成他人损失的情况下才能适用惩罚性赔偿。因此，补偿性赔偿不管行为主观过错程度是否严重，只要存在过错（特殊情况下无须有过错）均可以适用，以实现补偿受害人损失的功能，惩罚性赔偿以行为人主观有故意或重大过失造成他人损失时适用，以实现惩罚行为人、预防类似侵权行为再次发生的功能，补偿性赔偿和惩罚性赔偿有机地结合形成一个完整的著作权侵权损害赔偿制度，既补偿了受害人又惩罚了侵权人，在功能上实现了有效互补，使著作权侵权损害赔偿制度从原来单纯的事后补偿变成事前预防和事后补偿相结合的制度，如果著作权侵权损害赔偿制度缺少补偿性赔偿或惩罚性赔偿中的任何一部分，都将使该制度的功能不完整。

2. 补偿性赔偿与惩罚性赔偿具有主次之分

尽管惩罚性赔偿和补偿性赔偿都是损害赔偿制度不可或缺的部分，但是两者在损害赔偿制度中的地位是不同的，补偿性赔偿在著作权侵权损害赔偿制度中居于主导地位，惩罚性赔偿处于从属地位。由于补偿性赔偿的主要功能是补偿受害人的损失，在著作权侵权发生后，如果造成受害人的损失，那么必然要适用补偿性赔偿制度来解决受害人的补偿问题，因此，补偿性赔偿是存在实际损失的著作权侵权领域普遍适用的一项赔偿制度。而惩罚性赔偿由于其主要功能是惩罚和威慑功能，不管行为后果有多严重，只有在侵权人主观上具有故意或重大过失时才可能适用，而且通常是在受害人提起补偿性赔偿的情况下同时适用惩罚性赔偿，而不是针对某种侵权行为单独适用惩罚性赔偿。两者的功能决定了它们在著作权侵权损害赔偿制度中的主从地位，毕竟侵权行为造成损害具有普遍性，而造成损害后果的侵权人主观上存在故意或重大过失的是少数。因此，在现实中，补偿性赔偿制度比惩罚性赔偿制度适用的频率要高，适用范围更广。此外，补偿性赔偿和惩罚性赔偿适用的具体条件各不相同，决定了补偿性赔偿和惩罚性赔偿具有相对独立性，补偿性赔偿的适用不影响惩罚性赔偿的适用，相反惩罚性赔偿制度的适用也不影响补偿性赔偿制度的适用，一个案件适用了补偿性赔偿，只要其他条件符合依然可以适用惩罚性赔偿，因为补偿性赔偿是为了补偿受害人，而惩罚性赔偿主要是为了惩罚侵权人。

3. 惩罚性赔偿对补偿性赔偿具有依附关系

准确地说，惩罚性赔偿不是一项可以独立适用的赔偿制度，它虽然与补偿性赔偿共同构成损害赔偿制度，但是它对补偿性赔偿具有依附性，其依附性具体表现在两个方面：一方面，惩罚性赔偿诉讼的提起，以补偿性赔偿诉讼的提起为前提。在著作权侵权行为发生后，受害人能否提起惩罚性赔偿诉讼，除了需要具备侵权人主观上具有故意或重大过失、客观上造成损害结果等实质要件之外，还取决于受害人是否提起了补偿性赔偿诉讼，如果受害人没有提起补偿性赔偿诉讼，就不能单独提起惩罚性赔偿诉讼。而且惩罚性赔偿诉讼一般与补偿性赔偿诉讼一同提起，如果在诉讼过程中受害人只提起了补偿性赔偿而没提起惩罚性赔偿，法院不能依职权主动适用惩罚性赔偿。另一方面，惩罚性赔偿的最终适用以补偿性赔偿获得司法机关的支持为条件。在诉讼过程中，即使受害人在提起补偿性赔偿诉讼的同时提出了惩罚性赔偿诉求，如果补偿性赔偿诉求没有得到法院的支持，那么惩罚性赔偿也得不到支持。因此，惩罚性赔偿的适用依赖于补偿性赔偿的先行适用，它与补偿性赔偿具有依附关系。

惩罚性赔偿之所以对补偿性赔偿具有依附关系，其原因是多方面的。首先，惩罚性赔偿对侵权人具有惩罚性，这决定了惩罚性赔偿的适用需要特别谨慎，否则会造成对侵权人的不公平，毕竟受害人与侵权人是平等的民事主体，不能为了保护受害人而损害侵权人的利益，因而在设置惩罚性赔偿的适用条件时明显比补偿性赔偿的条件要高，补偿性赔偿的成立需要受害人有损失，无损失就无赔偿，那么，惩罚性赔偿的成立也至少需要侵权人给受害人造成了损失。因此，只有具备适用补偿性赔偿条件的情况才能适用惩罚性赔偿，在适用的前提上产生了依附。其次，从惩罚性赔偿存在的价值来看，惩罚性赔偿是在补偿性赔偿无法满足现实需要的情况下产生的，这就决定了它的适用也是在补偿性赔偿的适用不足以补偿受害人、遏制侵权行为的情况下才适用。因此，惩罚性赔偿的存在并不影响原有的补偿性赔偿制度的适用，它总是处在一种依附于补偿性赔偿制度的地位。

4. 惩罚性赔偿是对补偿性赔偿的重要补充

从功能或作用上来讲，惩罚性赔偿是对补偿性赔偿的重要补充，其具体体现在以下几个方面。

（1）补充了补偿性赔偿的不足。补偿性赔偿用来解决平等主体之间的侵权纠纷一直以来被视为一种比较理想的制度，用它来制止侵权、补偿受害人的损失，使其损害恢复到没有被侵犯的状态，这种设想是建立在一个非常理想的前提之下的，即损失是可以计算且可以足额补偿的，但是现实并非如此，损失往往由于举证难、受害人没发现或损失本身就难以计算而未能获得足额补偿。而且即使受害人可以获得足额补偿，并不意味着就可以制止侵权，防止类似侵权行为的再次发生，因为在大多数情况下，受害人的实际损失和侵权人的侵权所得并不相等，当侵权所得大于实际损失时，侵权人就有继续侵权的动力。正是因为补偿性赔偿在补偿受害人损失和制止侵权方面均难以实现，才有了惩罚性赔偿存在的必要和空间，惩罚性赔偿通过惩罚侵权人可以弥补补偿性赔偿的上述缺陷。

（2）惩罚性赔偿强化了损害赔偿制度的补偿功能。补偿功能是补偿性赔偿的主要功能，补偿性赔偿制度产生的目的是填平受害人由于侵权人的侵害所遭受的损失，受害人的损失往往由于著作权侵权的特殊性和作品本身的特性而难以计算，这样足额赔偿的目的在著作权侵权中也就难以实现，而惩罚性赔偿通过给予比受害人实际损失更高的赔偿金使受害人获得足额赔偿。补偿受害人的损失尽管不是惩罚性赔偿的主要功能，但是在补偿性赔偿不足以补偿受害人的实际损失时，惩罚性赔偿从客观上确实起到了补偿受害人损失的作用。

（3）惩罚性赔偿增加了损害赔偿制度的功能。惩罚性赔偿与补偿性赔偿相比，增加了一些功能，如惩罚功能、威慑功能、激励功能等。惩罚性赔偿通过让侵权人支付高额的赔偿金，不仅惩罚了侵权人，震慑了侵权人和潜在侵权人不再从事类似侵权行为，而且激励了受害人积极维权，同时激励了权利人积极进行创作。

三、惩罚性赔偿制度的引入对补偿性赔偿的影响

根据上述对惩罚性赔偿和补偿性赔偿关系的探讨，可以发现

将惩罚性赔偿制度引入著作权侵权领域，是对著作权侵权损害赔偿制度的完善，丰富了赔偿制度的功能，它的引入不仅不会影响补偿性赔偿制度的适用，相反还是补偿性赔偿制度的重要补充，两者共同构成著作权侵权损害赔偿制度。正因为如此，在著作权侵权领域引入惩罚性赔偿无须担心惩罚性赔偿会抢占补偿性赔偿的地位，或给补偿性赔偿带来其他不利影响，毕竟两者适用的条件是不同的，在著作权侵权行为发生后，惩罚性赔偿和补偿性赔偿同时适用的交接点是侵权人的主观是否有故意或重大过失，如果侵权行为人仅仅是由于一般过失给受害人造成损失，那么只需要适用补偿性赔偿则可，只有在行为人主观上存在故意或重大过失时，受害人才可以在向法院提起补偿性赔偿的同时提起惩罚性赔偿。因此，在构建惩罚性赔偿制度时，应充分考虑补偿性赔偿制度的现状，使两者进行有效衔接，将补偿性赔偿存在的缺陷通过惩罚性赔偿来弥补，从而使著作权侵权损害赔偿制度更科学。

第二节 惩罚性赔偿与行政罚款、刑事罚金的衔接

惩罚性赔偿和行政罚款、刑事罚金都是以金钱的形式对侵权人进行惩罚，从而有学者质疑现有的法律中已经有行政罚款和刑事罚金这些惩罚形式，是否还有必要建立惩罚性赔偿制度，如果有必要建立惩罚性赔偿制度，如何构建该制度才科学，对于同一个著作权侵权行为是否可以同时适用这三种惩罚措施，是否会对侵权人的惩罚过重，同时适用应该制定何种适用规则，这些问题

是在建构惩罚性赔偿制度时应该认真考虑的，本节将对上述质疑进行深入探讨。

一、研究惩罚性赔偿与行政罚款、刑事罚金衔接的意义

1. 回应建构惩罚性赔偿的必要性

在著作权侵权领域有没有必要建立惩罚性赔偿制度一直以来分歧很大，但是这是在建构惩罚性赔偿制度之前必须解决的问题。如果该制度根本就没有建立的必要，那么后面的建构工作都是徒劳，甚至是浪费资源，反对者的理由很多，其中有一种理由是惩罚性赔偿通过金钱形式对侵权人进行惩罚，与行政处罚和刑事罚金的惩罚形式一样，没有必要再建立新的制度来承担此惩罚功能。事实上，反对者只看到了它们三者的共同点，只看到了表象，而没有看到三者的区别和实质，正如前文所论述的，惩罚性赔偿与行政罚款、刑事罚金在性质、功能、金钱的归属和适用的条件等方面都是不同的，因此，在建构著作权侵权惩罚性赔偿制度之前，有必要对惩罚性赔偿与行政罚款、刑事罚金的关系进行厘清，解决制度建构的前提问题，以便在惩罚性赔偿制度构建时能正确处理惩罚性赔偿与行政罚款、刑事罚金的关系，使建构的惩罚性赔偿制度更科学有效。

2. 回答如何衔接才科学的问题

惩罚性赔偿与行政处罚、刑事罚金一样，均具有惩罚侵权人的功能，但是惩罚性赔偿由于赔偿金最终归受害人所有，因此，它除了惩罚功能之外还有补偿受害人损失的功能和激励受害人积极维权、积极创作的功能，正是这些不同的功能，使惩罚性赔偿有了存在的价值，而这些不同的功能都要通过制度的建构来体现，研究惩罚性赔偿与行政罚款、刑事罚金的衔接，最根本的目

的就是要解决在建构惩罚性赔偿制度时如何使其与后两者有效衔接，才能让惩罚性赔偿制度充分发挥其功能优势，而不至于是已有制度的重复或资源的浪费。

3. 理顺三者未来适用的规则

著作权侵权惩罚性赔偿制度建构的目的是通过适用该制度更好地解决现实中的著作权侵权问题，但是作为以惩罚为其主要功能的惩罚性赔偿能否与行政处罚、刑事罚金同时适用于一个著作权侵权行为，这是很多学者特别关心的事，担心对于一个著作权侵权行为同时适用三种处罚措施会使侵权人的处罚过重，有学者认为在行政法中有"一事不再罚"的原则，为的就是避免过度惩罚，由此主张一个著作权侵权行为如果已经被行政处罚或刑事处罚，就不应该再适用惩罚性赔偿。事实上，在行政处罚和刑事处罚的关系处理中，也有行政处罚不能代替刑事处罚的规定，这说明一个侵权行为即使进行了行政处罚还可以进行刑事处罚，尤其行政处罚和刑事处罚都是公权力对私权的干预，行政罚款和刑事罚金的归属都是属于国家，作为归属相同的两种处罚都可以同时适用，何况惩罚性赔偿金归属于受害人个人。因此，惩罚性赔偿理应可以与行政罚款、刑事罚金同时适用于一个著作权侵权行为，但是，同时适用时，三者的顺序有无先后之分，行政罚款、刑事罚金的适用是否会对惩罚性赔偿金的确定产生影响，这是在建构著作权侵权惩罚性赔偿制度时应予以考虑的因素，也是本节研究惩罚性赔偿和行政罚款、刑事罚金如何衔接的意义所在。

二、惩罚性赔偿与行政罚款、刑事罚金的衔接

1. 行政罚款和刑事罚金应作为确定惩罚性赔偿金考虑的因素

惩罚性赔偿金的确定是由法院根据案件的具体情况综合考虑

多种因素决定的，赔偿金数额确定是否科学合理直接决定惩罚性赔偿制度的实施效果。由于惩罚性赔偿金是平衡侵权人和受害人利益的平衡器，一方面惩罚性赔偿金要对受害人的损失给予补偿，使受害人因为侵权人造成的损失得到足额赔偿，而且为了激励受害人积极维权，惩罚性赔偿可以让受害人获得比其实际损失更多的赔偿金，但是受害人获得比实际损失更多的赔偿金比例应该有一定限度，否则会使受害人滥用其权利而损害侵权人的利益。另一方面，惩罚性赔偿要对侵权人给予惩罚，使侵权人支付的赔偿金比其通过侵权获得的利益要多，让侵权人对自己的侵权行为有得不偿失之感，从而自动放弃侵权以至未来不再从事类似的侵权行为，使惩罚性赔偿真正发挥惩罚和预防功能，但是惩罚不是无限度的，否则物极必反。因此，在确定惩罚性赔偿金时应综合考虑侵权人已经受到惩罚的情况，而行政罚款和刑事罚金是典型的惩罚措施，而且形式也与惩罚性赔偿金一样，法院在确定惩罚性赔偿金时应将其作为一个考量因素，如果侵权人之前已经受过行政罚款或刑事罚金，惩罚性赔偿金可以适当减少，但并不能以行政罚款和刑事罚金来替代惩罚性赔偿金，毕竟惩罚性赔偿金是归受害人所有的，以行政罚款和刑事罚金来替代惩罚性赔偿金会损害受害人的利益。

2. 惩罚性赔偿与行政罚款、刑事罚金适用的规则

（1）惩罚性赔偿和行政罚款、刑事罚金可以同时适用。从形式上讲，惩罚性赔偿和行政罚款、刑事罚金一样，都是以金钱的形式对侵权人进行惩罚，都可以实现惩罚侵权人和预防侵权行为再次发生的目的，但是由于惩罚性赔偿金的归属和行政罚款、刑事罚金的归属不同，惩罚性赔偿的赔偿金归受害人所有，而行政罚款、刑事罚金都归属于国家，这使得惩罚性赔偿的适用与行政

罚款、刑事罚金的适用具有不同的意义，惩罚性赔偿的适用除了惩罚侵权人、预防侵权行为再次发生外，还会直接影响受害人的利益，可以使受害人通过补偿性赔偿没有得到足额补偿的损失得到足额赔偿，甚至还可以通过让受害人获得比其实际损失更多的赔偿而激励受害人积极维权。因此，当著作权侵权行为发生后，不管侵权人是否受过刑事罚金和行政罚款，只要其行为符合惩罚性赔偿的适用条件都可以适用，如果因为对侵权人适用了行政罚款、刑事罚金，就不再适用惩罚性赔偿，尽管可能惩罚和预防的功能已经实现，但是补偿和激励的功能并没有实现，受害人的利益将直接受到损害，这对受害人不公平。

（2）行政罚款、刑事罚金、惩罚性赔偿同时适用的规则。对于同一个侵权行为同时适用行政罚款、刑事罚金和惩罚性赔偿，学者们担心的问题是会导致对侵权人惩罚过重。关于惩罚过重的问题，笔者认为可以根据不同的情况来协调，如果在适用惩罚性赔偿之前，对侵权人已经适用行政罚款或刑事罚金并已经执行的，那么可以在确定惩罚性赔偿金额时将其作为考虑因素，以较低的标准来适当确定惩罚性赔偿金，以避免过度惩罚。如果在适用惩罚性赔偿之前，对侵权人已经适用行政罚款或刑事罚金但还没有执行的，可以考虑优先执行惩罚性赔偿金，在侵权人经济状况不好难以同时执行行政罚款或刑事罚金的，可以适当免除对行政罚款、刑事罚金的执行。如果在适用惩罚性赔偿之前，对侵权人还没有适用行政罚款或刑事罚金的，认为同时适用三种惩罚会导致惩罚过度的，可以免除后两种惩罚而适用惩罚性赔偿。

综上所述，对同一个著作权侵权行为，惩罚性赔偿和行政罚款、刑事罚金是可以同时适用的，尽管三者都有惩罚侵权人、预防侵权行为再次发生的功能，但由于三者的金钱归属不同，使得惩罚性赔偿具有行政罚款、刑事罚金无法替代的作用，而且比行政罚款、刑事罚金更有其自身的优势，通过行政罚款、刑事罚金来惩罚侵权行为都属于国家公权干预私权，适用范围不宜过大，适用范围的有限性决定了其发挥作用的有限性。至于同时适用导致对侵权人惩罚过度的问题，可以在惩罚性赔偿制度构建时明确规定惩罚性赔偿与行政罚款、形式罚金适用的先后顺序或执行的先后顺序来解决，或者明确规定在确定惩罚性赔偿金时将行政罚款、刑事罚金作为其考虑的因素。总之，为了使惩罚性赔偿既能保护受害人又能避免对侵权人的过度惩罚，可以在构建惩罚性赔偿制度时明确规定惩罚性赔偿比行政罚款、刑事罚金在适用和执行上具有优先性，根据案件的具体情况来判断是否会导致过度惩罚，如果会导致过度惩罚的，可以免除后两种惩罚或免除执行后两种惩罚。

第三节　惩罚性赔偿的构建与过度诉讼

在著作权侵权领域引入惩罚性赔偿制度最受责难的理由之一是惩罚性赔偿会使受害人获得不当利益，对侵权人不公平，而且高额的赔偿金很可能诱发受害人进行过度诉讼，浪费司法资源，扰乱司法秩序，这种担心不是完全没有道理，在现实中确实有可能基于利益的诱惑导致过度诉讼的出现，但这毕竟是极少出现的现象，不足以成为反对惩罚性赔偿制度构建的理由，过度诉讼的问题完全可以通过制度的设计来避免。因此，本节就著作权侵权领域构建惩罚性赔偿制度如何避免过度诉讼进行探讨。

一、高额的惩罚性赔偿金可能导致过度诉讼

惩罚性赔偿制度通过让侵权人支付高额的赔偿金来达到惩罚的目的，受害人由此也可以获得比自己实际损失更高的赔偿金，高额的赔偿金能有效地激励受害人积极去维权，这也正是惩罚性赔偿制度的功能之一，但是由于人有追求利益的本性，越多的利益就意味着有越大的诱惑，高额的惩罚性赔偿金很可能使一些人专门通过诉讼来获取利益，我国《消费者权益保护法》规定惩罚性赔偿制度以来出现了专业的打假职业，通过打假来牟取利益，如有的专业打假人已成立打假公司，通过打假来获取利益，"经济利益是他和他的团队选择一个案子是否立项的首要因素"。尽管当前对专业打假现象的评价各异，有学者认为专业打假的做法值得肯定，虽然专业打假的目的是获得经济利益，但是客观上它能有效遏制假冒产品的生产和销售，有利于净化消费品市场，是对消费市场的一种监督。因此，网络上支持"专业打假"的人占总人数的 69.5%。❶ 当然如果打假人能把假冒伪劣商品及时举报或曝光，获得政府奖励确实应该，也是一种好现象，但是如果打假人过分在乎盈利，发现产品质量问题不是及时举报或曝光，而是以此作为条件来换取假冒者给予其比政府奖励更多的利益，那这种打假行为就没有意义了。

同样地，在著作权侵权领域规定惩罚性赔偿也可能导致过度诉讼的现象，当获赔的惩罚性赔偿金额度明显偏高，受害人基于利益的驱使，很有可能滥用法律给予的诉权，对于不该起诉的提起诉讼，或"放水养鱼"，对于发现已构成著作权侵权的行为不

---

❶ 韦夏怡："王海，高调打假合法盈利"，载《经济参考报》2014 年 3 月 14 日。

及时加以制止，而是等结果非常严重、符合惩罚性赔偿提起的条件时再起诉，这样做的结果不仅加重了法院的负担，浪费不必要的司法资源，也可能损害对方当事人及广大公众的利益，这不是惩罚性赔偿制度希望出现的结果，与设立惩罚性赔偿制度的目的是相违背的。因此，在建构惩罚性赔偿制度时应认真考虑如何避免过度诉讼的出现。

二、合理确定惩罚性赔偿金的归属可以避免过度诉讼

导致受害人过度诉讼或滥诉的根本原因是通过诉讼可以获得高额的惩罚性赔偿金，因此，要有效地避免这种现象的发生，可以通过对惩罚性赔偿制度本身的设计来实现。正如上文所述，惩罚性赔偿金制度有激励受害人积极维权的功能，同时又有惩罚侵权人、预防类似侵权行为再次发生的功能，如果仅仅为了避免受害人过度诉讼，完全可以通过减少受害人获得的赔偿金数额来实现，当通过诉讼得不到高额的赔偿金时，受害人就缺少了过度诉讼的动力，这可谓是一种从根本上解决过度诉讼的方法，但是如果法院将惩罚性赔偿金确定得很低，就无法实现惩罚性赔偿制度惩罚侵权人的功能。因此，为了兼顾惩罚性赔偿制度的惩罚功能和激励功能，使其既能有效惩罚行为人，又能对受害人给予合理的激励，可以通过构建一种合理的惩罚性赔偿金的归属制度来实现，将惩罚侵权人的高额惩罚性赔偿金不全部归属于受害人，而是将它分成两部分，一部分给受害人，以发挥其补偿和激励作用，另一部分可以设立著作权维权基金，专门为那些著作权被侵害而维权又有经济上的困难的受害人提供帮助，使更多的人能积极参与维权，有效打击著作权侵权行为。

当然，为了避免过度诉讼，也有学者主张将惩罚性赔偿金的

一部分归属政府或者参与维权的律师，认为受害人惩罚性赔偿金的获得有政府和律师的功劳。笔者认为将惩罚性赔偿金的一部分交给政府没有合理的依据，帮助受害人维权制止侵权是政府的职能，而且如果将惩罚性赔偿金的部分交给政府，会使得惩罚性赔偿与行政罚款或刑事罚金没有实质区别，并且适用起来还没有行政罚款或刑事罚金那么简单易行；至于把惩罚性赔偿金的一部分归属参与维权的律师，也没有合理的依据，不可否认，律师在受害人的维权过程中确实付出了劳动，但是律师和当事人是委托合同关系，律师给当事人维权是基于委托合同的约定，而且律师收取了律师费，其在维权过程中付出的劳动是通过律师费来体现的。因此，笔者更赞同将惩罚性赔偿金的一部分设立一个维权基金，对支付维权费用有困难的维权者给予帮助，使更多的人可以积极维权，对于有效制止侵权非常有意义，这与惩罚性赔偿制度的激励维权、遏制侵权功能是一致的。至于提取惩罚性赔偿金的多少比例作为维权基金的组成部分，将在下文专门进行讨论。笔者认为惩罚性赔偿金中不少于60%的赔偿金给受害人、余下的给维权基金比较合适，毕竟惩罚性赔偿的适用需要受害人在侵权诉讼中提出，并要承担相应的举证责任，让受害人占不少于60%的比例体现了对其付出的肯定。

三、科学确定惩罚性赔偿金的数额可以减少过度诉讼

受害人过度诉讼的直接动力来自于惩罚性赔偿金可以让其获得超额赔偿，获得的超额赔偿越多，给予受害人的动力就越强，相应地，受害人提起过度诉讼的可能性就越大，可以说惩罚性赔偿金确定的合理性程度对受害人提起过度诉讼会产生直接影响，而惩罚性赔偿金最终是由法官根据具体情况综合确定的，主观判

断离不开客观的标准，因为人都是感性的动物，法官也不例外，法官在作出主观判断时容易受自身偏好和所处环境的影响，如果仅依靠法官的主观判断做出的结论难以保证其公平公正，要保证法官判断的准确性，必须有客观标准供其参考。惩罚性赔偿金的确定也一样，要使法官判决的惩罚性赔偿金对受害人和侵权人之间体现一种公平公正，必须预先设定参照标准。因此，在构建惩罚性赔偿制度时应科学设定确定惩罚性赔偿金要考虑的因素作为客观标准，以便法官根据设定的这些因素做出一个合理的判断，使惩罚性赔偿金不会过度偏高而损害侵权人的利益，甚至诱导过度诉讼的提起，也不会过度偏低而使惩罚性赔偿对侵权人起不到惩罚作用，对受害人起不到补偿其损失和激励其积极维权的作用。

但是，客观标准的设立是一个比较棘手的问题，具体的、确定的标准具有可操作性，却与惩罚性赔偿的本质不符，如对惩罚性赔偿金最高额和最低额做出明确的限制，或者规定惩罚性赔偿金与实际损失的具体比例，这种做法存在两个明显的问题。首先，惩罚性赔偿金具体的最高、最低限额或与实际损失的比例应该如何确定才是科学的，很难进行论证，这不是法律工作者能够完成的事情，尤其实际损失不是每个案件都可以查清的；其次，它将使惩罚性赔偿的作用无法实现，因为惩罚性赔偿金本身具有不确定性，如果事先给其设置一个最高、最低惩罚标准或确定一个与实际损失的合理比例，将使惩罚性赔偿具有了可预测性，侵权人通过侵权成本与侵权获利的计算可以将惩罚的风险事先进行转移，从而使惩罚性赔偿的主要功能即惩罚功能失效。相反，惩罚性赔偿的抽象赔偿标准容易制定，却不具有可操作性，仍然依赖于法官的正确适用，容易导致不同法官对同一个案件得出不同的赔偿数额。尽管惩罚性赔偿的抽象标准和具体标准都有各自的缺陷，但是从惩罚性赔偿的本质考虑，在惩罚性赔偿制度建构时规定应考虑的因素作为抽象标准更科学。由于根据抽象标准来确定惩罚性赔偿金无法避免法官的主观性，这决定了科学的客观考虑因素只能减少而无法杜绝过度诉讼的出现，不可避免的少量过度诉讼需要依靠其他措施来解决。

四、有效的法律制裁可减少受害人的过度诉讼

正如上文所述，在惩罚性赔偿制度建构时明确规定确定惩罚性赔偿金的归属和计算惩罚性赔偿金应考虑的因素能使受害人获得的惩罚性赔偿金不至于过高而避免过度诉讼，这无疑是有效和可行的，但是这些措施只能减少而无法杜绝过度诉讼的出现，一方面是因为人有趋利性的本能，受害人为了让自己获得更多的利益，总是会想方设法去维权，除非维权会让自己得不偿失，因此即使规定了惩罚性赔偿金的一定比例给维权基金，受害人还是会采取提高惩罚性赔偿金总额的做法来争取最大利益，而且惩罚性赔偿金的不确定性为受害人提供了获取更多赔偿金的幻想空间，为受害人过度诉讼提供了可能。另一方面是惩罚性赔偿金的确定最终由法官根据法律规定的应考虑的因素确定，法官的自由裁量权比较大，无法回避法官的主观成分，可能使部分案件判决的惩罚性赔偿金比较高，为受害人进行过度诉讼留有希望和动力。正因为过度诉讼无法避免，才有必要寻求其他措施来规制。

事实上，任何权利都是有限度的，法律在赋予当事人某些权利的同时应规定制约其正确行使权利的措施，以避免权利被滥用，因为权利的行使和滥用如同一对孪生姊妹总是相伴

出现，为此"禁止权利滥用"也就成为民法的一项重要原则。诉权作为人们一项重要的民事权利，理应遵循该原则。在著作权侵权领域引入惩罚性赔偿制度意味着赋予受害人在侵权人主观存在故意或重大过失侵害自己权利时提起惩罚性赔偿诉讼的权利，为了追求利益最大化，受害人通常会充分行使自己的诉权，甚至滥用诉权，对于滥诉的情况可以通过法律制裁手段来解决，如可以在构建惩罚性赔偿制度时明确规定对滥诉的提起者给予罚款，如果滥诉给对方当事人造成损失的，可以要求其承担赔偿责任，对于"放水养鱼"的情况，法院可以不支持其惩罚性赔偿请求，这些措施都有利于防止过度诉讼的发生。

总之，著作权惩罚性赔偿制度的引入可能产生过度诉讼，有必要在构建惩罚性赔偿制度时认真考虑惩罚性赔偿金的归属、确定惩罚性赔偿金应考虑的因素以及对过度诉讼的制裁措施，防止过度诉讼的出现，使惩罚性赔偿制度朝着健康方向发展，尽量避免惩罚性赔偿制度产生消极影响。但是过度诉讼不足以成为反对建构惩罚性赔偿制度的理由，毕竟过度诉讼是可以通过惩罚性赔偿制度的科学设计来预防和避免的，即使产生了也可以通过相应的法律措施来规制。

第四节　惩罚性赔偿与调解制度

调解制度是法院处理案件的一种常用的方式，它是在当事人双方自愿的情况下由法官主持调解解决纠纷，它能真正体现当事人的意思自治，由于其自身有很多优点，如它有利于案件的执行，也有利于当事人之间敌对关系的修复，从而在民事纠纷中倍受法官和当事人的青睐，每年都有相当比例的民事案件是通过调解结案的。但是不能否定的是双方当事人之所以愿意调解，是考虑到调解更有利于自己利益的维护，如对侵权方来说，调解可能支付相对判决更少的赔偿金，而对被侵权人来说，调解可能更容易执行，即使比判决获得相对少一点的赔偿金也愿意。但有学者担心，惩罚性赔偿制度的确立可能使被侵权人对判决结果有了更高的期待，从而不愿意接受调解。本节就惩罚性赔偿制度对调解制度的影响进行探讨，以便使惩罚性赔偿制度对调解制度发挥积极的作用。

一、惩罚性赔偿对调解制度的影响

1. 从被侵权人角度，可能使调解的成功率降低

惩罚性赔偿使受害人能获得一种比自己的实际损失更多的赔偿金，这也是激励受害人积极维权的动力，而且惩罚性赔偿金和补偿性赔偿金不一样，补偿性赔偿金可以由受害人自己根据已有的证据初步计算出来，使受害人在法院主持调解时判断调解结果是否对自己有利有了可靠的依据，而惩罚性赔偿金无法由受害人自己预先计算，法律没有规定具体的计算方式，没有规定与补偿性赔偿金的合理比例，也没有规定上限和下限，惩罚性赔偿金完全处在一个不确定状况，最终的数额由法官根据具体案情，综合考虑多种因素确定，这使得受害人在参加法院的调解时无法预测自己到底能获得多少赔偿金，从有利于自己利益最大化的角度考虑，受害人总是愿意将惩罚性赔偿金估计得比较高，担心估计低了会让自己吃亏，从而可能出现两种结果：一种是受害人提出了

过高的惩罚性赔偿金，侵权方无法接受而导致调解失败；另一种结果是受害人不愿意对惩罚性赔偿金进行估计，总是担心自己的估计会使自己的利益受损，从而拒绝法院主持调解。因此，惩罚性赔偿金的不确定性确实会对当事人的调解产生影响，使当事人因调解缺少可以信赖的依据而导致调解不能或调解失败。当然，也有个别被侵权人担心法院不适用惩罚性赔偿而选择调解，尤其如果被侵权人从执行的角度考虑，选择调解结案的可能性更大，因为调解结案的案件，往往执行比较容易到位，当侵权人的财产不足可能难以执行时，被侵权人可能更在乎执行的效果，此时，大多被侵权人抱有"少得不如现得"的心理，宁愿放弃可能判决的高额赔偿金，而选择容易执行的调解方式结案。

2. 从侵权人的角度，可能使调解的成功率上升

一个著作权侵权案件侵权人愿意调解结案存在两种可能的原因：一种是调解结案使侵权人可以支付比判决更少的赔偿金，这是侵权人愿意调解的最直接的原因，也是绝大多数侵权人都愿意接受的原因；另一种是为了修复侵权人和被侵权人之间的冲突关系，在发生侵权纠纷之后，侵权人和被侵权人之间往往会出现敌对情绪，为了缓和这种敌对关系，争取对方成为未来的贸易伙伴，侵权人通常愿意妥协调解。第二种原因尽管不是每个侵权人都会认同，侵权人并没有从中直接获利，但是这对于侵权人的长远发展来说是非常有利的，冤家宜解不宜结，何况贸易伙伴是市场竞争中的重要资源，两者是互利共赢的关系。因此，在著作权侵权领域引入惩罚性赔偿后，如果侵权人认为自己的行为确实具备了支付惩罚性赔偿金的条件，侵权人担心法院会判决其承担高额的惩罚性赔偿金，通常会积极主动争取和被侵权人调解，愿意妥协达成调解协议，从而使著作权侵权案件的调解成功率上升。

当然，也可能有个别侵权人会抱有侥幸心理，毕竟惩罚性赔偿是否适用以及最后到底需要支付多少惩罚性赔偿金都处在一个待定状态，个别侵权人可能指望法院根本就不会适用惩罚性赔偿，或者即使适用了需要支付的惩罚性赔偿金比较低，从而希望法院判决而不是调解结案。

3. 惩罚性赔偿对调解的影响程度关键看当事人的认知情况

由上文的分析可知，惩罚性赔偿在著作权侵权领域的适用是否会对调解的成功率产生影响，并不能简单地得出一个结论，不管是侵权人还是被侵权人，都存在两种截然相反的结论，只是倾向性不同而已，大多数被侵权人倾向于不调解结案，对高额的惩罚性赔偿金存有期待，希望法院判决其获得高额的赔偿金，从而在调解过程中要么直接拒绝调解，要么提出高额的赔偿金使侵权方无法接受而导致调解失败，最终使调解成功率降低。而大多数侵权人正好相反，大多倾向于调解结案，希望调解成功以避免法官判决其承担高额的惩罚性赔偿金，从而在调解过程中积极主动妥协以达成调解，最终使调解成功率提升。但是，不管是希望调解结案的侵权人、被侵权人还是希望判决结案的被侵权人和侵权人，其作出决定的依据是一致的，都是基于对惩罚性赔偿的期待，他们由于对惩罚性赔偿是否适用以及到底可能判决多少惩罚性赔偿金的认知不同，使他们做出了完全相反的选择。因此，惩罚性赔偿对调解的影响取决于当事人对惩罚性赔偿本身的期待与认知。

二、惩罚性赔偿对调解制度消极影响的消除

调解制度是目前我国各级法院在办理民事案件中普遍适用的制度，尽管法律并没有明确规定调解是所有民事纠纷解决的必经

程序，但在当前的司法实践中，绝大多数民事案件都适用诉前调解程序，只有诉前调解不成功的案件才正式立案进入审判程序，可见国家特别重视调解制度在处理民事纠纷中的积极作用。因此，在著作权侵权领域构建惩罚性赔偿制度时也应特别注意对调解制度可能造成的不利影响，尽可能将不利影响降到最低。

正如上文所述，惩罚性赔偿适用的不确定性和惩罚性赔偿金额度的不确定性使侵权人和被侵权人对其产生不同的期待和理解，进而对调解做出不同的选择，那么要让他们对调解产生正确的期待和理解的办法就是要让惩罚性赔偿的适用和惩罚性赔偿金的额度具有确定性。但是，著作权侵权行为发生后被侵权人起诉到法院要求适用惩罚性赔偿，最终是否适用惩罚性赔偿的权力掌握在法官手中，由法官根据具体案情来决定是否适用惩罚性赔偿，每个案件的具体情况是不同的，法律只能规定抽象的判断标准作为法官决定是否适用惩罚性赔偿的依据。因此，对当事人而言，在法官没有做出适用惩罚性赔偿的判决之前，惩罚性赔偿的适用只能处于待定状态。同样地，惩罚性赔偿金数额的确定性也是难以实现的。首先，从惩罚性赔偿制度的本质来分析，从法律上规定确定的惩罚性赔偿金是不现实的，惩罚性赔偿金的不确定性正是惩罚性赔偿制度的魅力所在，如果惩罚性赔偿金具有确定性就无法实现惩罚性赔偿制度的惩罚和威慑功能，侵权人可以事先将可能承担的惩罚性赔偿责任计算到自己的经营成本中，由最终的消费者来为侵权人的侵权行为埋单，这使得构建惩罚性赔偿制度完全失去了意义。因此，要使接受调解的当事人对惩罚性赔偿金的数额比较确定，通过法律规定确定的惩罚性赔偿金数额不科学。其次，惩罚性赔偿金的确定是由法官根据具体案情综合考虑多种因素决定的，而每个案件的具体情况不同，现实中不可能存在两个完全相同的案件，因此，法院以前判决的案件也难以有参照性，在法院的判决没有做出之前，对当事人来说，惩罚性赔偿金就会处在一个不确定状态。

为了降低惩罚性赔偿对调解制度的不利影响，笔者认为，唯一可行的方式是加强对当事人的正确引导，让法官将即将调解的案件是否适用惩罚性赔偿制度、可能判处的惩罚性赔偿金数额明确告知双方当事人，当然这个数额不一定非常准确，只要是一个大致的数额就可以，法官是案件的最终裁决者，法官的话是双方当事人最信任的，根据法官给出的是否适用惩罚性赔偿以及可能判决的赔偿金数额，双方当事人可以做出接受调解是否对自己有利的判断，从而最终决定是否调解，这样使得惩罚性赔偿制度导致当事人对惩罚性赔偿金预期过高而影响调解的消极作用得以消除。当然，也许有人会担心法官为了撮合当事人达成调解而故意给出一个较低的赔偿数额，这可以通过法律规定法官应该对数额的真实性负责，在调解时给出的惩罚性赔偿金的数额和最终判决的赔偿金的数额不能有明显差距。

第五节　惩罚性赔偿与法官的自由裁量权

法官的自由裁量权是法律赋予法官在办理案件的过程中，在法律允许的范围内充分发挥自己的主观能动作用，合理适用法律、公平处理案件的一种权力。由于法条所适用的都是现实生活中千变万化的具体情况，需要包罗万象，从而使法条必须是抽象的而不是具体的规范，抽象的法条无法与现实中的各种情况——

对应，这使得法官在具体的案件中不可避免地要发挥自己的主观能动性，将抽象的法条适用于具体的案件。法律为了维护其权威性，必须具有相对稳定性，不能朝令夕改，而社会是无时无刻不在发展变化，这使得法律天生就具有滞后性，将滞后的法律适用于新出现的事物，必须由法官通过自由裁量才能正确适用。因此，法官的自由裁量权是其正确适用法律必不可少的一项权力，惩罚性赔偿制度的适用自然也离不开法官的自由裁量权，正如上文所述，惩罚性赔偿金具有不确定性，是由法官根据具体案情综合考虑多种因素确定的，一个侵权案件最终是否适用惩罚性赔偿制度、支付多少惩罚性赔偿金都是由法官确定的，这给了法官非常大的自由裁量权，而且全国法官素质参差不齐，适用标准非常抽象，这不得不让学者们担心惩罚性赔偿制度会不会被法官所滥用，会不会由于法官不同而适用的结果不同，这种担心是有必要的，本节将讨论在构建惩罚性赔偿制度时如何避免法官滥用其自由裁量权，实现同一案件适用的结果相对统一。

一、惩罚性赔偿的实现依赖法官的自由裁量权

法官在审理案件过程中运用其自由裁量权是一种非常普遍的现象，不仅是在一般民事案件中存在，即使在适用罪刑法定的刑事案件中也不可避免要存在，这是由法律无法对包罗万象的所有事物进行详细规定所决定的，只是法律规定越明确具体的，自由裁量权的适用空间越小，相反，法律规定得越抽象的，自由裁量权适用的空间越大。而著作权侵权惩罚性赔偿为了实现其惩罚功能，避免侵权人提前把承担惩罚性赔偿金的风险进行转嫁，法律不可能事先规定惩罚性赔偿金的具体数额，因此，惩罚性赔偿制度对法官的自由裁量权更具有依赖性，它不像补偿性赔偿制度那

样，由法官根据受害人的实际损失或侵权人的违法所得或许可使用费的合理倍数来计算侵权人的赔偿数额，受害人提供的相应证据足以约束法官计算赔偿额的客观性，而惩罚性赔偿金完全由法官根据具体案情来确定，给予法官充分发挥自由裁量权的空间和机会，惩罚性赔偿金的确定是否科学合理完全取决于法官，如果法官滥用了手中的自由裁量权，将使惩罚性赔偿制度不仅不能发挥积极作用，还会使其成为一项损害当事人利益、阻碍社会经济发展的罪恶制度。因此，在构建著作权侵权惩罚性赔偿制度过程中如何设计该制度才能有效防止法官滥用手中的自由裁量权至关重要。

二、防止惩罚性赔偿被法官滥用的措施

权力是应该受限制的，任何不受限制的权力都有可能被滥用，法官的自由裁量权也一样应该受到一定的限制。因为法官的自由裁量权是否被滥用直接决定惩罚性赔偿制度的成效，惩罚性赔偿制度功能的发挥依赖于惩罚性赔偿金确定的科学与否，而要不要适用惩罚性赔偿、判决侵权人承担多少惩罚性赔偿金的决定权掌握在法官手中，尽管法律对惩罚性赔偿的适用条件和确定惩罚性赔偿的考虑因素都有明确规定，但是都非常抽象，必须依赖法官自由裁量才能适用。因此，要保证惩罚性赔偿能被法官合理有效实施，必须对法官自由裁量权的行使进行一定限制。而限制法官自由裁量权的措施很多，可以从惩罚性赔偿制度外部去限制，也可以从惩罚性赔偿制度的内部设计来限制。

1. 防止惩罚性赔偿被法官滥用的外部约束措施

（1）法官责任终身制的贯彻能防止法官滥用权力。近年来，我国为了强化法官办案责任意识，提高案件审判质量，提升司法

公信力，确立了法官责任终身制。2015 年 8 月 18 日，中央全面深化改革领导小组第十五次会议审议通过了《关于完善人民法院司法责任制的若干意见》，其第 25 条明确规定：法官应当对其履行审判职责的行为承担责任，在职责范围内对办案质量终身负责。这一制度让审理者裁判、由裁判者负责，确保法官独立公正履行审判职责，建立谁使用司法权，谁就要对案件的审判质量负责一辈子的错案责任追究制，促使法官谨慎行使手中的司法权，这对有效减少错案的发生、增强法官责任心具有重要意义，可以有效约束法官滥用其自由裁量权，保证惩罚性赔偿制度的有效运行。

（2）司法公开制度的推广和完善能防止法官滥用权力。司法公开最初是指审判公开，我国《宪法》第 125 条规定："人民法院审判案件，除法律规定的特殊情况外，一律公开进行。"自此审判公开被确立为一项宪法原则，后来我国的《民事诉讼法》《刑事诉讼法》和《行政诉讼法》中均明确规定了审判公开原则。为了更好地贯彻该原则，1999 年 3 月最高人民法院公布了《关于严格执行公开审判制度的若干规定》，要求各级法院进一步落实宪法和法律规定的公开审判制度，确保实现司法公正。2000 年 6 月 19 日最高人民法院召开新闻发布会，宣布从 2000 年起最高人民法院将有选择地向社会公布本院审理案件的判决书和裁定书，并要求各级人民法院逐步做到裁判文书向社会全文公布，这使得司法公开从审判公开延伸到裁判文书的公开。2009 年 12 月 8 日，最高人民法院发布《关于司法公开的六项规定》明确将司法公开扩大为六个方面即立案公开、庭审公开、执行公开、听证公开、文书公开和审务公开。2010 年 11 月 21 日，最高人民法院发布《关于人民法院在互联网公布裁判文书的规定》，2013 年 7 月 1

日，中国裁判文书网正式开通，2013 年 12 月 11 日，"中国法院庭审直播网"正式开通。通过一系列的努力，"十八大以来，裁判文书、审判流程、执行信息和庭审公开四大司法公开平台先后建成，据最高人民法院审判管理办公室透露，截至 2018 年 2 月 27 日中国裁判文书网共公布全国各级法院生效裁判文书 4 260 余万篇，访问量超过 132 亿次，访客来自全球 210 多个国家和地区，已经成为全球最大的裁判文书网；中国庭审公开网已经覆盖全国各级法院（全部法院已接入），累计直播庭审 64 万场，主网站及关联网站总观看量超过 48 亿次，最高日直播量超过 3 600 场；执行信息公开中，累计公布执行案件 3 598 万余件、被执行人信息 5 189 万余条、失信被执行人信息 992 万余条。❶ 这一系列的司法公开措施，使司法权置于人民群众的监督之下，可以有效排除法外因素的干扰，有效遏制权力滥用，让所有裁判经得起检验、推敲与评判，可以客观督促实现"统一的裁判标准和尺度"，甚至可以倒逼司法从业人员提高自己的专业水准。因此，司法公开是维护司法公正的最有效的举措之一，随着国家司法公开的进一步推进，惩罚性赔偿被法官滥用的担心和质疑就可以消除了。

（3）专门知识产权法院体系的建成和审判能力的现代化能有效防止法官滥用权力。我国于 2013 年《中共中央关于全面深化改革若干重大问题的决定》提出："加强知识产权运用和保护，健全技术创新激励机制，探索建立知识产权法院。"2014 年 8 月 31 日，十二届全国人大常委会第十次会议表决通过了全国人大常委会关于在北京、上海、广州设立知识产权法院的决定。2014 年

---

❶ 李金磊："中国力推司法公开 已公布生效裁判文书 4 260 余万篇"，载 http：// news. haijiangzx. com/2018/0227/1960833.shtml，最后访问日期：2018 年 7 月 15 日。

年底，北京、上海、广州知识产权法院相继设立并创造性地开展工作，初步探索出一条中国特色知识产权专门化审判道路。2017年以来，南京、苏州、武汉、成都、杭州、宁波、合肥、福州、济南、青岛、深圳、天津、郑州、长沙、西安、南昌等 16 个中心城市先后设立知识产权法庭。根据 2018 年 7 月 9 日在青岛召开的第四次全国法院知识产权审判工作会议内容，2020 年，覆盖全国的知识产权法院体系将基本建成，人民法院知识产权审判工作将迎来新的机遇与发展，2035 年，人民法院将基本实现知识产权审判体系和审判能力现代化。❶ 设立统一的知识产权法院，集中优势审判资源，通过遴选出一批高素质的专业法官来承担知识产权案件的审判任务，案件集中在几家法院审理，审判标准相对统一，法官队伍的精英化和审判标准的相对统一，尤其随着技术调查官选任工作和参与诉讼活动的指导意见的发布，以技术调查官、专家辅助人、专家陪审员、技术鉴定人为主体的多元化技术事实查明机制正逐步建立并完善，技术事实认定的中立性、客观性和科学性不断增强。这些从客观上都能一定程度地防止法官自由裁量权的滥用，有利于实现审判结果的公平公正，最终使惩罚性赔偿制度的功能得到有效实现。

（4）设立专门的监督机构对法官的权力进行监督。当前各国法院均设有监察部门，可以由监察部门对法官的权力进行有效监督。同时应建立案件质量评估体系和评价机制，审判管理和审判监督机构应当定期分析审判质量运行态势，通过常规抽查、重点评查、专项评查等方式对案件质量进行专业评价。此外，还可以

---

❶ 郑皓月："2020 年我国将基本建成知识产权法院体系"，载 http：//news. cnr. cn/native/city/20180709/t20180709_ 524295285.shtml，最后访问日期：2018 年 7 月 15 日。

探索建立法院以外的第三方评价机制，强化对审判权力运行机制的法律监督、社会监督和舆论监督。多方监督，能更有效地防止法官在适用惩罚性赔偿时滥用自由裁量权。

2. 防止惩罚性赔偿被法官滥用的内部防备措施

上述制约法官滥用自由裁量权的措施都是从惩罚性赔偿制度的外部来讨论的，其实通过惩罚性赔偿制度本身的科学设计也可以有效预防惩罚性赔偿制度被法官滥用，这也是本节探讨的重点，可以在建构著作权侵权惩罚性赔偿制度时对其予以充分地考虑。

（1）细化确定惩罚性赔偿金的考虑因素。惩罚性赔偿金是法官根据法律规定的考虑因素来确定的，考虑因素是抽象还是具体将直接影响法官的判断，通过细化确定惩罚性赔偿金的考虑因素来缩小法官适用自由裁量权的空间可以有效预防惩罚性赔偿制度被滥用，使得出的惩罚性赔偿金更有说服力，现行著作权法对法定赔偿额的确定就因为考量因素太抽象，使得出的法定赔偿额难以让当事人信服，从而也就导致了高上诉率，这是现实告诉我们的经验，我们应引以为戒。但由于法条篇幅的限制，在法条中对确定惩罚性赔偿金应考虑的因素进行详细描述客观上不可能，因此，在建构惩罚性赔偿制度时，考虑到法条篇幅的限制，可以将确定惩罚性赔偿金应考虑的因素规定得较为抽象和简单，而在著作权法实施条例中将每个抽象的考虑因素具体化，便于法官在具体案件中具有可操作性，细化考量标准在方便法官操作的同时，也使法官自由裁量的空间得以减小，避免惩罚性赔偿金确定的随意性，使判决的惩罚性赔偿金更科学。

（2）通过制定科学严密的证据规则来约束法官的自由裁量权。著作权侵权赔偿的难题是当事人举证难，被侵权人往往因为对侵权给自己造成的实际损失和侵权人的侵权所得无法举证证明而未能获得足额赔偿，法官也不得不适用法定赔偿来确定赔偿额，而惩罚性赔偿的适用同样要求被侵权人承担诸多的举证责任，如果举证不能，惩罚性赔偿根本就无法适用，更别说获得多少惩罚性赔偿金了，由此解决举证难的问题很重要，它直接关系法官是否适用惩罚性赔偿的问题。为了使法官在是否适用惩罚性赔偿制度时不会滥用自己的自由裁量权，可以在建构惩罚性赔偿制度时，明确规定科学严密的证据规则，将举证责任在侵权人和被侵权人之间进行合理分配，对故意和重大过失规定客观的判断标准。

第七章

我国著作权侵权惩罚性赔偿的制度构建

惩罚性赔偿制度是一柄双刃剑，如果适用得当可以有效保护受害者的合法利益，激发受害方维权的积极性，减少著作权侵权行为的发生；如果滥用该制度，随意确定惩罚性赔偿金额和扩大其适用范围，会导致打击面过广、打击力度过大而影响社会经济的发展，甚至还会引发相关当事人为了牟取高额赔偿金而进行过度诉讼或者滥诉的情况。❶ 因此，如何构建我国著作权侵权领域的惩罚性赔偿制度使其发挥最佳效用并减少副作用显得非常重要。

第一节　著作权侵权惩罚性赔偿适用的原则

"原则"一词来源于拉丁文 Principium，有"开始、起源、基础、原则、原理、要素"等含义。❷ 它是具有高度抽象的、最一般的价值判断标准，根据《辞海》的定义，认为原则是从自然界和人类历史中抽象出来的，是观察问题、处理问题的准绳。❸ 它不像具体条件或规则那样明确，仅具有宏观上的规范意义，是指导和协调某一领域的调整机制，确定处理某类问题的基本方针。著作权侵权惩罚性赔偿的适用原则是指在著作权侵权领域适用惩罚性赔偿制度应当遵守的指导思想和基本准则，它反映社会现实

❶ 袁杏桃："知识产权侵权惩罚性赔偿的正当性基础与制度构建"，载《甘肃社会科学》2014 年第 5 期，第 197~198 页。

❷ 徐国栋：《民法的基本原则解释》，中国政法大学出版社 1992 年版，第 7 页。

❸ 夏征农：《辞海》，上海辞书出版社 2002 年版，第 4527 页。

对该制度的基本要求，体现该制度追求的价值目标。因此，探讨著作权惩罚性赔偿适用的原则，具有多重意义。第一，它具有对立法的指导价值。在构建著作权侵权惩罚性赔偿制度时，立法者必须先根据社会经济生活的基本要求确定建立该制度的基本点，并以此作为立法的价值取向，进行制度设计，使制度内部形成和谐的体系，而这些基本点就是该制度适用的原则。第二，它具有对司法的指导作用。著作权侵权惩罚性赔偿适用的原则为司法机关处理著作权侵权纠纷提供指导性的方针和价值判断标准，以便司法机关更准确地适用该制度来处理著作权侵权纠纷。第三，它对侵权人具有规范作用。尽管著作权侵权惩罚性赔偿的适用原则不直接确定侵权人的责任，但是它可以为行为人提供一种抽象的行为模式和标准，从而客观上对行为人的行为具有指导作用。

一、利益平衡原则

1. 利益平衡原则的含义及意义

利益平衡也称利益均衡，是指在一定的利益格局和体系下出现的利益体系相对和平共处、相对均势的状态。❶ 它是著作权法的基本理念和精神，也是著作权法追求的重要目标，著作权法通过权利设定、权利限制、权利保护等相关制度对著作权人、作品的传播者和使用者之间的利益进行平衡，使他们三者在各自的合理范围内和平共处来实现利益最大化，最终促进整个社会科学文化技术的发展。在现代社会中，利益平衡不仅作为一项立法原则成为立法所遵循的准则，而且是一项重要的司法原则，成为司法

---

❶ 冯晓青：《知识产权法利益平衡理论》，中国政法大学出版社2006年版，第11页。

实践中解决纠纷的重要考量因素与方法。

利益平衡原则的贯彻具有重要意义。一方面，它有利于构建科学合理的惩罚性赔偿制度，在著作权侵权领域，存在权利人、侵权人和社会公众等多方主体的利益，为了维护权利人和社会公众的利益，我们应对侵权人给予应有的制约，否则起不到制止侵权、预防类似侵权行为再次发生的目的；相反，在保护权利人和社会公众利益的同时，对侵权人的制约不能过于严厉，否则可能会由于对侵权人打击过度而影响社会经济的发展，尤其惩罚性赔偿制度对侵权人具有惩罚性，应当慎重适用。因此，在著作权侵权惩罚性赔偿制度的构建过程中应全面考虑其调整的各方利益，制定对双方都比较合理的制度，以实现当事人之间的公平与正义。另一方面，该原则的贯彻有利于保证惩罚性赔偿制度的有效实施。在著作权侵权纠纷中，如果权利人和侵权人之间的利益不能得到有效平衡，在赔偿数额的确定上过分偏袒于任何一方，都有可能使另一方上诉甚至申诉，不仅使当事人和国家的诉讼成本提高，而且会因为不断诉讼影响当事人正常的生产与经营，最终影响整个社会经济的发展，使惩罚性赔偿制度被迫无法实施。因此，在惩罚性赔偿制度的实施过程中，也应坚持利益平衡原则，充分衡量权利人和侵权人之间、广大消费者与侵权人之间利益关系，做到过犹不及，使惩罚性赔偿制度真正发挥惩罚侵权人、弥补受害人、预防类似侵权行为发生的作用。

2. 利益平衡原则的内容

在著作权侵权惩罚性赔偿制度中贯彻利益平衡原则，主要体现在以下几个方面。

（1）在制度的构建中充分考虑行为主体之间的利益平衡。惩罚性赔偿制度的设立主要是解决权利人和侵权人之间的纠纷，如何通过制度设计使两者之间的纠纷化解并使发生率趋近于零，利益平衡将是一个重要的考量因素，在惩罚性赔偿制度的构建中，可以通过设立适用的条件，确定在何种情况下适用惩罚性赔偿才能使权利人和侵权人之间的利益得到平衡。

（2）在制度的实施中充分考虑行为主体之间的利益平衡。惩罚性赔偿制度的作用是通过对该制度的具体实施来实现的，而惩罚性赔偿制度的实施最终通过惩罚性赔偿金的确定来体现，赔偿金的确定是由法官根据具体案情综合考虑多种因素决定的，法官在行使自由裁量权确定赔偿金时应充分考虑多少赔偿金才能实现权利人和侵权人之间的利益平衡。

二、适用条件法定原则

1. 适用条件法定原则的含义及意义

适用条件法定原则是指在著作权侵权领域是否适用惩罚性赔偿制度，取决于著作权法的明确规定，由著作权法对惩罚性赔偿的适用条件进行明确规定，只有符合法律规定的适用条件的行为才可以适用惩罚性赔偿。之所以确定该原则，是由惩罚性赔偿制度的性质决定的，惩罚性赔偿制度对侵权人具有惩罚性，如果不规定适用条件而对一般著作权侵权行为随便适用，必然会对侵权人不公平，毕竟是私权主体之间的纠纷，任何一方不得随意惩罚另一方，只有在侵权人的侵权达到一定的条件，为了平衡两者的利益才可以适用。对于惩罚性赔偿的适用是否必须以法律明确规定为条件，存在不同的做法。如英美法国家对此没有做要求，通常由法官根据具体案情依先前的判例决定，而规定了惩罚性赔偿制度的大陆法系国家和地区则由立法规定，只有法律明确规定可以适用惩罚性赔偿的情况才适用，如我国台湾地区，在其"专利法""公平交易法""营业秘密法"和"著作权法"等相关法律中明确规定可以适用惩罚性赔偿的条件。笔者认为采取后面这种做法更合适。

贯彻适用条件法定原则具有重要意义。首先，它有利于防止惩罚性赔偿制度被滥用而损害侵权人的利益。没有规矩无以成方圆，如果不规定赔偿性赔偿适用的条件，必然会使该制度被滥用，比如，如果不规定惩罚性赔偿必须以权利人的申请为条件，那么法官就可能滥用自由裁量权，运用其手中的权力在著作权侵权案件中自由适用惩罚性赔偿，容易滋生司法腐败，同时也会因适用范围过广而使侵权人的利益受损害。其次，它有利于限制权利人滥诉，造成新的不公平。惩罚性赔偿是使侵权人向权利人支付比权利人实际损失更多的赔偿金，从追求利益最大化的角度来说，权利人极有可能想方设法提起惩罚性赔偿的诉讼，甚至可能出现恶意诉讼，这不仅浪费国家司法资源，而且一旦恶意诉讼没有被发现，可能使侵权人和权利人之间产生新的不公平。因此，贯彻适用条件法定原则，避免了适用的随意性，可以有效保证惩罚性赔偿制度不被滥用。

2. 适用条件法定原则的内容

对于惩罚性赔偿制度的适用条件法定原则的内容，具体包括以下几个方面。

（1）程序条件法定。由法律明确规定适用惩罚性赔偿的程序条件，如对提出惩罚性赔偿的主体资格、提出惩罚性赔偿的时间要求、提出惩罚性赔偿的具体方式等进行明确规定，权利人只有符合这些法定的程序条件，法院才能适用惩罚性赔偿。

（2）实体条件法定。实体条件主要包括侵权人的主观要件和客观要件，主观要件是指侵权人进行侵权行为时的主观状况，由著作权法明确规定侵权人的主观达到一定的要求，才能适用惩罚性赔偿。客观要件是指侵权行为造成的后果，由著作权法明确规定侵权人的侵权行为造成的后果达到一定程度，才可以适用惩罚性赔偿。这些主观和客观要件不能由法官随意确定，必须根据著作权法的明确规定，只有符合著作权法规定的主客观条件时，法院才能对侵权人适用惩罚性赔偿。

（3）确定惩罚性赔偿金的方法法定。惩罚性赔偿金的确定直接关系权利人和侵权人的利益，对他们二者来说都很重要，根据域外的做法，确定惩罚性赔偿金的方法有很多，有的根据补偿性赔偿金的合理比例确定，有的直接规定惩罚性赔偿金的上限和下限，有的对惩罚性赔偿金不规定上限和下限，而是由法官根据具体案情自由裁量，我们暂且不讨论哪种确定方式更科学，但是我们在著作权法中应明确规定计算的方法，使司法机关审判案件有法可依。

（4）确定惩罚性赔偿金应考虑的因素法定。惩罚性赔偿金不管采取哪种方法计算，最终都是由法官根据具体案情综合考虑多种因素来确定具体的金额，很显然，惩罚性赔偿金额的确定带有法官较大的主观性，如果不规定具体的客观参考因素，会使得同样的案件在不同的法院或者在同一法院的不同法官手中得出不同的赔偿金额，使司法缺乏统一性。因此，法官在确定惩罚性赔偿金时应综合考虑哪些具体因素，应由著作权法明确规定，使法官最终确定的赔偿金额更客观、更合理，有利于实现司法统一。

（5）赔偿范围法定。惩罚性赔偿金的确定不一定根据权利人的实际损失来计算，但是侵权人给权利人造成的损失作为侵权后果会影响惩罚性赔偿金的确定，而权利人实际损失的确定与赔偿范围密切相关，通常情况下，赔偿范围越大，意味着损失就越大，因此，赔偿范围法定，有利于确定权利人的实际损失，进而为惩罚性赔偿金的科学确定提供依据。

三、赔偿数额法庭酌定原则

1. 赔偿数额法庭酌定原则的含义及意义

赔偿数额法庭酌定原则是指著作权侵权行为发生后，权利人向法院提出诉讼请求，要求判决侵权人支付惩罚性赔偿金时，法院根据案件具体情况对惩罚性赔偿金的多少作出判决。由于惩罚性赔偿金的确定需要考虑多种因素，而且每个案件可能需要考虑的因素并不一样，法律不可能对赔偿金的具体数额作出统一的定量规定，最多就是对计算赔偿金的方式作出规定，因此，任何一个著作权侵权案件的惩罚性赔偿金最终都由法庭根据具体案情综合酌情决定。

对惩罚性赔偿金额的确定适用法庭酌定原则，可以避免惩罚性赔偿金标准法定过于僵硬而可能出现的弊端，惩罚性赔偿金是为了惩罚主观上具有可谴责性的侵权人，根据其可谴责性的程度不同，主观状况通常可分为故意、重大过失和一般过失三种情况，根据当前大多数国家的做法只对主观具有故意的侵权人适用惩罚性赔偿，如果采取惩罚性赔偿金标准法定原则，那么意味着著作权法只需要对惩罚性赔偿金规定一个标准，即使对主观上具有故意和重大过失的两种情况都适用惩罚性赔偿，著作权法也只需要规定两个赔偿标准，对于同样是故意侵权对权利人造成不同结果的两种侵权行为，如果判决的惩罚性赔偿金是一样的，显然对两个侵权人很不公平。而且赔偿金的数额是随着社会经济的发展而变化的，如果惩罚性赔偿金的多少由法律明确规定，会使惩罚性赔偿制度缺乏灵活性，无法与时俱进，不能适应社会经济的发展，不能真正发挥惩罚性赔偿制度的作用。因此，惩罚性赔偿金只能由法律规定参考因素，最终由法庭酌情确定。

2. 赔偿数额法庭酌定原则的内容

法庭酌定原则的内容主要是法庭如何确定惩罚性赔偿金的数额，包括酌定的依据、酌定的体现形式等。酌定的依据是指法庭在判决案件时应参考哪些具体的因素来确定赔偿金数额，这将在下文详细探讨，但是根据当前其他国家和地区的一般做法，法庭一般会综合考虑行为人的主观恶性、著作权自身的价值、行为人的事后态度、受害人获得赔偿的程度以及行为所造成的损害后果等因素，这些法庭确定惩罚性赔偿金应当考虑的因素由著作权法进行明确规定。法庭酌定的体现形式是指法庭在根据参考因素确定惩罚性赔偿金额时，应当明确在判决书中写明具体哪个因素在赔偿金数额中发挥了何种作用，而不能笼统地表述为考虑某某因素确定赔偿受害人赔偿金为多少，明确每个因素的具体作用可以更好地对侵权人和潜在侵权人产生应有的警示作用，同时也有利于受害人更好地了解获得惩罚性赔偿金的原因。

第二节　著作权侵权惩罚性赔偿的构成条件

著作权侵权惩罚性赔偿制度是以预防、威慑和遏制著作权侵权行为的发生为主要目的的，其所要惩罚的绝不是传统的补偿性赔偿就可以解决的一般著作权侵权行为，至于一个行为到底需要具备什么条件才应该适用惩罚性赔偿，这是构建惩罚性赔偿制度的核心，它直接关涉惩罚性赔偿制度功能的实现，各国做法并不一致，学术界也有不同的声音，本节将从以下多个方面对此展开论述。

一、行为人主观具有故意或重大过失

过错为侵权行为的主观要件，也是一般侵权行为的必要构成要件，它是加害人在实施行为时主观上的一种可归责的心理状态，即加害人实施行为时，心理上没有达到其应当达到的注意义务，**❶** 表现为故意和过失两种形态。过错作为侵权责任构成之要件，表明法律和道德的价值评判，在这一领域（过错责任领域），法律和道德只是对有过错者作出否定的评价，并以此作为侵权责任基础对行为人予以特别警告和对社会公众予以一般警告。**❷** 著作权侵权惩罚性赔偿责任是侵权责任的一种，理所当然也应当将行为人的主观要件作为核心要件进行考察，尤其著作权侵权惩罚性赔偿制度是针对主观具有可责难性的侵权人而设立的，侵权人主观状态对是否适用惩罚性赔偿具有决定性意义，至于侵权人需要具备怎样的主观心理才能适用惩罚性赔偿，各国各地区以及学术界并没有形成一致的意见和做法。

1. 各国各地区立法关于适用惩罚性赔偿主观要件的做法

当前，大多数的国家和地区的法律明确规定只有在行为人主观上存在故意时才能适用惩罚性赔偿，仅有极少数的国家和地区的法律规定在当事人主观上存在故意或重大过失均可以适用惩罚性赔偿，只有单纯的过失行为一般不用承担惩罚性赔偿责任。如

---

❶　江平：《民法学》，中国政法大学出版社 2007 年版，第 552 页。

❷　张新宝：《侵权责任法》，中国人民大学出版社 2010 年版，第 38 页。

《美国版权法》明确规定侵权行为系故意实施才适用惩罚性赔偿，但在其承认惩罚性赔偿制度的 46 个州中，做法不一，佛罗里达州拒绝对重大过失行为适用惩罚性赔偿，而得克萨斯州、密西西比州等则支持重大过失行为可以适用惩罚性赔偿。我国台湾地区的著作权法规定只有损害行为属故意且情节重大者，才适用惩罚性赔偿。而英国版权法并没有明确规定行为人主观上是故意还是重大过失或是一般过失才能适用惩罚性赔偿，在其第 97 条（2）中仅规定：法院在版权侵权诉讼中，应当考虑所有情形，尤其应注意（a）侵权严重程度，以及（b）被告因侵权所获利益，可依据案件处理公正性之要求，判决附加损害赔偿金。根据该规定，英国的著作权侵权是否适用惩罚性赔偿主要由法院根据公正性的要求来决定。我国 2014 年《著作权法修订草案（送审稿）》采用的是"两次以上故意侵权"作为适用惩罚性赔偿的主观要件。我国著作权法第一次将惩罚性赔偿制度引入其中，担心在我国科技发展还远不及发达国家的情况下过于广泛地适用惩罚性赔偿会对我国经济和科技发展产生不利影响，因此立法机关对惩罚性赔偿的规定采取了较为谨慎的态度。

2. 学术界对适用惩罚性赔偿主观要件的观点

尽管各国各地区在立法中对适用惩罚性赔偿的主观要件已经非常明确，而且大多数国家在著作权侵权赔偿责任的规定中都将主观要件作为判断是否适用惩罚性赔偿的重要依据，但是学术界的观点远比各国各地区的立法规定更丰富，不仅是在讨论以故意作为适用惩罚性赔偿的主观要件合适，还是以故意和重大过失作为适用惩罚性赔偿的主观要件合适，甚至有学者直接对以主观要件作为适用惩罚性赔偿的做法提出了质疑。

（1）主张以故意作为适用惩罚性赔偿的主观条件。故意是行为人明知或预见自己的行为会造成某种损害后果而希望或放任其结果发生的心理状态，通常包括直接故意和间接故意。直接故意是行为人明知自己的行为会造成某种结果并希望该结果发生的一种心理状态；间接故意是行为人已预见到自己的行为会造成某种损害后果，而不采取任何措施放任该结果发生的一种心理状态。不管是直接故意还是间接故意，行为人的心理状态的不正当性是很明显的，行为人在对损害结果的发生具有控制能力和主动性的情况下，不仅不积极采取任何措施控制损害结果的发生和扩大，反而是希望和放任他人合法权益遭受损害，因此故意是一种典型的可追责的心理状态。在著作权侵权领域，以故意作为适用惩罚性赔偿的主观条件是当前学术界的主流观点，认为惩罚性赔偿是通过惩罚侵权人来达到遏制侵权行为，实现威慑和预防的目的，使侵权人和潜在的侵权人不再从事相似的侵权行为。因此，认为侵权人的主观必须具有很强的可谴责性，而故意是公然对他人权益的漠视和不尊重，是一种具有很强的可谴责性的主观状态，行为人故意侵犯他人著作权的理应适用惩罚性赔偿。对于行为人主观上仅有过失的情况，大多数学者主张不宜适用惩罚性赔偿，担心对过失行为也适用惩罚性赔偿可能会打击面过宽，使行为人为了避免被惩罚而过于谨慎甚至消极地从事相关行为，最终影响社会科学文化产业的发展。

（2）主张以故意和重大过失作为适用惩罚性赔偿的主观条件。在民事侵权责任中，故意和过失都是可归责的心理状态，过失是行为人对行为结果应当预见且能够预见却未能预见或者虽有预见却轻信能够避免而依然实施该行为的心理状态。简单地说，过失是一种不注意的心理状态，即对自己应尽的注意义务的违反。根据过失程度又可将过失分为重大过失、一般过失和轻微过失，违反普通人一般注意义务的为重大过失。在著作权侵权领域，主张以故意和重大过失作为适用惩罚性赔偿的主观条件的学者也不少，认为重大过失也是对他人权益的不尊重，只要行为人尽到了一个普通人的注意就可以避免损害结果发生的，因而跟故意一样，都具有较强的可谴责性，对存在重大过失的著作权侵权行为适用惩罚性赔偿符合设立惩罚性赔偿制度的目的。

（3）主张取消以主观心理状态作为适用惩罚性赔偿的条件。该观点以美国波林斯基（Polinsky）和沙维尔（Shavell）教授为代表，我国也有部分学者赞同该观点。波林斯基和沙维尔教授明确指出应受惩罚的程度不应该是决定适用惩罚性赔偿的关键因素，在确定惩罚性损害赔偿时，焦点应当在致害人逃避责任的可能性，如果惩罚性赔偿取决于应受惩罚性，将会歪曲威慑理论。❶其最有力的理由是认为刑罚和惩罚性赔偿的主要功能都是威慑，而刑罚是威慑力最强的惩罚措施，但刑法没有排除对过失犯罪行为追究刑事责任，因而惩罚性赔偿也没有排除对过失行为适用的理由。而且如果以主观心理状态作为适用惩罚性赔偿的条件，可能会导致侵权人为了避免被惩罚而采取高成本的替代方法，最终可能确实震慑了类似行为的再次发生，但同时也可能影响了正常的经济文化发展，违背了设立惩罚性赔偿制度的初衷。

3. 对上述观点的评述及本书的观点

上述关于在著作权侵权领域适用惩罚性赔偿的主观条件的观点，都有其合理性。第一种观点主张以故意作为在著作权侵权领域适用惩罚性赔偿的主观条件，故意侵权具有较强的可谴责性，

---

❶ 汪德理："论惩罚性赔偿的主观要件——以功能为视角分析"，载《赤峰学院学报》2012 年第 10 期，第 90 页。

无疑应该对其进行惩罚性赔偿，但是只对故意侵权适用惩罚性赔偿，从一定程度上防止了惩罚性赔偿制度的滥用，同时这样的要求过于严格，把大量具有重大过失的侵权行为排除在外，不利于全面遏制著作权侵权行为，保护著作权人的利益。而第三种观点主张取消主观心理状态作为适用惩罚性赔偿的条件，与第一种观点正好相反，如果不管行为人主观上是故意、重大过失还是一般过失都适用惩罚性赔偿，必将导致过度威慑，可能使惩罚性赔偿的打击面太广而影响行为人的行为自由，会使当事人加大预防投入，造成没必要的成本浪费。尽管刑法中有过失犯罪的规定，但是刑法对过失行为追究刑事责任的规定非常少，适用过失犯罪规定的一般是该过失行为造成了非常严重的后果，而且该过失通常是重大过失，不包括一般过失和轻微过失。因此，不能以刑法中存在过失犯罪就当然推出惩罚性赔偿中也应有过失适用惩罚性赔偿的规定，准确地说，与刑法中的过失犯罪对应的应是行为人重大过失造成严重后果可以适用惩罚性赔偿。

因此，笔者更赞同第二种观点，即以故意和重大过失作为在著作权侵权领域适用惩罚性赔偿制度的主观条件。理由如下。

（1）以行为人的主观心理状况作为适用惩罚性赔偿的条件，符合设立惩罚性赔偿制度的目的。惩罚性赔偿的目的是通过惩罚这种手段，实现威慑的目的，使侵权人和潜在侵权人不再从事类似行为，而威慑只能对行为人可以控制的行为才能发挥作用，如果行为人对其行为及其后果根本就无法控制，那么威慑就毫无意义。因此，如果取消主观心理状态作为适用惩罚性赔偿的条件，可能产生两种极端的后果：第一种可能的后果是不论行为人主观心理状态如何均适用惩罚性赔偿，惩罚性赔偿产生过度威慑，使行为人不敢从事或消极不从事与受保护的著作权有关的行为，最终影响社会科学文化的发展。第二种可能的后果是惩罚性赔偿根本发挥不了威慑作用，因为对于行为人控制不了结果的行为，惩罚性赔偿没有发挥威慑作用的空间。

（2）故意和重大过失都具有较强的可谴责性，均应该适用惩罚性赔偿。故意侵权由于其明知行为会造成损害结果而希望或放任结果发生，表现出对他人权利的漠视，具有较强的可谴责性，其适用惩罚性赔偿在理论界是没有争议的，有争议的是行为人有重大过失的情况下是否应适用惩罚性赔偿，事实上，重大过失是违反普通人的注意义务，判断重大过失采用的是普通人的注意标准，以一般人在正常情况下能否注意到作为标准，如果一般情况下，普通人能注意到而行为人没注意到，就视为行为人有重大过失。一般人都可以注意到的后果，行为人却没注意到，说明行为人对他人的权益极度不负责任，这种心理状态与故意非常相似，理应受到谴责。以威慑为主要目的的刑法，规定了过失犯罪，就是对重大过失可以适用惩罚性赔偿的一个很好的例证。

（3）故意和重大过失均可以通过惩罚使其改变。故意和重大过失都是人的意志可以控制的范畴，均可以通过惩罚性赔偿的惩罚使行为人得以改变。基于每个人的认知能力是有限的，因此，法律一般只要求行为人对其意志范围内的事承担责任，而故意是行为人明知损害后果会发生，行为人对损害结果的发生有完全的控制力和主动性，只要行为人积极主动采取措施就可以防止对他人的损害，而行为人不但没采取积极措施防止结果发生，反而是希望或放任结果发生，正是行为人的这种不良心态使得他人合法权益受到损害，通过对持有这种不良心态的行为人适用惩罚性赔偿，使其支付高额的赔偿金，可以使其不良心态得到改变，防止类似侵权行为的发生。同样，重大过失也是可以控制的，行为人只要像一般人一样稍微注意就可以避免损害后果的发生，正是行为人没有尽到一般人的注意义务才导致了对他人的损害，如何才会使行为人重视其注意义务，对其适用惩罚性赔偿是一个非常好的举措，行为人通过支付比侵权所得更多的惩罚性赔偿金会记住不尽注意义务会被惩罚的后果，如果不对其适用惩罚性赔偿，就难以引起行为人对注意义务的重视。对一般过失行为就不宜适用惩罚性赔偿，一般过失不是行为人尽到普通人应尽的注意义务就可以避免的，它与故意、重大过失不同，行为人对行为后果一般无法预料、也无法控制，可谴责程度较小，即使对其行为人适用惩罚性赔偿，行为人也无法通过改变自己的主观而避免损害结果的发生。因此，只有对主观具有故意和重大过失的行为人适用惩罚性赔偿，才可以促使其改变主观，对明知可能发生损害结果的行为积极预防，加强自己的注意义务避免损害结果的发生，有效防止类似行为的发生，使惩罚性赔偿制度真正发挥威慑和预防侵权的作用。

（4）将故意和重大过失侵权适用惩罚性赔偿是由著作权侵权的特点决定的。著作权法律制度与科学技术是相互作用、相互影响的过程，科学技术的发展对著作权法律制度不断提出挑战，而著作权法律制度在应对挑战中不断完善。随着现代高科技的发展，著作权侵权呈现出许多新的特征，侵权手段越来越高明，侵权形式越来越多样，侵权方式越来越隐蔽，故意侵权很难证明，过失侵权行为大量存在。作品与商标、专利不同，作品本身就是商品，它不需要借助其他产品而存在，其价值在不断使用和传播中实现，如将作品公之于众供人阅读可能就是作品价值的实现。但是作品在传播、转载中存在大量的著作权侵权行为，尤其是网络传播不仅速度快，而且经过多次转载或转播后，第一次将他人作品上传到网上的行为人很难找到，后续传播者难以弄清楚真正的权利人是谁，如果首次将他人作品上传是未经权利人同意的，首次传播者构成故意侵权，但是对于后续传播者来说，他们的传播行为确实造成了侵权结果的扩大，甚至可能从传播中获得了比首次传播者更多的利润，而权利人很难证明后续传播者具有侵权的故意，后续传播者最多就是没有尽到合理的注意义务，其行为仅构成重大过失，不把重大过失作为适用惩罚性赔偿的范围，后续传播者为了不被适用惩罚性赔偿，往往会以自己是非故意侵权作为抗辩理由，这使得现实中大量重大过失侵权行为得不到有效遏制，明显不利于保护权利人的合法利益，在多个侵权人中也可能产生不公平。因此，为了有效应对新技术条件下的特殊侵权行为，应将故意和重大过失侵权均纳入惩罚性赔偿制度规制的范畴。

二、行为产生损害后果

损害也称损害后果，是指受害人一方因侵权人的侵权行为而遭受的人身、精神或财产方面的不利后果。其不利后果通常表现为：财产的减少、利益的丧失、名誉的毁损和精神上的痛苦等，而且这些不利后果除法律另有规定之外一般是已经现实存在的。损害后果是现代侵权责任法中要求侵权人承担侵权责任尤其是承担损害赔偿责任的客观要件，无损害就无赔偿，这在各国的补偿性赔偿制度中无一例外。当然，也有学者认为，损害结果不仅包括对权利人的损害，还应该包括对社会公众利益的损害。笔者认为，适用惩罚性赔偿制度的损害结果应仅限于对权利人的损害，对社会公众利益的损害可以通过行政处罚或刑事罚金来解决，不能将损害公众利益的损失也通过惩罚性赔偿制度赔偿给权利人。

　　惩罚性赔偿与补偿性赔偿一样都属于赔偿制度的一种，适用补偿性赔偿要求侵权人的侵权行为造成了损害，那么适用惩罚性赔偿是否也要求侵权人给受害人造成了损害呢？从当前各国的立法来看，并没有对此作出明确规定，惩罚性赔偿制度一般都是放在补偿性赔偿制度后面单独作为一款进行规定，都是在补偿性赔偿的基础上对于行为人主观上存在故意或重大过失的情形加重赔偿数额。我国修订后的《商标法》《专利法第四次修改草案》和《著作权法第三次修订草案（送审稿）》在法条中都没有明确规定适用惩罚性赔偿需要侵权行为造成何种后果，但是笔者认为惩罚性赔偿是以补偿性赔偿为基础的。受害人只有在提起补偿性赔偿的同时才能提起惩罚性赔偿，不能单独就某一个行为向法院提起惩罚性赔偿，法院适用惩罚性赔偿也是以受害人成立补偿性赔偿为前提的，既然补偿性赔偿都要求侵权人给受害人造成损害，那么惩罚性赔偿作为以补偿性赔偿为基础、比补偿性赔偿更为严厉的赔偿制度，其对损害结果的要求肯定不比补偿性赔偿的要求低。至于是否要求一定比补偿性赔偿的损害后果严重，并不尽然，毕竟惩罚性赔偿主要是打击主观恶性较大的行为人，尽管行为所造成的损害后果的严重程度是判断行为人应受谴责的重要依据，但不是唯一依据，现实中经常存在出现了严重后果但行为人主观上无重大过错的情况，这种情况就不应该适用惩罚性赔偿；相反，现实中也经常存在侵权人的侵权情节很恶劣，但行为损害后果并不是很严重的情况，如侵权人的侵权手段恶劣、多次侵权被处理依然不改等，这种情况不仅存在造成严重后果的潜在风险，而且会对社会产生非常不好的影响，不利于遏制类似侵权行为的再次发生，对其应当追究其惩罚性赔偿责任。因此，侵权情节与侵权后果的程度均不能单独作为适用惩罚性赔偿的条件，应与侵权人的主观因素结合起来考虑，如果侵权人存在故意或有其他严重情节，行为造成一般损害后果就可以适用惩罚性赔偿，如果侵权人只存在重大过失，由于重大过失比故意的主观恶性相对要轻，在后果的要求上应该更严格，此时应出现严重后果才适用惩罚性赔偿。

三、逃避责任的可能性

逃避责任的可能性是指侵权人给受害人造成损失后，被追究责任的概率大小，它是对一种侵权行为是否适用惩罚性赔偿时必须考虑的条件。如果侵权人给受害人造成损失后，能被完全追究责任，使侵权人无利可图，使受害人的损失得到足额赔偿，那么就没必要适用惩罚性赔偿。相反，侵权人侵权后被追究责任的可能性很小，而且使受害人得不到有效赔偿，那么就有必要适用惩罚性赔偿。贝克尔在用经济学的方法分析刑事法律中惩罚对行为人的威慑时提出了一个著名的观点，即相对一个特定的威慑水平，违法者被惩罚的概率和被惩罚的严厉程度之间呈反相关关系。即根据贝克尔的观点，如果侵权人在侵权后被惩罚的概率为百分之百，那么惩罚性赔偿制度就没有适用的空间，这一观点很好地说明了逃避责任的概率大小直接影响适用惩罚性赔偿制度的必要与否。

事实上，将逃避责任的可能性作为是否适用惩罚性赔偿制度的条件，是基于惩罚性赔偿的补偿功能和威慑功能产生的。补偿是补偿性赔偿制度的天职，威慑是刑罚的主要功能，但是补偿功能只能满足受害人的补偿要求，刑罚的威慑功能只能对侵权人起作用，它们均不能同时对侵权人和受害人发挥作用，而惩罚性赔偿正好能弥补它们各自的不足，其最大的优势在于既有威慑功能，又有补偿功能，能集两者于一体，这是单一的刑罚和单一的补偿性赔偿达不到的。惩罚性赔偿制度何时才有自己发挥作用的舞台，取决于一个非常重要的因素，即侵权人逃避责任的可能性。因为从受害人的角度来说，赔偿制度对他的意义是使其获得足额赔偿，赔偿等于实际损失就是一种最优赔偿状态，但是足额赔偿的前提是侵权人能被百分百追责，否则，足额赔偿就不可能实现。而从侵权人的角度来说，赔偿制度的意义是使其能主动放弃侵权，未来也不再从事类似侵权行为，如何才能使侵权人主动放弃侵权甚至不再从事类似侵权，唯一的可能就是使侵权人因为侵权无利可图甚至赔本，这需要充分考虑侵权人逃避责任的可能性大小，如果侵权人没有逃避责任的可能性，那么只需对侵权人适用补偿性赔偿就可以实现最优威慑，如果侵权人逃避责任的可能性大，就必须适用惩罚性赔偿才能实现上述威慑目的。由此可见，不管是从足额赔偿的角度还是从最优威慑的角度，都不能忽视对侵权人逃避责任的可能性的考虑，一旦忽略了侵权人逃避责任的可能性，就有可能导致惩罚性赔偿制度的滥用。因此，我们应当将侵权人逃避责任的可能性作为著作权侵权惩罚性赔偿的构成条件之一。

四、受害人主动向法院提出请求

在著作权侵权诉讼中，惩罚性赔偿应依受害人的申请来适用，而不能由法院主动依职权来适用，这是适用惩罚性赔偿制度的程序性条件。规定惩罚性赔偿只有在受害人主动向法院提出申请才能适用是当前各国各地区的立法通例，我国著作权法在构建惩罚性赔偿制度时也应规定该程序性条件。

1. 规定程序性条件的理由

（1）惩罚性赔偿由受害人主动向法院提出才能适用符合民事诉讼的不告不理原则。著作权属于私权，著作权侵权诉讼适用的诉讼程序是民事诉讼程序，而民事诉讼程序遵循不告不理原则，所谓不告不理是指当事人没有起诉、上诉、申诉，法院不予受理、审理和判决，"不告不理"原则包含程序和实体两个方面的含义。从程序上讲，如果原告不向法院起诉，人民法院就不能自动启动受理和审理程序；从实体上看，法院根据原告的诉讼请求范围和被告的反诉请求范围进行审理和判决，对于当事人没有提出请求的事项，法院不得主动予以处理。惩罚性赔偿是著作权人的权利被侵害后请求法院对其权利给予保护的一种方式，属于一种诉讼请求，是否适用应该由受害人明确在诉讼请求中提出，否则法院无法主动适用。

（2）惩罚性赔偿由受害人主动向法院提出才能适用，是意思自治原则的体现，可以避免公权过度干预私权。所谓意思自治是指民事主体在处理私人事务时，可以按照自己的意愿自主地行事，不受外在因素的干预，尤其是不受公权力的干预。

从性质上讲，著作权是一项民事权利，惩罚性赔偿属于民事赔偿范畴，著作权被侵犯后请求惩罚性赔偿是著作权人维护自己利益的一项请求权，赔偿请求权属于民事权利，当事人是否维权，如何维权应该由当事人自己决定，其他任何人包括法院都不能干涉。因此，著作权侵权诉讼中，如果受害人没有在诉讼请求中主动提出要求惩罚性赔偿，法院经审理查明即使侵权人符合适用惩罚性赔偿的要求，法院也不得主动适用，否则就违背了意思自治原则，是国家公权力强行干预私权。对于两个民事主体之间的纠纷，法院处在一个中立的裁判者的地位，如果其主动维护一方而打击另一方，对另一方来说不公平，尤其惩罚性赔偿对侵权人具有惩罚性，更不能随便适用。

（3）明确规定惩罚性赔偿由受害人主动向法院提出才能适用，对当事人有宣示作用，有利于维护受害人的权利。如果在著作权法中不明确规定惩罚性赔偿的适用必须由受害人主动提出，由于著作权侵权诉讼属于民事诉讼的范畴，法院将直接按照不告不理原则来审理案件，而惩罚性赔偿对侵权人的惩罚性容易让受害人误解其性质，将其理解为一种民事制裁，认为应由法院依职权来适用，使受害人忽略在诉讼请求中要求对惩罚性赔偿的适用，从而使一些应该适用惩罚性赔偿的著作权侵权案件未能适用惩罚性赔偿，最终使受害人的权利不能得到有效维护。因此，通过立法明确规定受害人主动提出适用惩罚性赔偿才能适用，可以让受害人正确认识惩罚性赔偿的性质，适时提出赔偿性赔偿，有效维护自己的权利。

2. 提出适用惩罚性赔偿的时间

在著作权侵权诉讼中，惩罚性赔偿应该在何时提出，不同的学者有不同的看法，有学者主张必须在一审法庭辩论终结前提出，反对在法庭辩论终结后甚至在二审中提出惩罚性赔偿要求，理由是要求惩罚性赔偿属于增加诉讼请求，根据民事诉讼法的规定，当事人增加诉讼请求必须在一审法庭辩论终结前就提出，否则会导致拖延诉讼，对被告不利。在二审中提出惩罚性赔偿请求，由于我国法院实行两审终审制，将导致惩罚性赔偿一审终审了。也有学者主张在最终判决作出前的任何时候均可以提出。美国当前的做法就是当事人可以在最终判决作出前的任何时候，都可以向法院提出适用惩罚性赔偿。

笔者赞同第二种观点，主张著作权人在侵权诉讼中可以在最终判决作出前的任何时候提起惩罚性赔偿的要求。民事诉讼法要求增加诉讼请求必须在一审辩论终结前提出，这确实有利于提高办案效率，但是在著作权侵权诉讼中允许受害人在一审辩论终结后可以提起惩罚性赔偿，是对公平的追求，因为惩罚性赔偿和补偿性赔偿不一样，不能单独提出诉讼请求，一旦受害人在提起补偿性赔偿时没有要求惩罚性赔偿，就意味着受害人可能丧失要求惩罚性赔偿的机会，无法另行单独就惩罚性赔偿提起诉讼。因此，在追求效率的同时，我们不能忽视公平的要求。至于在二审中提出惩罚性赔偿担心出现一审终审的问题，笔者认为这个问题非常容易解决，如果受害人在二审中提出惩罚性赔偿，可以由法院将案件发回重审就可以解决一审终审的问题。事实上，当前的民事诉讼法对于二审中提出新的诉讼请求的情况也是直接发回重审或者要求当事人另行起诉。

3. 提出适用惩罚性赔偿的方式

惩罚性赔偿的适用是以存在补偿性赔偿为前提的，没有补偿性赔偿也就没有惩罚性赔偿的适用，因此，著作权侵权惩罚性赔偿的提出应当与补偿性赔偿一起提出，不能单独就某个著作权侵权行为提起惩罚性赔偿。而且一般情况下，应当由受害人以书面诉状形式向法院要求适用惩罚性赔偿，对受害人在诉状中没有要求惩罚性赔偿，在法庭审理过程中当庭口头要求适用惩罚性赔偿的，法院应当准许，这样不仅可以保障受害人的权利，还可以节约诉讼时间，但是应当要求受害人在庭审后补充提交书面的请求。之所以做出这样的要求，是因为惩罚性赔偿与补偿性赔偿不同，它除了具有对受害人的补偿功能外，还对侵权人具有惩罚功能，法院应当慎重对待，使其有据可查。

第三节　著作权侵权惩罚性
赔偿的赔偿范围

如前所述，著作权侵权惩罚性赔偿适用的前提是侵权人的行为给著作权人造成了损害，而这些损害具体应该包括哪些损害，根据侵权责任法的规定，损害的范围包括人身损害、精神损害和财产损害，而财产损害又包括直接损失和间接损失。上述这些损害是否均可以适用惩罚性赔偿，学术界观点不统一。有学者认为可以适用惩罚性赔偿的损害只包括财产损害，而且财产损害仅限于现有利益的灭失或减少即直接损失，不包括可期待利益的减少即间接损失。有学者认为，可以适用惩罚性赔偿的损害不仅包括财产损害，还包括人身损害和精神损害。笔者认为，在著作权侵权领域可以适用惩罚性赔偿的损害应该包括财产损害和精神损害。

一、财产损害

就财产损害而言，直接损失是指侵权人造成受害人现有财产的减少，在著作权领域直接损失应包括加害行为直接作用于侵害对象而造成的受害人财产利益的减少和受害人为了补救所受到的侵害而支付的合理费用，对于著作权侵权给著作权人造成的现有财产的减少，只要其他条件达到法律规定的要求毫无疑问应适用惩罚性赔偿，这在学术界没有争议。有争议的是侵权行为导致著作权人可期待利益的减少是否应当纳入损害的范围来适用惩罚性赔偿。笔者认为可期待利益尽管在侵权行为发生时还不是一种现实的利益，但是它对于受害人来说是一种实实在在可以预见、能够取得的利益，这种损失是可以衡量的，而不是假设的或凭空想象的。事实上，由于著作权的客体是无形的知识产品，其价值的实现依赖于对客体的使用，包括买卖、许可他人使用或自己使用，著作权侵权导致的损害大多不是现有财产的减少，而是体现为权利人可期待利益的减少，包括市场份额的减少、许可使用费的减少等，但是可期待利益的减少由于市场随时都在变化而很难准确评估，从而这些可期待利益的减少通过补偿性赔偿制度无法获得有效赔偿，这为惩罚性赔偿在著作权侵权领域的适用留出了空间。因此，侵权行为导致著作权人可期待利益的减少应当纳入损害的范围来适用惩罚性赔偿。

二、精神损害

就精神损害而言，是否作为侵权损害适用惩罚性赔偿，在理论界争议比较大，主要是著作权侵权造成精神损害在补偿性赔偿中是否给予赔偿，我国著作权立法都没有明确规定，而惩罚性赔偿是以补偿性赔偿的存在为前提的。笔者认为精神损害应纳入损害范围适用惩罚性赔偿，理由是：精神损害是著作权侵权中经常会发生、又无法具体衡量的损害。在国外，不少国家在著作权侵权领域规定了精神损害赔偿，如德国、意大利、西班牙的著作权法都有相关规定。法国在著作权侵权案件中，无论是侵犯精神权利还是经济权利，都可以适用损害赔偿。❶ 我国的著作权法尽管对精神损害能否给予赔偿没有做出明确规定，但是我们依然可以

---

❶ International Copyright Law and Practice，France，2001.

根据《民法通则》第 120 条、《著作权法》第 47 条和《侵权责任法》第 22 条的规定对著作权侵权造成的精神损害提起精神损害赔偿，特别法没有明确规定的可以适用普通法的规定。在著作权侵权领域，经常会出现侵犯商誉和人身权而导致精神损害，有时侵犯财产权也会导致精神损害，这种精神损害有时会直接造成受害人的财产损失，如故意将他人的作品进行不当修改并上传到互联网，误导读者对该作品的了解，读者误以为该作品不值得一看，使作者的作品严重滞销而遭受财产损失；有时精神损害不直接造成受害人的财产损失，而是造成受害人精神方面的痛苦、折磨。对于仅造成受害人精神痛苦的损害在现实中比较难以计算，通常由法官根据具体案情来确定精神损害赔偿额，具有较大的不确定性，而且不是对侵权造成的任何精神损害都给予赔偿，精神损害根据其损害程度通常分为轻微精神损害、一般精神损害和严重精神损害。对于轻微精神损害一般不给予赔偿损失的救济方式，而是采取赔礼道歉、停止侵害等救济方式；对于一般精神损害，大多数国家给予适当赔偿，但是我国《侵权责任法》第 22 条规定，侵害他人人身权益造成严重精神损害的，被侵权人可以请求精神损害赔偿。根据该规定，我国仅对严重精神损害才给予精神损害赔偿，对轻微精神损害和一般精神损害都不给予赔偿。著作权侵权给受害人造成严重的精神损害，说明该侵权行为的侵权情节比较严重，受谴责性的程度比较高，加上损害很难准确计算，这正好符合惩罚性赔偿制度的特征。惩罚性赔偿的数额并不是依据侵权所造成的准确损害计算出来的，在适用惩罚性赔偿时，只要证明存在损害就行，不需要对损害进行精确计算，损害仅仅是确定惩罚性赔偿额的一个参考因素，同时也符合设立惩罚性赔偿制度的初衷，因为惩罚性赔偿在产生之初主要就适用于侵权行为给受害人造成精神痛苦和名誉损失的案件。因此，当侵权人主观恶性大、造成严重的精神损害时，应适用惩罚性赔偿。

此外，就人身损害而言，它是民事主体的身体权、健康权、生命权受到不法侵害，造成致伤、致残、致死的后果以及其他损害，❶ 一般表现为对人体的有形损害。我国《民法通则》第 119 条、《国家赔偿法》《消费者权益保护法》《道路交通安全法》《侵权责任法》和《关于审理人身损害赔偿案件适用法律若干问题的解释》均对人身损害进行了规定，尽管各规定不完全一致，但是都是围绕民事主体的生命权、健康权、身体权等权利的伤害进行规定的。《侵权责任法》第 16 条规定："侵害他人造成人身损害的，应当赔偿医疗费、护理费、交通费等为治疗和康复支出的合理费用，以及因误工减少的收入。造成残疾的，还应当赔偿残疾生活辅助具费和残疾赔偿金。造成死亡的，还应当赔偿丧葬费和死亡赔偿金。"显然，该规定的人身损害范围包括民事主体遭受不法侵害造成的轻伤、重伤、轻微伤、死亡以及未造成损害的对身体权的侵害。尽管我国著作权法中也明确规定了对著作权人的发表权、署名权、修改权和保护作品完整权等著作人身权的保护，但是侵犯著作人身权往往是通过侵害作品而造成对权利人的损害，并不直接侵害权利人。因此，对著作人身权的侵害不属于人身损害，有学者将侵害著作人身权视为侵犯作者的精神权利。❷

因此，在著作权侵权行为给受害人造成严重的精神损害、财产损害，包括现有利益和可期待利益的减少时，均视为给受害人

---

❶ 杨立新：《侵权责任法》，法律出版社 2012 年版，第 144 页。

❷ 李明德、许超：《著作权法》，法律出版社 2003 年版，第 228 页。

造成损失，只要侵权人的其他条件符合法律规定，就可以适用惩罚性赔偿。

第四节 著作权侵权惩罚性赔偿数额的确定

惩罚性赔偿具有多种功能，而且对不同的主体体现不同的功能，对于被侵权人来说，惩罚性赔偿具有补偿功能，对于侵权人来说，惩罚性赔偿具有惩罚功能，如何才能实现惩罚性赔偿制度的最优补偿和最优威慑，使惩罚性赔偿制度发挥其应有的作用，确立一个科学的赔偿标准是关键。惩罚性赔偿数额的确定是指通过何种方式在多大范围内确定侵权人应当承担的赔偿金额，赔偿数额的额度和计算方法设计得科学与否将直接决定惩罚性赔偿制度运行的效果，如果规定赔偿数额太高，可能造成过度威慑，影响行为人的行为自由，甚至导致行为人不敢从事相关行为，使正常的经济行为也被阻止，最终可能影响社会经济的正常发展。如果规定赔偿数额太低，对侵权人根本起不到威慑的效果，使惩罚性赔偿制度失去设立的意义。但是，惩罚性赔偿是通过剥夺侵权人的非法获利来实现其预防功能，最终的赔偿数额是综合考虑多种因素得出的结果，而每个案件的具体情况不同，这就决定了惩罚性赔偿的数额不可能具有确定性，不能规定一个固定的数额，如何确定该数额是构建惩罚性赔偿制度比较棘手而又非常重要的问题，本节将就如何确定著作权侵权领域的惩罚性赔偿数额标准进行一个深入探讨。

一、确定著作权侵权惩罚性赔偿数额的几种主要模式

由于各国的国情不同，适用领域不同，考虑的因素不同，确定惩罚性赔偿数额的方式也各异，根据当前各国各地区的做法，以下几种模式是当前比较常用的具有代表性的做法。

（1）以补偿性赔偿金的合理倍数来确定惩罚性赔偿金的数额。在这种模式下，先要确定补偿性赔偿金，然后再以它作为一个基数来确定惩罚性赔偿金。由于补偿性赔偿金的计算存在以权利人的实际损失、侵权人的侵权所得、著作权许可使用费的合理倍数以及法定赔偿等多种计算方式，使得惩罚性赔偿金的确定也存在上述多种方式，惩罚性赔偿金可能是权利人实际损失的合理倍数，也可能是侵权人侵权所得的合理倍数，可能是著作权许可使用费的合理倍数，还可能是法定赔偿额的合理倍数。目前多数国家采用补偿性赔偿金的合理倍数来确定惩罚性赔偿金。因此，在这种模式下，惩罚性赔偿金通常比补偿性赔偿金要高。如美国很多州就采取这种做法，美国佛罗里达州规定惩罚性赔偿金不高于补偿性赔偿金的3倍。当然惩罚性赔偿金和补偿性赔偿金之间所谓的合理倍数具体是指几倍，各国各地区有不同的规定，而且差别比较大，根据美国各州的判例，赔偿数额最低的是受害人实际损失或不法行为人非法获利的2倍，赔偿数额最高的是受害人实际损失或不法行为人非法获利的526倍。❶ 我国2014年《著作权法修订草案（送审稿）》第76条也是规定惩罚性赔偿金以权利人的实际损失、侵权人的违法所得、权利交易费用的合理倍数或者100万元以下法定赔偿额的2~3倍确定。

---

❶ 参见 Pacific Mutual Life Insurance Co. V. Haslip.

（2）明确规定惩罚性赔偿金的上限和下限或者仅规定惩罚性赔偿金的上限。通过立法规定惩罚性赔偿金的最高和最低限额或者只规定最高限额，法官在审理案件中确定具体的惩罚性赔偿金时不能超过这一限额。加拿大就采取此做法，其《著作权法》第38.1（1）项规定，如果是为商业目的侵权，对于侵权所及的每部作品或其他版权客体的诉讼，法院可在不少于 500 加元而不超过 20 000 加元的范围内，公正合理地确定赔偿金。显然加拿大既规定了赔偿金的上限为 20 000 加元，又规定了下限为 500 加元。而我国台湾地区的"著作权法"则仅规定了惩罚性赔偿金的上限，没有规定惩罚性赔偿金的下限，如其"著作权法"第 88 条第 3 项规定："依前项规定，如被害人不易证明其实际损害额，得请求法院依侵害情节，在新台币一万元以上一百万元以下酌定赔偿额。如损害行为属故意且情节重大者，赔偿额得增至新台币五百万元。"很显然，当损害行为属故意且情节重大时，才能适用惩罚性赔偿金，且最高限额为 500 万元新台币。

（3）规定同时或者选择适用最高限额和补偿性赔偿金的倍数。根据合理倍数和最高限额之间的关系不同，这种模式分为两种情况：第一种情况是同时适用最高限额和补偿性赔偿金的倍数，即以补偿性赔偿的合理倍数为基数，同时赔偿金的总数不能超过最高限额的规定；第二种情况是选择适用最高限额和补偿性赔偿金的倍数，要么以补偿性赔偿的合理倍数为基数计算惩罚性赔偿金，要么以惩罚性赔偿金不超过最高限额为准。如美国得克萨斯州就是后面这种情况，州立法规定，惩罚性赔偿金不得超过 2 倍财产上的损害额或 25 万美元，加上低于 75 万美元的非财产上的损害赔偿。

（4）不明确规定惩罚性赔偿金的额度。这种模式是指法律仅规定法官确定赔偿金时应参考的一些因素，而不明确规定惩罚性赔偿金的额度，也不规定计算赔偿金数额的具体方式，具体数额由法官根据具体案情来确定。如《英国版权法》就是采取此做法，其第 97 条仅规定法院在版权侵权诉讼中，应当考虑所有情形，尤其应注意（a）侵权严重程度以及（b）被告因侵权所获利益，可依据案件处理公正性之要求，判决附加损害赔偿金，至于赔偿金的数额如何计算，赔偿额度是多少没有明确规定，由法官和陪审团根据具体案情决定。❶

二、对著作权侵权惩罚性赔偿金确定模式的利弊分析

上文介绍的四种模式都有国家和地区在使用，说明这些模式都有其合理性，但是每种模式都不完美，均存在一定的弊端，下面将对它们的利弊一一展开分析。

（1）对上述第一种模式的评述。以补偿性赔偿金的合理倍数来确定惩罚性赔偿金的做法，在学界的呼声是比较高的，国外也有不少国家和地区采用此做法，从表面看起来采用该方式来确定惩罚性赔偿金有一定合理性，毕竟惩罚性赔偿是以补偿性赔偿的存在为前提的，补偿性赔偿金高说明侵权行为造成的损害后果严重。但是惩罚性赔偿是以侵权人的主观可责难性作为适用依据的，损害后果严重并不意味着侵权人的主观过错程度一定严重，损害后果只能在侵权人主观要件符合惩罚性赔偿适用条件时作为确定惩罚性赔偿金的参考因素之一，而不是决定因素，对于造成同样结果的行为，侵权人的主观过错程度不同，给予的惩罚性赔

---

❶ 《十二国著作权法》翻译组译：《十二国著作权法》，清华大学出版社 2011 年版，第 621 页。

偿金就会不同，何况惩罚性赔偿金的确定需要综合考虑多种因素。因此，规定惩罚性赔偿金和补偿性赔偿金之间的倍数关系没有合理的依据，到目前为止也没有找到哪位学者证明两者之间保持比例关系的合理性。事实上，如果非要证明它们之间的比例关系，那不是法律能解决的问题，应当借助经济学等其他学科的论证，而且在不同国家、在同一国家的不同时期，两者的比例关系都不同，所以这个比例关系没有可移植性。美国联邦最高法院虽然对于惩罚性赔偿金额提出了一个合理比例的指导原则，但是也明确指出，合理比例很难用一个固定的比例来加以说明，"我们不需要，实际上也不可能，在宪法允许和不允许数额之间划出一条明确数学界限"。❶ 从司法实践的层面来讲，以补偿性赔偿金作为基数来确定惩罚性赔偿金，其前提是确定补偿性赔偿金的依据即著作权人的实际损失或侵权人的违法所得等能够查清，而现实是由于作品的独一无二性、作品的非物质性等属性和其他原因使作品被侵权后，上述这两项都无法查清，以法定赔偿作为补偿性赔偿已成为我国法院处理著作权侵权纠纷的常态，我国法院 90% 以上的著作权侵权案件是以法定赔偿作为确定补偿性赔偿金的依据，而法定赔偿本身就具有不确定性，是法官根据具体案件综合考虑多种因素确定的。如果惩罚性赔偿以一个不确定的法定赔偿额的合理倍数作为赔偿额，将使得这个倍数的规定毫无意义，反正惩罚性赔偿金也是法官综合考虑多种因素确定的，还不如由法官直接根据案情来确定惩罚性赔偿金。因此，以补偿性赔偿金的合理倍数来确定惩罚性赔偿金的做法在理论上没有合理依据，在

---

❶ 赵海萍："试论惩罚性赔偿数额的确定"，载《宜宾学院学报》2007 年第 1 期，第 103 页。

司法实践中缺乏可操作性，因而是不科学、不可取的。

（2）对上述第二种模式的评述。直接规定惩罚性赔偿金的上限和下限的模式最大的优势在于：一方面能保证受害人获得最低的赔偿金，有利于受害人利益的保护，另一方面通过上下限的规定对法官自由裁量权给予限制，从一定程度上防止惩罚性赔偿被滥用。但是其缺陷也很明显，这种规定过于呆板和僵硬，缺乏灵活性，不能根据侵权行为的实际情况适当地判处赔偿金，可能使受害人的利益得不到最有效的维护，也可能使侵权人得不到应有的惩罚和威慑，而且惩罚性赔偿金应该是与社会的经济发展水平相适应的，社会经济的发展会促使作品的价值提升，相应的赔偿金也应该提升。因此，明确规定惩罚性赔偿金的上限和下限，使赔偿金无法与社会经济发展保持一致，很容易使这个规定滞后于社会经济发展而无法满足社会需要，我国规定法定赔偿最高限额，使其在适用过程中备受学者们的批判，我国著作权法定赔偿额的额度在多次修法中根据社会经济的发展不断调整就是很好的例证。而且惩罚性赔偿是通过惩罚侵权人来实现对侵权人和一般社会公众的预防功能的，而要达到惩罚的目的至少要让侵权人因为侵权无利可图，这需要惩罚性赔偿额至少能完全将侵权人的违法获利予以剥夺，侵权人基于侵权获利的多少取决于侵权所得与侵权成本之间的差额，这只有侵权人自己可以预算，其他人都只能在侵权行为发生后才可能去计算，而且每个案件中侵权人的侵权所得是不可能一致的，这就决定了惩罚性赔偿金不应该事先有一个固定的限额，如果预先设置一个最高的惩罚限额，侵权人可以根据这个限额来设计他的侵权路径，使自己的侵权总是有利可图，惩罚性赔偿对侵权人就起不到惩罚的目的。因此，为了更好地发挥惩罚性赔偿制度的作用，没有必要事先对惩罚性赔偿金的限额予以规定，使侵权人无法预见未来可能承担的赔偿金数额，从而无法提前将其作为经营成本向消费者进行转嫁。

（3）对上述第三种模式的评述。规定同时或者选择适用最高限额和补偿性赔偿金倍数的模式是对上述第一种模式和第二种模式的综合，对于第三种模式中的第一种情况，是合理倍数与最高限额同时适用，它比第一种模式和第二种模式对惩罚性赔偿金的适用更严格，是一种对惩罚性赔偿持慎重态度的做法。与第一种模式比较，它多了一个最高额的限制，使惩罚性赔偿被滥用的可能性更小；与第二种模式比，它多了一个计算惩罚性赔偿额的参考依据，以补偿性赔偿的合理倍数为基数，这种模式的优点在于它严格控制了惩罚性赔偿的滥用，但是这种模式的缺陷是它与惩罚性赔偿的本质相违背，无法使惩罚性赔偿的功能得以发挥。而对于第三种模式中的第二种情况，合理倍数和最高限额是选择性规定，如根据美国德克萨斯州的规定，惩罚性赔偿金不得超过 2 倍财产上的损害额或 25 万美元，这意味着惩罚性赔偿金可以选择补偿性赔偿金的合理倍数，也可以选择不超过最高限额的规定，这种模式给受害人增加了一个选择的权利，可以选择对自己最有利的计算惩罚性赔偿金的方式，有利于更好地维护受害人的利益，但是它的缺陷也正好是上述第一种模式和第二种模式具有的全部缺陷的综合，选择补偿性赔偿的合理倍数作为惩罚性赔偿金的计算依据没有理论上的合理性，同时缺乏可操作性；选择最高限额作为计算惩罚性赔偿金的依据可能使惩罚性赔偿制度难以达到最佳的惩罚和威慑效果，甚至可能使设立惩罚性赔偿制度的目的落空。

（4）对上述第四种模式的评述。在法条中不明确规定惩罚性赔偿金的计算方法，也不规定最高额和最低额的限制，由法官根据具体案情对惩罚性赔偿金作出一个合理的判决。这种模式使侵权人对自己的侵权行为可能需要承担的责任无法预测，能充分发挥惩罚性赔偿对侵权人和潜在侵权人的威慑作用，惩罚性赔偿真正成为侵权人的高压线，能促使侵权人和潜在侵权人自觉不去侵权，在进行与他人的著作权相关的民事活动时，尽到一个一般人的注意义务，只有这样才能有效预防侵权行为的发生，这是这种模式的优点。但是对于该种模式，其弊端正如很多学者担心的那样，如果惩罚性赔偿数额没有任何限制，完全由法官来确定，给予法官的自由裁量权太大，容易造成惩罚性赔偿被滥用，对侵权人造成不公平，一旦被滥用而对侵权人造成过度惩罚，可能使得侵权人和相关的行为人担心承担过高的责任而尽可能少地从事与著作权有关的活动，甚至不去从事有益于人类的相关行为，这样会影响社会正常的经济发展，这是很多学者反对不规定惩罚性赔偿限额的原因，这些担心并非完全没有道理，但是作为一种新的制度，不可能是完美的，只能趋利去弊，在利大于弊的情况下就可以选择适用。

三、我国确定著作权侵权惩罚性赔偿数额的模式选择

正如上文所述，现有的四种模式都各有利弊，但是笔者赞同第四种模式，尽管第四种模式也存在弊端，但是与前三种模式比较，其弊端不是根本性的。前三种模式的弊端对惩罚性赔偿制度来说是根本性的，它们可能使惩罚性赔偿制度从根本上无法有效发挥作用，而第四种模式的弊端是可以通过其他途径克服的，其利明显大于弊。

（1）惩罚性赔偿数额的不确定性是由惩罚性赔偿的本质决定的。通常认为惩罚性赔偿的本质是通过让主观上具有可责难的侵

权人承担较高的赔偿金来威慑侵权人和潜在的侵权人，它是基于对行为人的主观具有可责难性而设立的，行为人主观是否具有可责难性是判断其能否适用惩罚性赔偿的依据，而对行为人主观是否具有可责难性的判断带有各种价值判断因素，即对某一种行为是否适用惩罚性赔偿，从根本上讲是主观价值判断的结果，而且赔偿数额的确定，也需要考虑行为人主观的可责难程度，责难程度不同，惩罚性赔偿金就不同。此外，还会考虑行为造成的后果、逃避责任的可能性大小、受害人的补偿程度等多种因素，而这些因素在不同的案件中是不同的，这就决定惩罚性赔偿的数额具有不可确定性，不可能在著作权法中对侵权人的惩罚性赔偿金数额事先规定一个具体的比例或限额。因此，因案而异，不在立法中明确规定惩罚性赔偿金的限额，没有可预见性的惩罚性赔偿金更能反映该制度的威慑本质。

（2）不规定惩罚性赔偿金的限额不会影响行为人的行为自由。当前有些学者担心不对惩罚性赔偿的数额作出限制会使行为人容易承担过高的赔偿责任，从而使行为人为了避免承担责任而减少从事与著作权有关的行为，这使得对人类有益的行为也减少了。笔者认为这种担心是多余的，因为行为人的故意和重大过失都是行为人可以控制的状态，故意是行为人积极去从事某种活动的心态，行为人很容易控制，而重大过失也仅仅是一般人的注意义务，行为人只要稍微注意就可以避免。因此，惩罚性赔偿金额不规定上限和下限，也不规定与补偿性赔偿金的合理比例，并不会导致行为人消极不去从事某些活动的，反而可以增加行为人的责任感，为了不承担惩罚性赔偿责任，行为人在从事某种行为时会积极地履行自己的注意义务，从而从源头上有效避免了侵权行为的发生，使惩罚性赔偿制度真正实现其威慑功能。

（3）不规定惩罚性赔偿金的限额并不必然导致该制度被滥用，惩罚性赔偿被滥用的可能性完全可以有效规避。惩罚性赔偿金不规定限额是理论界和司法界担心惩罚性赔偿被滥用的主要原因，在美国曾经有人公然批评惩罚性赔偿制度，并主张废除该制度，在 1873 年的 Fay v. Parker 一案中，法院认为："惩罚性赔偿的想法是错误的，是一个异端邪说，是一个难看的、不健康的瘤子，它损坏了法律体系的完美性。"❶ 而且常有被告对惩罚性赔偿额度以其违反宪法的规定而向法院提出质疑，尽管 1996 年美国联邦最高法院在 BMW of North America, Inc. v. Gore 一案中第一次确立了比例原则，即惩罚性赔偿金应不超过补偿性赔偿金的一定比例，由于该案并没有明确比例的具体数值，从而使该原则并没有成为确定惩罚性赔偿数额的主要规则，大多数法院很少采用比例原则。

其实，规定惩罚性赔偿限额是避免其被滥用的方式之一，但不是唯一的方式，更不是最科学的方式，笔者认为防止惩罚性赔偿制度被滥用可以通过其他多种途径来解决。第一，可以在著作权法中明确规定法官在确定惩罚性赔偿金时应该考虑的因素，至于应该考虑哪些因素将在下文详细阐述，通过这些因素的规定来限制法官的自由裁量权；第二，随着国家司法体制改革的推进，实行法官责任终身制，法官在适用惩罚性赔偿时会自觉合理使用自己的自由裁量权，做到公平判决；第三，随着我国知识产权专门法院的设立，知识产权案件的终审权集中在几个独立的知识产权法院，法官的专业性水平相对较高，适用标准相对统一，能有

---

❶ 崔明峰、欧山："英美法上的惩罚性赔偿制度研究"，载《河北法学》2000 年第 3 期，第 125 页。

效避免惩罚性赔偿金确定的任意性；第四，随着司法公开的推进，尤其是随着裁判文书、审判流程、执行信息和庭审公开等司法公开平台的建成，使司法人员的行为处在广大人民群众和专家学者的监督之下，能确保司法人员依法审慎履职，因公开而导向和倒逼公正的实现，将有效地防止自由裁量权的滥用。此外，法院还有监管机构，能有效监督法官正确行使其职权，对错案还有申诉程序，当事人如果确定法官滥用其自由裁量权损害了自己的利益，可以通过申诉程序来维护自己的权利。

综上所述，防止惩罚性赔偿制度被滥用的措施是多种多样的，不应该局限于对惩罚性赔偿金进行限额规定这一种，而且应该意识到规定限额的问题之所在。因此，我国《著作权法》在第三次修改时，对侵权惩罚性赔偿数额的确定标准不应规定参照补偿性赔偿额的合理倍数，也不应规定具体的上限和下限，而是将惩罚性赔偿数额的最终确定权交给法官，由法官利用其专业知识、结合具体案情，综合分析法律规定的考量因素客观、公正地确定。❶

第五节　计算惩罚性赔偿金
应当考虑的因素

正如上文所述，惩罚性赔偿金确定的合理与否决定了惩罚性

---

❶　袁杏桃："知识产权侵权惩罚性赔偿的正当性基础与制度构建"，载《甘肃社会科学》2014 年第 5 期，第 196 页。

赔偿制度功能的实现程度，而惩罚性赔偿金又是由法官根据具体案情综合考虑多种因素来确定，那么法官应当考虑哪些因素至关重要。本节将对法官确定惩罚性赔偿金要考虑的因素进行深入探讨。

一、各国（地区）关于确定惩罚性赔偿金考量因素的做法

关于惩罚性赔偿金的确定，大多数国家和地区都授权给法官或陪审团来自由裁量，只是仅有少数国家和地区规定由法官或陪审团完全自由裁量，如在美国有佛蒙特州、罗得岛州等8个州授予陪审团完全的自由裁量权，惩罚性赔偿金完全由陪审团根据自己的判断自由确定，而大多数国家和地区为了避免自由裁量权被滥用而明确规定了考量因素，具体考量哪些因素，由于各国各地区的情况不同，价值取向各异，具体的要求差别比较大。如美国的缅因州在确定惩罚性赔偿金时，给予陪审团自由裁量权的同时要求陪审团至少应考虑侵权行为的不寻常性、侵权人的赔付能力以及对该行为施加的其他惩罚情况等因素。[1] 而美国田纳西州要求法官考虑的因素更具体，要求法官要考虑侵权人的富裕程度、侵权行为的性质、侵权人的主观恶意程度、侵权行为所导致的损害程度、侵权行为持续的时间、侵权行为所获得的收益、侵权人事后是否采取了补救措施等。[2] 此外，美国的《陪审团统一指导手册》从主客观方面对陪审团确定惩罚性赔偿数额应考虑的因素进行了规定，认为以下因素是陪审团应考虑的：（1）被告行为的可指责程度；（2）就被告的财产状况而言，惩罚性赔偿的数额能

---

[1] Hanover Insurance Co. v Hayward, 464 A. 2d 156, 159（Me. 1983）.

[2] Hodges v S. C. Toof & Co., 833 S. W. 2d896, 902（Tenn. 1992）.

够对被告产生威慑力；（3）惩罚性赔偿金与被告所实际受到的伤害、损失有合理的联系。❶

《英国版权法》第 97 条（2）规定，法院在版权侵权诉讼中，尤其应注意（a）侵权严重程度，以及（b）被告因侵权所获利益，可依据案件处理公正之要求，判决附加损害赔偿金。但是在司法实践中，英国法院在确定惩罚性赔偿金时通常会考虑如下更多的因素：（1）原告必须是应受惩罚的行为的受害人；（2）适度原则；（3）被告的手段；（4）被告是否被监禁、罚金或受其他处罚手段所惩罚；（5）多个被告的存在；（6）多个原告的存在；（7）原告的行为；（8）被告的诚信等。❷ 而我国台湾地区的法院在确定惩罚性赔偿金时一般应考虑以下因素：（1）侵权人的侵权获利多少；（2）侵权人事后的处理态度；（3）侵权人是否受过刑事处罚；（4）当事人之间有无和解可能。❸

我国学者对确定惩罚性赔偿金应考虑哪些因素，也有不少不同的观点，如有学者认为，确立惩罚性赔偿金应参考行为人的非法获利情况、行为人的财产状况、行为人的行为性质、行为人是否受到其他处罚。❹ 有学者认为确定惩罚性赔偿金应考虑被告的主观恶意程度、被告的财产状况、被告逃脱受惩罚的概率、被告

---

❶　崔明峰、欧山："英美法上的惩罚性赔偿制度研究"，载《河北法学》2000年第 3 期，第 125 页。

❷　[奥] 赫尔穆特·考茨欧、瓦内萨·威尔科克斯著，窦海阳译：《惩罚性赔偿金：普通法与大陆法的视角》，中国法制出版社 2012 年版，第 26～34 页。

❸　金福海：《惩罚性赔偿制度研究》，法律出版社 2008 年版，第 122 页。

❹　鄢琦昊、黄娅琴："我国惩罚性赔偿金计算标准研究"，载《企业经济》2012年第 11 期，第 186 页。

受到的其他惩罚情况、侵权行为的后果、潜在伤害的大小。❶ 还有学者认为，惩罚性赔偿数额的确定应参照被告不法行为应受谴责的程度、被告所获利益或收益的大小、被告的财产状况及能力、国家政策倾向、潜在的损害、原告举证的被告因同一行为而受到的其他罚款或惩罚历史。❷

二、本书对确定惩罚性赔偿金的考量因素的观点

综合上述国内外对确定惩罚性赔偿金的考量因素可以发现，各国各地区法院的做法和学者们的观点尽管存在较大差异，但是都是围绕惩罚性赔偿的四个主要功能，即补偿、惩罚、威慑和激励功能的实现来设置考量因素的，因为惩罚性赔偿金的确定是否科学合理，直接影响惩罚性赔偿功能的实现，本书着眼于惩罚性赔偿的四个基本功能的实现来探讨确定赔偿金的考量因素。

1. 与补偿功能相关的考量因素

补偿是惩罚性赔偿的功能之一，尽管它不是惩罚性赔偿制度的主要功能，但是客观上确实对受害人的损失起到了补偿作用，受害人通过补偿性赔偿无法获得补偿的损失可以通过惩罚性赔偿获得足额补偿，因此，在确定惩罚性赔偿金时，应考虑如下与补偿功能相关的因素。

（1）受害人通过补偿性赔偿所获得的补偿程度。惩罚性赔偿制度是在受害人和侵权人之间进行一个利益权衡，在惩罚侵权人的同时，也不能让受害人由于被侵害而获得过多的赔偿，否则有

---

❶ 杨静毅："惩罚性赔偿金额的经济分析"，载《东岳论丛》2011 年第 3 期，第 159~160 页。

❷ 赵海萍："试论惩罚性赔偿数额的确定"，载《宜宾学院学报》2007 年第 1 期，第 102~103 页。

失公平，而且可能导致受害人滥诉的情况。因此，受害人通过补偿性赔偿所获得补偿的程度应作为确定惩罚性赔偿金的考虑因素，补偿程度越高，获得的惩罚性赔偿金应该越少。

（2）侵权行为的潜在损害。有些侵权行为在发生时对受害人的损失可能并不大，但是对受害人未来可能造成比较大的影响，而且潜在损害由于损害还没有实际发生，往往在提起的侵权诉讼中得不到有效的赔偿。因此，在确定惩罚性赔偿金时可以考虑侵权行为的潜在损害，一般潜在的损害越大，惩罚性赔偿金应该越多。

（3）受害人的合理维权成本。权利人遭受侵害后，受害人会支付律师费、调查取证费、案件受理费以及时间成本等多种维权成本，在这些成本中，有些成本如时间成本、调查取证的费用、部分律师费等是得不到法院支持的，这些可以在确定惩罚性赔偿金时予以考虑。

此外，有些学者将侵权人给著作权人造成的损失也作为确定惩罚性赔偿金给予考虑的因素，这与有些国家的学者主张惩罚性赔偿金是补偿性赔偿金的合理倍数有关，而补偿性赔偿金与侵权人给著作权人造成的损失直接相关，但对于不以补偿性赔偿金的合理倍数作为惩罚性赔偿金的国家来说，在确定惩罚性赔偿金时不必然需要考虑侵权人给受害人造成的损失。因为侵权人造成损失的多少与惩罚性赔偿金的多少不成比例关系，受害人的损失得到了多大程度的赔偿才是确定惩罚性赔偿金应考虑的，不管侵权人给著作权人造成多少损失，只要这些损失已经得到足额赔偿，那么就没必要体现在惩罚性赔偿金中。

2. 与惩罚功能相关的考量因素

惩罚功能是惩罚性赔偿的重要功能，是否适用惩罚性赔偿是以侵权人的主观是否具有可责难性来决定的，而可责难性主要通过以下因素来决定。

（1）侵权人的不法行为应受谴责的程度。惩罚性赔偿主要是为了惩罚过错严重的行为，不法行为的受谴责的程度主要是根据侵权人的主观过错程度来确定的，侵权人如果是恶意侵权、故意侵权或对他人的权利漠不关心而肆意侵害都应视为主观过错程度严重。在确定惩罚性赔偿金时，主观过错越严重，惩罚性赔偿金就应该越多，这是由实现惩罚性赔偿制度的惩罚功能决定的。

（2）侵权人的侵权手段。侵权手段是否恶劣也反映了行为人的主观具有可责难性的程度，一般来说，侵权手段越恶劣，如多次侵权，经过处罚后继续侵权等，其可责难性程度越高，为了达到惩罚目的，惩罚性赔偿金也应该越高。

（3）侵权人事后的态度。侵权行为发生后，侵权人的态度是其主观过错程度的延续，如果在侵权行为发生后，侵权人有悔改表现，积极采取措施减少受害人的损失或阻止类似侵权行为的再次发生，那么惩罚性赔偿金应相应减少；相反，如果侵权人在侵权行为被起诉后，对受害人不以为然，甚至恶意中伤受害人、销毁证据为自己狡辩，这说明侵权人的可责难性程度比较大，在确定惩罚性赔偿金时应相对较高。

3. 与威慑功能相关的考量因素

威慑是惩罚性赔偿制度最重要的功能，它不仅是威慑侵权人，还要威慑一般的社会公众，使潜在的侵权人不敢从事类似的侵权行为。而能否实现威慑功能，与侵权人受惩罚的程度有关，当侵权人通过支付惩罚性赔偿金使自己的侵权不仅无利可图，反而支付了更多的赔偿金时，侵权人就会主动放弃侵权，以后也不会再从事类似的侵权行为，对侵权人和潜在侵权人起到威慑的作用。因此，为了实现惩罚性赔偿的威慑功能，在确定惩罚性赔偿金时应当考虑以下因素。

（1）侵权人由于侵权所获利益大小。在著作权侵权案件中，如果计算赔偿额采用的是权利人的实际损失，或者法定赔偿额，此时，很可能使侵权人赔偿给受害人的赔偿金小于其非法获利，侵权人赔偿以后仍有利可图，而要实现惩罚性赔偿的威慑功能，至少要让侵权人的侵权成本高于其侵权收益。因此，在确定惩罚性赔偿金的数额时，须考虑侵权人的侵权获利大小，保证能够完全地剥夺侵权人因其侵权行为所获之利益，才有可能有效实现对不法行为的阻遏。

（2）侵权人由于侵权受其他处罚的情况。对侵权人能起威慑作用的除了惩罚性赔偿外，还有行政罚款和刑事罚金。如果对于同一个侵权行为，侵权人已经被行政机关进行过行政罚款或者被法院处以刑事罚金，为了避免威慑过度，可以在确定惩罚性赔偿金时相应减少，有学者主张为同样的理由作出两次重复的惩罚是违反基本的公平原则，所以在这种情况下，不仅是作出适当的赔偿或是小金额的惩罚，而是应该在民事诉讼中避免作出任何惩罚性损失赔偿。❶ 笔者认为，行政罚款和刑事罚金并不能替代惩罚性赔偿，因为惩罚性赔偿金归受害人，而行政罚款和刑事罚金归国家，如果以行政罚款和刑事罚金来替代惩罚性赔偿金，就会损害受害人的利益。因此，如果行政罚款、刑事罚金和惩罚性赔偿金并列适用的时候，可以先考虑适用惩罚性赔偿；如果在惩罚性赔偿晚于行政罚款和刑事罚金适用时，可以适当减少对侵权人的惩罚性赔偿金。

---

❶ 杨良宜：《损失赔偿与救济》，法律出版社 2013 年版，第 15 页。

（3）侵权人被追责的概率。在实践中，并不是每个侵权行为都会被追究责任，有的可能是由于侵权人侵权手段隐蔽使受害人没有发现，有的可能是受害人考虑到诉讼成本太高而实际损失不大，主动放弃追究侵权人的责任，侵权人总是有逃脱追责的可能性，从而也就使侵权人具有进行侵权行为的动力，因此要完整地实现惩罚性赔偿的威慑功能，在确定惩罚性赔偿金时应考虑侵权人被追责的概率，侵权人被追责的概率越高，惩罚性赔偿金的数额可能越少。

此外，大多数的学者和国家都将侵权人的财产状况作为确定惩罚性赔偿金的重要参考因素，理由是对于经济实力雄厚的侵权人，如果惩罚性赔偿金太低，难以发挥威慑作用；对于经济实力差的侵权人，判决高额的惩罚性赔偿金，可能使侵权人陷入生活和经营困难，认为惩罚性赔偿并不是要置侵权人于死地。确定惩罚性赔偿金要考虑行为人的承受能力，而且判决的赔偿金如果执行不了，可能使判决成为一纸空文，影响司法权威。这些理由表面看起来非常充分，但是笔者认为以侵权人的经济实力作为确定惩罚性赔偿的依据是不合适的，富裕的侵权人就多判决惩罚性赔偿金，不富裕的侵权人就少判决惩罚性赔偿金，这严重违背了法律所追求的平等、公平原则，为不富裕的侵权人继续侵权提供了动力和支撑。其实，对于富裕的侵权人如果通过支付惩罚性赔偿金不足以构成威慑时，可以适用其他手段如行政罚款来实现，对于由于侵权人财力不够无法执行的判决，可以等侵权人财力够的时候继续执行，这不是惩罚性赔偿才会遇到的问题，在补偿性赔偿中也经常遇到侵权人财力不够而无法执行的情况。因此，笔者反对将侵权人的经济状况作为确定惩罚性赔偿金的考虑因素。

4. 与激励功能相关的考量因素

激励是惩罚性赔偿的又一功能，受害人通过惩罚性赔偿获得足额的赔偿金甚至获得比自己损失更高的赔偿金，从而可以激励权利人维权的积极性，进而激励其创作的积极性，这就必然要求在确定惩罚性赔偿金时应考虑以下因素。

（1）被侵害作品本身的价值。作品的价值与一般有形物的价值不同，它是由市场来决定的，具体体现为作品的许可使用费、转让费等，当一个作品还没有投放市场时，其价值是很难衡量的，因此，在确定惩罚性赔偿金时应充分考虑被侵权的作品价值是否已经能够准确确定，对于还未投放市场的作品，由于不能准确确定作品价值，在确定惩罚性赔偿金时可以适当提高，以便充分保护权利人的利益，激发其维权和创作的积极性。

（2）原告必须是应受惩罚行为的受害人。英国法院的德夫林法官在 Rookes v. Barnard 一案中指出：如果原告根本就没有受到陪审团希冀惩罚的某种压迫性行为的影响，而他在结果上获得了一笔横财，那么，惩罚性赔偿金中内在的非正常将变成一种谬论。❶ 这一因素在现实中很少适用，通常情况下，能就侵权行为起诉的人就是受害人，只有在著作权人死亡，其著作人身权被侵害时，才有可能存在起诉人不是受害人的情况。在 1934 年的《法律改革（杂项规定）法》的第一节 [Law Reform (Miscellaneous Provisions) Act 之 Section 1 (2)]（a）规定遗属作为原告的索赔不能包括惩罚性损失赔偿。❷ 笔者认为，从激励创作的角度来讲，应该

---

❶ ［奥］赫尔穆特·考茨欧、瓦内萨·威尔科克斯著，窦海阳译：《惩罚性赔偿金：普通法与大陆法的视角》，中国法制出版社 2012 年版，第 26 页。

❷ 杨良宜：《损失赔偿与救济》，法律出版社 2013 年版，第 14 页。

考虑受害人的身份，只有受害人就是创作作品的人，获得高额的惩罚性赔偿金才能对其创作具有激励作用。如果从考虑激励维权的角度来讲，不需要考虑受害人身份，不管受害人是谁，只要是其权利被侵害后获得了高额的惩罚性赔偿金，就有激励其积极维权的动力。

第六节　著作权侵权惩罚性赔偿金的归属

惩罚性赔偿金归谁所有将直接决定惩罚性赔偿的性质，在本书第一章论述惩罚性赔偿与行政罚款和刑事罚金的关系时，所罚金钱的归属是它们之间的本质区别，同时惩罚性赔偿金的归属还将直接影响惩罚性赔偿功能的实现，如果惩罚性赔偿金归政府，那么仅仅能实现对侵权人的惩罚，对被侵权人的补偿和激励功能就无法实现；如果将惩罚性赔偿金全部归属被侵权人，当惩罚性赔偿金过高时就会有让被侵权人获得不当得利的嫌疑，而当惩罚性赔偿金过低时无法使惩罚性赔偿制度发挥惩罚侵权人的目的，但要解决上述矛盾，对惩罚性赔偿金的归属进行合理分配是一项有效的措施。因此，惩罚性赔偿金的归属是一个很值得探讨的问题，我国在建构著作权侵权惩罚性赔偿制度时应明确加以规定。

一、当前关于著作权侵权惩罚性赔偿金归属的主要观点

1. 惩罚性赔偿金归属被侵权人

惩罚性赔偿金归属被侵权人，这是当前学界的主流观点，也是当前在其他法律规定的惩罚性赔偿制度中明确认可的观点，如

我国商标法规定的惩罚性赔偿制度就是将惩罚性赔偿金归属于被侵权的商标权人，我国消费者权益保护法中规定的惩罚性赔偿制度也是将惩罚性赔偿金归属于被侵权人。之所以将惩罚性赔偿金归属于被侵权人，是基于以下两个方面的原因：一是从惩罚性赔偿金的产生来考虑的，惩罚性赔偿金是由被侵权人在侵权行为发生后向法院提起惩罚性赔偿诉求获得支持而产生的，根据我国民事诉讼法的不告不理原则，即使侵权人故意实施了著作权侵权行为并且造成被侵权人的损失，如果被侵权人不提起惩罚性赔偿请求，惩罚性赔偿金就不可能产生，从这个意义上说，惩罚性赔偿金归属于提起惩罚性赔偿请求的被侵权人是合适的。二是从实现惩罚性赔偿功能的角度来考虑的，惩罚性赔偿不仅具有惩罚和预防功能，还具有补偿被侵权人损失和激励被侵权人积极维权的功能，而后两种功能都必须通过被侵权人获得惩罚性赔偿金才能实现，如果不把惩罚性赔偿金归属于被侵权人，那么惩罚性赔偿就只能实现惩罚和威慑功能，与已有的行政罚款、刑事罚金没有本质区别，也就没有存在的价值。因此，当前主流观点主张将惩罚性赔偿金归属于被侵权人是有依据的。

2. 惩罚性赔偿金归属被侵权人和政府

惩罚性赔偿金归属的第二种观点是将惩罚性赔偿金按一定比例在被侵权人和政府之间进行分配。如美国的犹他州、佛罗里达州、佐治亚州都有类似的规定，只是各个州对惩罚性赔偿金如何在政府和被侵权人之间分配的做法不完全一致，如美国的犹他州的法律规定，惩罚性赔偿金在 2 万美元之内的，全部归属于被侵权人，惩罚性赔偿金只有超过 2 万美元时才将其中的 50% 归州的财政部门；而佛罗里达州则不管惩罚性赔偿金的总额是多少，统一规定惩罚性赔偿金总额的 35% 归州政府，65% 归属被侵权人；

佐治亚州同样没有区分惩罚性赔偿金的总额，直接规定惩罚性赔偿金的 25% 归属被侵权人，75% 归州政府。这种将惩罚性赔偿金在被侵权人和政府之间进行分配的做法是为了避免被侵权人获得不当得利，认为惩罚性赔偿要发挥惩罚性功能，必须要求侵权人支付较高的惩罚性赔偿金才能起到惩罚作用，而较高的惩罚性赔偿金如果全部给被侵权人，可能使得被侵权人获得比其实际损失高得多的赔偿额，使被侵权人获得不当得利，进而会诱发被侵权人滥诉。相反，如果为了避免被侵权人获得比其实际损失高得多的赔偿金而判决侵权人只承担比较低的惩罚性赔偿金，那么惩罚性赔偿的惩罚性就无法实现。因此，惩罚侵权人需要判决侵权人承担高的赔偿金，防止被侵权人获得不当得利就要求判决侵权人承担低的赔偿金，两者是相互矛盾的，如何解决既要惩罚侵权人，又要避免被侵权人获得不当得利的矛盾，比较好的做法是将惩罚性赔偿金的一部分分出来给其他人，但是如果将惩罚性赔偿金的一部分分给与案件没有利害关系的人自然没有依据，而将它分给政府所有比分给其他没有利害关系的人所有相对合适一些，毕竟政府是让被侵权人能享有惩罚性赔偿金机会的机构。

3. 惩罚性赔偿金归属被侵权人、政府和维权律师

惩罚性赔偿金归属的第三种观点是将惩罚性赔偿金在被侵权人、政府和维权律师之间进行分配，这种观点的理由与上述第二种观点的理由是一致的，是为了解决惩罚性赔偿既要惩罚侵权人、又要避免被侵权人获得不当得利的内在矛盾，而此观点与第二种观点不同是的是为了避免被侵权人获得过高的赔偿金，将惩罚性赔偿金不仅分给政府，还将其分给参与维权的律师，分给律师的理由是律师在被侵权人获得惩罚性赔偿金中的贡献，因为著作权侵权纠纷是专业性较强的一类侵权纠纷，一般情况下，被侵

权人都会委托律师代理自己的诉讼事务，而律师在接受委托后会为其提供专业的服务，其中包括是否提起惩罚性赔偿请求，如何提起惩罚性赔偿请求，以及相关证明侵权人符合承担惩罚性赔偿责任的证据的采集都依靠律师，律师在被侵权人获得惩罚性赔偿金的过程中作出了重要贡献，因此，主张将侵权人支付的惩罚性赔偿金的一部分分给维权律师。

二、关于著作权侵权惩罚性赔偿金归属的主要观点剖析

（1）惩罚性赔偿金归属被侵权人的利弊分析。将惩罚性赔偿金归属被侵权人的观点有利于发挥惩罚性赔偿金的补偿和激励功能，并且确实是由被侵权人提起惩罚性赔偿诉求才获得的，被侵权人理应获得惩罚性赔偿金，从这个意义上说，上述主张将惩罚性赔偿金归属被侵权人是有道理的。但是将全部的惩罚性赔偿金均给被侵权人，尤其是判决的惩罚性赔偿金比较高的情况下，容易使被侵权人基于高额赔偿金而进行过度诉讼，最终使建立惩罚性赔偿制度的初衷被破坏，而且被侵权人获得比实际损失高出很多的赔偿金也不合理，从这个意义上说，主张将惩罚性赔偿金全部归属被侵权人是不科学的。而要解决被侵权人获得过高的惩罚性赔偿金的办法有两种：一种是直接判决侵权人支付较低的惩罚性赔偿金，这在上文已经提及，这样做会导致惩罚性赔偿对侵权人的惩罚功能和威慑功能无法实现，这种办法不可行。第二种办法就是从侵权人支付的惩罚性赔偿金中分割出一部分后再给被侵权人，使被侵权人最终获得的惩罚性赔偿金趋于合理，正好能发挥惩罚性赔偿制度的补偿和激励作用。

（2）惩罚性赔偿金归属被侵权人和政府的利弊分析。将惩罚性赔偿金在被侵权人和政府之间进行分配的观点从一定程度上解

决了上述第一种观点存在的问题，但是将惩罚性赔偿金的一部分分给政府并没有充分的理由，政府与侵权行为无任何利害关系，如果将惩罚性赔偿金的一部分分给政府没有法律上的任何依据，真正可以称得上是不当得利，它与行政罚款、刑事罚金归属于政府不同，行政罚款和刑事罚金是因为当事人的行为侵害了国家的社会管理秩序或国家财产。而且将惩罚性赔偿金的一部分分给政府，可能会使政府为了获得更多的财政收入而影响法官对惩罚性赔偿的适用，对于司法不独立的国家更是如此，最终导致惩罚性赔偿被滥用。因此，将惩罚性赔偿金在被侵权人和政府间分配的观点不可取。

（3）惩罚性赔偿金归属被侵权人、政府和维权律师的利弊分析。将惩罚性赔偿金在被侵权人、政府和参与维权的律师之间进行分配的观点要解决的问题还是避免被侵权人获得不当得利的问题，唯一不同的是将参与维权的律师作为可以获得惩罚性赔偿金的一方主体，律师由于其业务的专业化，在被侵权人的维权过程中确实作出了重要贡献，但是这种贡献是基于律师与被侵权人之间的代理服务合同而产生的，他的贡献体现在律师代理费用中。当然，如果在被侵权人与律师签订的代理服务合同中明确约定了律师可以从侵权人支付的惩罚性赔偿金中提取一定的比例，那么，律师可以基于代理服务合同的约定而获得相应部分的赔偿金，这类似于风险代理。如果代理服务合同中并没有约定律师可以从侵权人支付的惩罚性赔偿金中获得一定比例的赔偿金，那么律师就无权分享被侵权人获得的惩罚性赔偿金。由此可知，律师获得惩罚性赔偿金可以基于其与当事人的约定，而不是基于法律的规定。从法律关系来看，律师与著作权侵权行为本身并无利害关系，律师获得惩罚性赔偿金没有法律依据，因此，主张通过法律明确规定将惩罚性赔偿金在被侵权人、政府和参与维权的律师之间进行分配的观点是行不通的。

三、构建我国著作权侵权惩罚性赔偿金归属的设想

1. 确定著作权侵权惩罚性赔偿金归属的一般规则

基于上述对惩罚性赔偿金归属的评述，笔者认为解决既要惩罚侵权人、又不能让被侵权人获得过高惩罚性赔偿金的可行办法是将惩罚性赔偿金进行分割，只将惩罚性赔偿金的一部分支付给被侵权人，另一部分设立著作权维权基金。

（1）惩罚性赔偿金的一部分给被侵权人的理由分析。将惩罚性赔偿金的一部分给被侵权人，这样做的理由：一方面，通过将惩罚性赔偿金给被侵权人，使被侵权人通过补偿性赔偿没有获得足额赔偿的那部分损失和维权成本未获得法院支持的那部分得以获得足额补偿，这是惩罚性赔偿制度补偿功能的实现，在填平被侵权人的损失之后使其能获得比实际损失更多的赔偿，以便激励被侵权人积极维权，这是惩罚性赔偿制度激励功能的内在要求。另一方面，将惩罚性赔偿金规定给被侵权人，除了发挥上文所说的补偿和激励功能之外，也符合维权的结果归属于维权主体的一般原理，惩罚性赔偿金是被侵权人在侵权行为发生后通过向法院提起诉讼而产生的，被侵权人作为维权主体在胜诉后取得维权的结果是理所当然的事。此外，惩罚性赔偿金只给一部分而不是全部给被侵权人，是为了避免其获得不当得利，甚至为了获得高额赔偿金而出现滥诉。

（2）惩罚性赔偿金的一部分给著作权维权基金的理由分析。将惩罚性赔偿金的一部分设立著作权维权基金，是解决被侵权人取得过高赔偿金而可能导致过度诉讼的问题。为解决该问题，尽

管有学者主张将惩罚性赔偿金的一部分分给政府或参与维权的律师，但是都没有合法的依据，而著作权维权基金则具有公益性，可以帮助所有因为著作权被侵犯而维权费用有困难的被侵权人去维权，这从根本上激发了被侵权人的维权积极性，打消了以往人们担心维权成本高于维权判决而不敢或不愿提起维权诉讼的顾虑，这和惩罚性赔偿的激励被侵权人积极维权的目的是完全一致的，因此，笔者主张设立统一的著作权维权基金，由著作权行政管理机关进行管理，提取惩罚性赔偿金的一定比例作为其基金的资金来源，既有效调节了被侵权人获得惩罚性赔偿金的数额，又解决了维权基金的资金来源，为经济困难的维权人提供了维权的费用，可谓一举两得。

2. 著作权惩罚性赔偿金的具体分配比例

惩罚性赔偿金在被侵权人和著作权维权基金之间如何分配比较合理，这是一个非常棘手的问题，而且不是一个简单的法律问题，涉及经济学、社会学等多个领域，笔者从法律的角度考虑认为在确定具体比例时至少应充分考虑以下几个方面的因素。

（1）应考虑惩罚性赔偿的补偿和激励功能。传统的补偿性赔偿由于著作权客体本身难以估值的特性以及举证难等问题，使被侵权人的损失客观上难以真正填平，而惩罚性赔偿制度通过给予被侵权人一定的惩罚性赔偿金使其未填平的损失得到填平，而且要使被侵权人积极维权，给予被侵权人的惩罚性赔偿金应当适当高于填平被侵权人损失的数额，使惩罚性赔偿真正弥补传统赔偿制度之不足，激励更多的受害人积极维权。因此，在确定惩罚性赔偿金比例时应给予相对较高的比例。

（2）应体现被侵权人在维权过程中的付出。惩罚性赔偿金的获得是被侵权人基于自己的权利被侵害后积极维权而产生的，被侵权人在惩罚性赔偿诉讼过程中付出了大量的时间、精力和诉讼费用等诉讼成本，除了部分诉讼费用可以获得赔偿外，所耗费的时间、精力都是无法获得赔偿的。因此，在确定惩罚性赔偿金归属比例时应充分考虑被侵权人在诉讼过程中的付出。

（3）应考虑被侵权人的不当得利而可能导致滥诉的问题。由于人有追求利益的本性，越多的利益就意味着有越大的诱惑，如果被侵权人获赔的惩罚性赔偿金额度明显偏高，受害人基于利益的驱使，很有可能滥用法律给予的诉权，对于不该起诉的提起诉讼，或"放水养鱼"，对于发现已构成著作权侵权的行为不及时加以制止，而是等结果非常严重、符合惩罚性赔偿提起的条件时再起诉，这样做的结果不仅加重了法院的负担，浪费不必要的司法资源，也可能损害对方当事人及广大公众的利益。因此，在确定惩罚性赔偿归属比例时不能给予被侵权人过高的比例。

基于上述多种因素的考虑，笔者主张惩罚性赔偿金的分配可以给被侵权人设定一个不低于60%的比例，由法院根据案件的具体情况，在有效填平被侵权人的损失同时不会导致滥诉的基础上，充分考虑被侵权人在维权过程中的付出，将惩罚性赔偿金中不低于60%的部分归属被侵权人，剩下的部分归属著作权维权基金。这种只规定下限而不固定具体比例的做法既能保障被侵权人的基本利益，又能灵活地调节赔偿金数额以便惩罚性赔偿更好地发挥作用。

结　　论

　　惩罚性赔偿是一种新型的侵权救济制度，它既能惩罚侵权人，预防类似侵权行为的再次发生，又能补偿受害人，激励受害人积极维权，促进市场的合法交易，它集传统的民事、刑事和行政救济措施功能于一体，具有传统救济制度无法取代的地位。

　　将惩罚性赔偿引入著作权侵权领域，具有法哲学、法经济学、民法学和心理学上的正当理论基础，从法哲学角度来说，惩罚性赔偿不仅是法实现正义价值、秩序价值的体现，也是法发挥制裁作用、实现法治化的必然要求；从法经济学角度来说，惩罚性赔偿是实现最优威慑、弥补赔偿不足、促进经济发展的手段；从民法学角度来说，惩罚性赔偿是贯彻诚信原则和强化侵权责任法预防功能的要求；从心理学角度来说，惩罚性赔偿是改变侵权人侵权的重要外因，是利用从众心理遏制侵权的有效手段，是通过心理强制来威吓侵权者的有效方式。惩罚性赔偿的存在不仅有理论依据，而且是我国现行著作权立法和司法实践的需要，传统救济制度的不足，使得司法实践中大量的著作权侵权行为无法得到有效规制，严重影响了权利人的积极性和国家科学文化的发展。

　　将惩罚性赔偿引入著作权侵权领域已经成为一种国际趋势，在英美法系国家的司法实践中的适用已经比较常见，且不少英美法系国家通过立法的形式对其加以明确规定，而大陆法系国家对它的态度也从过去的完全排斥到当前的逐渐接受。大陆法系国家对惩罚性赔偿态度的转变坚定了我国在著作权侵权领域引入惩罚性赔偿的决心，而英美法国家在惩罚性赔偿制度构建方面的经验为我国构建著作权侵权惩罚性赔偿制度提供了有益的经验。

　　但是，著作权侵权具有与其他知识产权侵权不同的特征，著作权侵权大多是通过对作品复制和传播等方式来实现的，随着高科技的发展，复制和传播的成本都很低，这导致著作权侵权的成本和门槛低，侵权涉及面广，普通老百姓使用普通的方式就可以实现侵权，不像其他知识产权侵权那样，侵权主体还需要具备特殊的侵权能力才能实现。而且在网络环境下，作品的传播和复制这类侵权行为一旦发生，侵权结果就很难控制，侵权主体很难确定，故意侵权很难证明，加上著作权侵权的对象是作品，任何一个作品都是作者的独一无二的意思表达，没有替代物和可比性，一旦发生侵权，其损失很难准确计算。尤其作为著作权客体的作品相对于其他知识产权客体，它承载着传播科学文化的特殊社会功能，对它的保护显得尤为重要。因此，在著作权侵权领域适用惩罚性赔偿更具有紧迫性和必要性，与此相对应，惩罚性赔偿在著作权侵权领域适用的范围应该比在其他知识产权侵权领域适用的范围更广，具体应体现在适用的条件更宽松，除了故意侵权，重大过失侵权也应适用惩罚性赔偿。

　　此外，为了更好地实现惩罚性赔偿的惩罚和预防功能，惩罚性赔偿金不应该规定上限和下限，也不应该规定与补偿性赔偿金的合理比例，而是应该规定确定惩罚性赔偿金的参考因素，由法官根据具体案情，综合考虑参考因素确定，为了使惩罚性赔偿既能发挥惩罚作用，又不会使受害人获得不当得利，可以规定将惩罚性赔偿金的归属在受害人和著作权维权基金之间进行合理分配。

　　基于上述理由，笔者建议在《著作权法》第三次修改时，惩罚性赔偿的条文应规定为：对于侵犯他人著作权或相关权的侵权人，如果其主观上存在故意或重大过失的，人民法院可以根据受害人的申请，综合考虑具体案情和法律规定的参考因素，判决侵权人支付惩罚性赔偿金，惩罚性赔偿金中不低于60%的部分归属被侵权人，剩下的部分归属著作权维权基金。

参考文献

一、中文类参考文献

（一）著作类

[1] 中国百年著作权法律集成. 北京：中国人民大学出版社，2010

[2] ［澳］彼得·德霍斯. 知识产权法哲学. 周林译. 北京：商务印书馆，2008

[3] ［美］E. 博登海默. 法理学：法律哲学与法律方法. 邓正来译. 北京：中国政法大学出版社，1999

[4] ［美］本杰明·B. 莱希. 心理学导论. 吴庆麟，等译. 上海：上海人民出版社，2010

[5] ［英］边沁. 道德与立法原理导论. 时殷弘译. 北京：商务印书馆，2000

[6] 陈聪富. 侵权归责原则与损害赔偿. 北京：北京大学出版社，2005

[7] 陈兴良. 刑法的启蒙. 北京：法律出版社，1998

[8] 陈兴良. 刑法哲学. 北京：中国政法大学出版社，1997

[9] ［美］Elliot Aronson，Timothy D. Wilson，Robin M. Akert. 社会心理学. 侯玉波，等译. 北京：中国轻工业出版社，2007

[10] ［美］Jerry M . Burger：人格心理学. 第七版. 陈会昌，等译. 北京：中国轻工业出版社，2011

[11] 曹新明. 知识产权制度法典化问题研究. 北京：北京大学出版社，2010

[12] 曹新明. 知识产权保护战略研究. 北京：知识产权出版社，2010

[13] 曹新明. 知识产权法学. 北京：中国人民大学出版社，2011

[14] 陈新民. 中国行政法学原理. 北京：中国政法大学出版社，2002

[15] 程永顺. 专利权纠纷案件法官点评. 北京：知识产权出版社，2003

[16] 崔建远. 合同责任研究. 长春：吉林大学出版社，1992

[17] ［英］戴维·M.沃克. 牛津法律大辞典（中文版）. 北京：光明日报出版社，1988

[18] 冯晓青. 知识产权法利益平衡理论. 北京：中国政法大学出版社，2006

[19] 冯晓青. 知识产权法哲学. 北京：中国人民公安大学出版社，2003

[20] 冯晓青. 著作权法. 北京：法律出版社，2010

[21] ［日］富田彻男. 市场竞争中的知识产权. 廖正衡，等译. 北京：商务印书馆，2000

[22] 关淑芳. 惩罚性赔偿制度研究. 北京：中国人民公安大学出版社，2008

[23] ［德］黑格尔. 法哲学原理. 范扬，张企泰译. 北京：商务印书馆，1995

[24] 何晓群. 多元统计分析. 第三版. 北京：中国人民大学出版社，2012

[25] 胡开忠. 知识产权法比较研究. 北京：中国人民公安大学出版社，2004

[26] 黄文平，王则柯. 侵权行为的经济分析. 北京：中国政法大学出版社，2005

[27] 黄道秀. 俄罗斯联邦民法典. 北京：北京大学出版社，2007

[28] ［奥］赫尔穆特·考茨欧，瓦内萨·威尔科克斯. 惩罚性赔偿金：普通法与大陆法的视角. 窦海阳译. 北京：中国法制出版社，2012

[29] 江平. 民法学. 北京：中国政法大学出版社，2007

[30] 江平. 中国侵权责任法教程. 北京：知识产权出版社，2010

[31] 金福海. 惩罚性赔偿制度研究. 北京：法律出版社，2008

[32] ［德］柯武刚，史漫飞. 制度经济学——社会秩序与公共政策. 韩朝华译. 北京：商务印书馆，2000

[33] ［德］卡尔·拉伦茨. 德国民法通论（上册）. 王晓晔，邵建东，程建英，等译. 北京：法律出版社，2002

[34] ［德］拉德布鲁赫. 法学导论. 米健，朱林译. 北京：中国大百科全书出版社，1997

[35] ［美］理查德·波斯纳. 正义司法的经济学. 苏力译. 北京：中国政法

大学出版社，2002

[36] 李昌麒. 经济法——国家干预经济的基本法律形式. 成都：四川人民出版社，1995

[37] 李明德. 美国知识产权法. 北京：法律出版社，2003

[38] 李明德，许超. 著作权法. 北京：法律出版社，2009

[39] 李明德，闫文军，黄晖等. 欧盟知识产权法. 北京：法律出版社，2010

[40] 李永军. 民法总论. 北京：中国政法大学出版社，2008

[41] 李永军. 合同法. 北京：法律出版社，2005

[42] 李扬. 知识产权的合理性、危机及其未来模式. 北京：法律出版社，2003

[43] [美] 理查德·A. 波斯纳. 法理学问题. 苏力译. 北京：中国政法大学出版社，2002

[44] [美] 理查德·A. 波斯纳. 法律的经济分析. 蒋兆康译. 北京：中国大百科全书出版社，1997

[45] 刘茂林. 知识产权法的经济分析. 北京：法律出版社，1996

[46] [美] 罗伯特·P. 墨杰斯等. 新技术时代的知识产权法. 齐鸽，等译. 北京：中国政法大学出版社，2003

[47] [美] 麦克约翰. 知识产权法案例与解析（英文版）. 北京：中信出版社，2003

[48] [美] 米勒·戴维斯. 知识产权法（英文版）. 北京：法律出版社，2004

[49] [美] 米切尔·波林斯基，史蒂文·谢微尔. 惩罚性赔偿：一个经济分析//哈佛法律评论侵权法学精辟. 徐爱国编译. 北京：法律出版社，2005

[50] [美] 兰德斯，波斯纳. 知识产权法的经济结构. 金海军译. 北京：北京大学出版社，2005

[51] [美] 墨杰斯等. 新技术时代的知识产权法. 齐筠译. 北京：中国政法大学出版社，2003.

[52] [日] 美浓部达吉. 公法与私法. 黄冯明译. 北京：中国政法大学出版社, 2003

[53] 潘同龙, 程开源. 侵权行为法. 天津：天津人民出版社, 1995

[54] 彭聃龄, 张必隐. 认知心理学. 杭州：浙江教育出版社, 2004

[55] [澳] 彭道敦, 李雪菁. 普通法视角下的知识产权. 谢琳译. 北京：法律出版社, 2010

[56] 邵维国. 罚金刑论. 长春：吉林人民出版社, 2004

[57] 王卫国. 过错责任原则：第三次勃兴. 北京：中国法制出版社, 2000

[58] 王利明. 侵权行为法研究. 北京：中国人民大学出版社, 2004.

[59] 王利明. 民法. 北京：中国人民大学出版社, 2005

[60] 王利明. 侵权行为法研究. 北京：中国人民大学出版社, 2004

[61] 吴汉东. 知识产权法学. 北京：北京大学出版社, 2005

[62] 吴汉东. 知识产权多维度解读. 北京：北京大学出版社, 2008

[63] 吴汉东等. 知识产权基本问题研究. 北京：中国人民大学出版社, 2005

[64] 吴汉东等. 走向知识经济时代的知识产权法. 北京：法律出版社, 2002

[65] 吴汉东, 胡开忠. 无形财产权制度研究. 北京：法律出版社, 2005

[66] 沈宗灵. 现代西方法理学. 北京：北京大学出版社, 1992

[67] 《十二国著作权法》翻译组. 十二国著作权法. 北京：清华大学出版社, 2011

[68] 夏征农. 辞海. 上海：上海辞书出版社, 2002

[69] 徐国栋. 民法的基本原则解释. 北京：中国政法大学出版社, 1992

[70] 薛波. 元照英美法词典. 北京：法律出版社, 2003

[71] [古希腊] 亚里士多德. 政治学. 吴寿彭译. 北京：商务印书馆, 1997

[72] 于敏. 日本侵权行为法. 北京：法律出版社, 1998

[73] 杨立新. 侵权责任法. 北京：法律出版社, 2012

[74] 杨海坤, 章志远. 中国行政法原论. 北京：中国人民大学出版社, 2007

[75] 杨良宜. 损失赔偿与救济. 北京：法律出版社, 2013

[76] 章剑生. 现代行政法基本理论. 北京：法律出版社, 2008

[77] 张文显. 二十世纪西方法哲学思潮研究. 北京：法律出版社，1996

[78] 张明楷. 刑法学. 第二版. 北京：法律出版社，2004

[79] 张光良. 知识产权民事救济. 北京：法律出版社，2003

[80] 张新宝. 侵权责任法. 北京：中国人民大学出版社，2010

[81] 张新宝. 侵权责任构成要件研究. 北京：法律出版社，2007

[82] 中国人民大学知识产权教学与研究中心，中国人民大学知识产权学院. 知识产权国际条约集成. 北京：清华大学出版社，2011

[83] 曾世雄. 损害赔偿法原理. 北京：中国政法大学出版社，2001

[84] 周枏. 罗马法原论. 北京：商务印书馆，1994

[85] 郑成思. 版权法. 北京：中国人民大学出版社，1990

[86] 郑成思. 知识产权论. 北京：法律出版社，2003

[87] 卓泽渊. 法的价值论. 北京：法律出版社，2006

（二）论文类

[88] 陈燕萍. 知识产权领域惩罚性赔偿制度的中国式选择评析. 科技与法律，2012（5）

[89] 陈承堂. 论"损失"在惩罚性赔偿责任构成中的地位. 法学，2014（9）

[90] 崔真. 知识产权惩罚性赔偿制度初探. 上海：复旦大学硕士学位论文，2011

[91] 崔明峰，欧山. 英美法上的惩罚性赔偿制度研究. 河北法学，2000（3）

[92] 宗璋. 论惩罚性损害赔偿判决之适用. 青岛化工学院学报（社会科学版），2000（2）

[93] 邓子滨. 法律制裁的历史回归. 法学研究，2005（6）

[94] 邓晓光. 从制度功能看惩罚性赔偿制度的构建. 陕西社会主义学院学报，2006（1）

[95] 董春华. 各国有关惩罚性赔偿制度的比较研究. 东方论坛，2008（1）

[96] 方菲. 知识产权侵权损害赔偿制度研究. 重庆：西南政法大学硕士学位论文，2008

[97] 方明. 论惩罚性赔偿制度与现代侵权法功能的嬗变. 学海, 2012 (2)

[98] 高思文. 商标侵权惩罚性赔偿制度的适用困境及出路. 法制与社会, 2017 (4) (上)

[99] 胡春秀. 试论在我国建立惩罚性损害赔偿制度的必要性与可行性. 广西政法管理干部学院学报, 2000 (6)

[100] 胡海容, 雷云. 知识产权侵权适用惩罚性赔偿的是与非——从经济学角度解读. 知识产权, 2011 (2)

[101] 金福海. 论惩罚性赔偿的性质. 法学论坛, 2004 (3)

[102] 莱源. 知识产权的哲学、经济法和法学分析. 知识产权, 2008 (5)

[103] 李晶珠. 我国引入惩罚性赔偿的理论障碍批判. 山东科技大学学报, 2005 (3)

[104] 李玲. 知识产权损害赔偿探讨. 郑州航空工业管理学院学报 (社会科学版), 2004 (23)

[105] 侯继虎. 西方法治观念及其在现代中国的困惑. 牡丹江大学学报, 2012 (11)

[106] 李乾. 论惩罚性赔偿的正当性. 特区经济, 2012 (4)

[107] 李正. 试论惩罚性赔偿的功能. 法制与经济, 2010 (6)

[108] 林德瑞. 论惩罚性赔偿金可保性之法律争议. 中正大学法学集刊, 1999 (2)

[109] 刘晓宇. 知识产权侵权损害赔偿问题研究. 济南: 山东大学硕士学位论文, 2005

[110] 刘镇. 论惩罚性赔偿制度的属性. 平顶山学院学报, 2012 (3)

[111] 梅雪芳, 陈晓峰. 知识产权法定赔偿适用问题. 中国专利与发明, 2009 (1)

[112] 马玮. 英美法系惩罚性赔偿之考察与借鉴. 山东科技大学学报, 2009 (4)

[113] 彭复波, 彭剑波. 论惩罚性赔偿制度在知识产权案件中的确立与适用. 今日南国, 2008 (4)

[114] 彭敏. 著作权法中惩罚性赔偿制度的立法设计与司法适用. 传播与版权, 2016 (3)

[115] 钱玉文, 骆福林. 论我国知识产权法中的惩罚性赔偿. 法学杂志, 2009 (4)

[116] 史玲, 王英军. 惩罚性赔偿制度在我国知识产权领域的适用. 天津法学, 2012 (1)

[117] 石睿. 美德两国惩罚性赔偿之当前发展. 法制与社会, 2007 (2)

[118] 沈宗灵. 论法律制裁与法律责任. 北京大学学报, 1994 (1)

[119] 谭军辉. 惩罚性赔偿制度适用范围研究. 重庆: 西南政法大学硕士学位论文, 2007

[120] 唐珺. 关于专利侵权惩罚性赔偿金的思考: 比较法的视野. 重庆理工大学学报 (社会科学), 2017 (5)

[121] 韦夏怡. 王海, 高调打假合法盈利. 经济参考报, 2014-3-14

[122] 汪德理. 论惩罚性赔偿的主观要件——以功能为视角分析. 赤峰学院学报, 2012 (10)

[123] 王喜军, 姬翠梅. 惩罚性赔偿的法哲学基础. 内蒙古电大学刊, 2006 (9)

[124] 王立峰. 惩罚性赔偿的道德基础. 山东审判, 2003 (1)

[125] 王学峰. 论知识产权侵权引入惩罚性赔偿责任制度. 北京航空航天大学学报 (社会科学版), 2006 (1)

[126] 王岩. 知识产权侵权损害赔偿原则探析. 河北师范大学学报, 2009 (6)

[127] 王能武, 陈明. 论知识产权侵权损害之惩罚性赔偿原则. 经济与法制, 2007 (6)

[128] 王利明. 惩罚性赔偿研究. 中国社会科学, 2000 (4)

[129] 王利明. 美国惩罚性赔偿制度研究. 比较法研究, 2003 (5)

[130] 王本宏, 范圣兵. 论惩罚性赔偿在我国侵权法领域的适用. 安徽农业大学学报, 2002 (3)

[131] 王越, 刘丹丹. 论惩罚性赔偿制度在我国的移植和发展. 文化学刊, 2011 (4)

[132] 温世扬, 邱永清. 惩罚性赔偿与知识产权保护. 法律适用, 2004 (12)

[133] 徐楠轩, 连洁. 论我国知识产权法中惩罚性赔偿的引入. 经济与法, 2010 (12)

[134] 徐海燕. 我国导入惩罚性赔偿制度的法学思考. 杭州师范学院学报 (社会科学版), 2004 (2)

[135] 谢晓尧. 惩罚性赔偿: 一个激励的观点. 学术研究, 2004 (6)

[136] 鄢琦昊, 黄娅琴. 我国惩罚性赔偿金计算标准研究. 企业经济, 2012 (11)

[137] 严义. 我国知识产权惩罚性赔偿制度与司法实践赔偿标准. 传播与版权, 2016 (6)

[138] 杨静毅. 惩罚性赔偿金额的经济分析. 东岳论坛, 2011 (3)

[139] 杨丛瑜, 王坤. 惩罚性赔偿在著作权侵权领域的引入. 云南农业大学学报, 2012 (6)

[140] 于冠然, 杨春然. 论惩罚性赔偿的性质. 河北法学, 2012 (11)

[141] 余艺. 惩罚性赔偿责任的成立及其数额量定. 法学杂志, 2008 (1)

[142] 易健雄, 邓宏光. 应在知识产权领域引入惩罚性赔偿. 法律适用, 2009 (4)

[143] 许智达. 知识产权损害惩罚性赔偿制度研究. 上海: 华东政法大学硕士学位论文, 2010

[144] 朱凯. 惩罚性赔偿制度在侵权法中的基础及其适用. 中国法学, 2003 (3)

[145] 朱启莉. 知识产权法引入惩罚性赔偿研究. 江西社会科学, 2013 (8)

[146] 张玲, 纪璐. 美国专利侵权惩罚性赔偿制度及其启示. 法学杂志, 2013 (2)

[147] 张千帆. 法治概念的不足与超越. 学习与探索, 2006 (6)

[148] 张爱军. 对惩罚性赔偿之反对观点的评析. 太原理工大学学报, 2003

（2）

[149] 张广良. 惩罚性赔偿并非破解中国知识产权保护难题的良策. 中国专利与商标，2012（1）

[150] 张俊杰. 论知识产权惩罚性赔偿制度之合理性——惩罚性赔偿适用辨析. 法制与社会，2009（9）

[151] 张新宝，李倩. 惩罚性赔偿的立法选择. 清华法学，2009（4）

[152] 张富强，许健聪. 完善我国著作权侵权惩罚性赔偿制度设计的建议. 出版发行研究，2015（7）

[153] 张有立. 对版权侵权损害适用惩罚性赔偿的思考（上）. 中国版权，2016（5）

[154] 张静. 论我国著作权惩罚性赔偿的适用条件. 法制博览，2018（2）

[155] 张有立. 对版权侵权损害适用惩罚性赔偿的思考（下）. 中国版权，2016（6）

[156] 张鹏. 知识产权惩罚性赔偿制度的正当性及基本建构. 知识产权，2016（4）

[157] 张鹏. 知识产权惩罚性赔偿制度中故意认定的关键因素探析. 知识产权，2017（5）

[158] 赵海萍. 试论惩罚性赔偿数额的确定. 宜宾学院学报，2007（1）

[159] 庄秀峰. 保护知识产权应增设惩罚性赔偿. 法学杂志，2002（5）

[160] 赵海萍. 惩罚性赔偿责任的性质探讨. 湖南财经高等专科学校学报，2006（3）

[161] 祝建辉，缪小明. 专利侵权惩罚性赔偿制度的经济分析. 情报信息，2006（11）

[162] 郑巧筠. 论侵害专利权之惩罚性赔偿. 台北：台湾大学硕士学位论文，2009

[163] 郑谦. 论惩罚性赔偿在我国知识产权领域实行的可行性. 法制与社会，2011（12）

[164] 周婷婷. 著作权侵权惩罚性赔偿研究. 长沙：湖南师范大学硕士学位

论文，2011

［165］张诺诺. 惩罚性赔偿制度研究. 长春：吉林大学博士学位论文，2010

［166］朱战威. 惩罚性赔偿制度的理论困境及其出路. 西部法学评论，2016
（3）

二、外文文献

［167］A.R.Miller and M.H.Davis, Intellectual Property Law, Palgrav Publishers Ltd., 2000.

［168］Anthony D.Amato, Doris Estelle Long, International Intellectual Property Law, Kluwer Law International, 1997.

［169］Anthony J.Sebok, Punitive Damages in the United States in the book of Punitive Damages: Common Law and Civil Law Perspectives, Springer-Verlag/Wien, 2009.

［170］Brent Bersin & Lance Morman, Overview of Intellectual Property Damages in the United States, Les Nouvelles, 2008.12.

［171］Catherine M.Sharkey, Punitive damages as societal damages, Yale Law Journal, 2003.

［172］David G.Owen, Problems in Assessing Punitive Damages Against Manufacturers of Defective Products, 49 U.Chi.L Rev.1, 8（1982）.

［173］David G.Owen, Punitive Damages in Products Liability Litigation, 74 Michigan Law Review 1257, 1287（1976）.

［174］Dinwoodie Janis, Trademarks and Unfair Competition Law and Policy Second Edition, Aspen Publishers, 2007.

［175］Dobbs, D.B., Ending Punishment in "Punitive" Damages: Deterrence-Measured Remedies, 40 Alabama Law Review 831, 844（1989）.

［176］DrYijun Tian, Re-thinking Intellectual Property: The political economy of copyright Protection in the digital era, Routledge-Cavendish, 2009.

［177］David G.Owen, A Punitive Damages Overview: Functions, Problems and Reform, 39 Vill. L. Rev. 363.

[178] Drahos, A Philosophy of Intellectual Property, Dartmouth, 1996.

[179] Edward J.Kionka, Tort in a Nutshell, 2nd ed., West Group, 1992.

[180] Ellis, D.D., Fairness and Efficiency in the Law of Punitive Damages, 56 Southern California.Law Review 1, 3~12 (1982).

[181] Fiona Macmillan, New Directions in Copyright Law, Volumel, Edward Elgar Publishing Limited, 2005.

[182] Garner, Bryan A. (Editor in Chief), Black's Law Dictionary, West Thomson, 2004.

[183] Jean Hampton, Correcting Harms Versus Righting Wrongs: The Goa of Retribution, 39 UCLA.L.Rev.1659 (1992).

[184] Jeffries, A Comment on the Constitutionality of Punitive Damages, Va.L. Rev.139 (1986).

[185] Joanna R.Jeremiah, Merchandising Intellectual Property Rights John Wiley & Sons Ltd., 1997.

[186] Josh Friedman, Apportionment: Shining the Light of Day on Patent Damdes, Case Western Reserve Law Review Fall, 2012.

[187] Kenneth L.Port, Japanese Trademark Jurisprudence, Kluwer Law International, 1998.

[188] Paul J.Heald & Robert Brauneis, Trademark Infringement, Trademark Dilution, and the Decline in Sharing of Famous Brand Names: An Introduction and Empirical Study, George Washington University Law School, Public Law & Legal Theory Research Paper Series, August 20, 2010.

[189] Rolf A. Schutze, The Recognition and Enforcement of American Civil Judgments Containing Punitive Damages in The Federal Republic of Germany, University of Pennsylvania Journal of International Business Law, Vol. 11, 1989.

[190] Roy J. Epstein, The "25% Rule for Patent Infringement Damages After

Uniloc, Duke Law & Technology Review, January 29, 2012.

[191] Schechter & Thomas, Principles of Patent Law, 2nd ed. Thomson West, 2004.

[192] S. Greenleaf, A Treatise on the Law of Evidence vol. 2 (16th ed. 1899) 240, No. 2.

[193] Suzanne Michel, Bargaining for Rand Royalties in the Shadow of Patent Remedies Law, Antitrust Law Journal, 2011.

[194] Victor E. Schwartz, Mark A. Behrens & Joseph P. Mastrosimone Reining in Punitive Damages "Run Wild": Proposals for Reform by Court and Legislature, 65 Brooklyn L. Rev. 1003, 1013–1014 (1999).

后　记

　　经历了无数个炎热、孤寂的夜晚，书稿终于要定稿了，本书是在我的博士论文基础上修改完成的。回想起这个写作的过程，痛苦并快乐着。白天沉浸在繁忙的工作中，只有夜深人静时，才能心无杂念地敲打键盘开始我的写作，这样的日子虽然苦，但是很充实。

　　攻读博士学位是我的一个梦想，中南财经政法大学正是我梦想的成就者。当我接到该校的面试通知时，我正在开车等红灯，我以为我听错了，还让对方重复了一遍。回家后，我将面试的消息告诉我先生，我先生说我是不是遇到骗子了，还特意查询了该号码，现在回想起来真是一件特别有趣的事。之所以那么不相信眼前的事实，是因为我准备的是另一个学校的考试，中南财经政法大学仅仅报了名，没做任何考前准备，不认识导师更不用说跟导师联系了，参加完另一个学校的考试后直飞该校参加考试，压根没想过会有面试机会。能有幸成为该校学生，我要特别感谢曹新明教授和吴汉东教授，是他们让我这个素昧平生的学生有了这次深造的机会，我把这个机会定义为"天上掉下的馅饼"，当这个"馅饼"砸到我的时候，我不是受宠若惊，而是难以置信。这个"馅饼"给我的不仅仅是深造的机会，更重要的是它对我世界观的改变，它让我深深感受到了大师们的温暖和关怀，感觉到了中南财经政法大学招生的公平、公正，使我常常心怀感恩。

2011 年 9 月我带着这份感恩开始了我的博士生活，入学的第一天，我与我的导师曹新明老师有了第一次面对面的闲聊和沟通，这是我除了面试之外第一次和导师交流，曹老师的和蔼可亲让我倍感亲切，只言片语中无不体现出曹老师的渊博知识和看问题的独到见解。四年博士生活，曹老师让我获益良多，给予我的不仅仅是学术上的熏陶，还有为人处世之道，他严谨的治学态度和对学生的鼓励、包容的教育方式深深地影响着我、鞭策着我。在我做博士论文的过程中，曹老师就论文的选题、结构、写作方法和材料收集等方面给了我全方位的指导，提出了很多宝贵的意见，在此，向曹老师表达我最诚挚的谢意！

读博期间，多次聆听吴汉东教授、王景川教授、彭学龙教授、胡开忠教授、黄玉烨教授和赵家仪教授的授课或讲座，让我深受启发，学到了许多前沿的知识。尤其在论文开题和预答辩过程中，吴汉东教授对我论文的选题和写作方法提出了指导性意见，胡开忠教授、彭学龙教授、黄玉烨教授和赵家仪教授对我的论文结构和论文内容提出了许多宝贵建议，对我的论文写作非常有帮助，在此一并表示感谢。在中南财经政法大学求学的日子里，我还认识了很多年轻有为、刻苦钻研的同学，和张弘、詹艳、郑伦幸、张慧春、陈庆、李士林、张鹏、陈默、任松龄等同学共学的日子珍贵而难忘。在这四年中，我先后参加了在深圳、武汉举行的南湖论坛，感谢中南财经政法大学给我提供的交流平台，增加了我和同行的交流机会，开阔了我的视野。

感谢我所在单位杭州师范大学沈钧儒法学院的罗思荣教授、李安教授、蒋铁初教授、邵劭教授、朱炜副教授、赵元成副教授、唐刚书记、余永祥副教授、张费微副教授、孙益武博士、周洪涛博士和李文青博士等领导和同事对我的关心和帮助，在我读博和博士论文写作期间，他们主动帮我分担工作，让我有更多的时间学习和写作。感谢我的硕士生导师、中国政法大学民商法学院的冯晓青教授为我的论文写作提供方法上的指导，感谢我的师兄南京师范大学梁志文教授和南京理工大学梅术文教授在我论文写作过程中给予的中肯建议，感谢杭州师范大学法学院研究生杨旭东、董俊同学和复旦大学研究生田玮同学帮我整理实证资料。感谢那些不断给我新思想的前辈和同行们，通过他们的书籍和文章，我得以和他们进行精神上的交流，感受他们思想的启迪。

本书能够如期出版，离不开知识产权出版社的全力支持，2016年我在导师的鼓励下参加了全国知识产权优秀博士论文的评选，得到了专家评委的肯定，获得了2015届全国知识产权优秀博士论文第三名，可以享受知识产权出版社的出版赞助，这使得我有了将其修改出版的信心和打算。在修改过程中，得到了知识产权出版社刘睿老师和刘江老师的鼎力支持和帮助，他们认真负责、耐心细致的工作作风让我受益匪浅，在此深表谢意。

最后还要感谢我的家人和亲友，在我求学和写作过程中，我的先生汪勇博士一直通过各种方式支持和鞭策着我，使我能安心于学业，认真写作。我的父母均已在天堂，但他们的积极进取精神为我的成长之路提供了强大的精神动力。我的哥哥、嫂子、姐姐、姐夫对我的关心和照顾，我一直心存感激。我的公公婆婆帮我照顾年幼的女儿多年，希望我安心学习，这让我心怀忐忑和敬意。女儿十多岁了，很遗憾在她的成长过程中我陪伴她的时间太少，让我有一种深深的愧疚感，

317

不过她的聪明、乖巧、懂事让我甚是欣慰。同时对于在我人生道路上给予过我鼓励和帮助的其他亲朋好友一并表示感谢。

袁杏桃

2018 年 7 月 18 日于杭州